교육학 논술 최신
기출문제 완벽 수록

논술문 작성방향과
모범 예시답안 제시

필수 핵심 이론으로
기출문제 철저 분석

교육학 논술 기출문제 분석집

중등·보건교사·교육전문직·교육행시 대비

WHY TO HOW

2022

Why to How
기출문제 분석집

Preface

논술에는 정답이 있다.

논술은 주어진 문제에 대한 정답을 글로써 서술하는 것이다. 따라서 '문제'에 대한 '정답'으로서의 조건을 충족해야 한다. 이때 정답이 되는 것은 교육학 이론이다. 따라서 **논술을 준비함에 있어서의 기본 전제는 문제에 대한 답으로서의 '주제' 확보라고 할 수 있다.** 가령, 아무리 뛰어난 문장력, 사고력, 구성력을 발휘하여 훌륭한 글을 서술했다고 하더라도 정작 그것이 문제가 요구하는 사항에 부합되지 못하여 논술의 주제가 '정답'으로서의 조건에 충족되지 못했다면 아예 평가의 대상에서 제외될 수밖에 없다. 즉, 이론을 바탕으로 구성하지 못한 답안은 좋은 평가를 받을 수 없게 되는 것이다.

논술준비는 효율적이어야 한다.

교육학 논술 역시 하나의 시험이다. 그러므로 논술 시험을 준비하기 위해서는 발문과 제시문을 통한 근거의 확보와 이를 바탕으로 한 편의 완성된 글을 쓰는 방식의 숙지가 필요하다. 우리 주변의 수많은 논술교재에는 모범 예문과 제시문, 배경지식 설명 등이 있지만 그 어디에도 '정답의 기준은 어떻게 찾아야 하며, 논리는 어떻게 전개해 나가야 한다.'라는 구체적인 설명이 없다. 그러다 보니 '논술은 감이나 기본 소양으로 풀어야 하는 것'쯤으로 생각하고 일찌감치 포기를 하게 되는 경우가 있다. 하지만 논술 문제는 배경지식이나 감으로만 풀 수 있는 문제가 아니다. **논술은 주어진 단서들을 조합하여 답을 찾아 나가는 정교화 과정을 통해 해결하는 것이다.** 따라서 논술준비에는 정확하고 구체적인 지침이 반드시 요청된다.

논술준비는 훈련이 필요하다.

논술 문제는 지식-이해 및 적용-분석-종합-평가 등 고등 정신능력까지도 평가하는 문항이다. 이러한 문항에 대비하기 위해서는 제대로 된 학습방법을 익히고 배우는 것이 중요하다. 또한 정확한 이론을 적용하여 **논리적으로 글을 전개하기 위해서는 많은 제시문의 독해와 답안 작성을 통한 반복적 훈련이 필요하다.** 이러한 능력은 단기간의 노력을 통해 형성되는 것이 아니다. 양질의 자료를 바탕으로 한 체계적이며 지속적인 훈련이 필수적이다.

이 책은 최근 7년간 시행된 중등 교육학 논술과 초등 교직 논술 문항을 모두 수록하였다. 각 문항별로 출제 근거를 통해 어떻게 답을 찾아가는지 정교화과정을 제시하였다. 최고의 자료를 찾아 최선의 작업을 하였으므로 정답을 파악하고 실력을 다지는 데 훌륭한 가이드 역할을 할 것으로 기대한다.

이 책이 나오기까지 수고해준 이들이 많다. 배움출판사 사장님을 비롯하여 직원분들, 우리 연구실 가족들 민아, 지은, 수빈, 마지막으로 사랑하는 가족에게 고마움을 전한다.

2021년 봄, 이경범

Contents

Chapter 1 교육철학 및 교육사
- 01 자유교육 … 8
- 02 인본주의 … 13

Chapter 2 교육심리
- 01 에릭슨과 반두라 … 18
- 02 행동주의와 사회학습이론 … 22
- 03 사회적 구성주의 … 26
- 04 가드너의 다중지능 … 30

Chapter 3 생활지도 및 상담
- 01 안전교육 … 38
- 02 로저스와 앨리스 … 43

Chapter 4 교육사회
- 01 기능론 … 54
- 02 효과적인 학교 … 58

Chapter 5 교육행정
- 01 비공식 조직 … 64
- 02 변혁적 지도성 … 69
- 03 학교조직의 특징 … 74
- 04 학습조직 … 78
- 05 학교문화 개선 … 81
- 06 교육기획 … 84
- 07 의사결정 모형 … 88
- 08 교직문화와 동료장학 … 91
- 09 교원행정업무경감 … 98

Chapter 6 교수학습이론
- 01 학생 행동 관리의 필요성 … 104
- 02 STAD … 107
- 03 ARCS 모형 … 110
- 04 문제중심학습 … 118
- 05 정착수업 … 122

Chapter 7 교육공학

01 ADDIE 모형 128
02 조나센의 구성주의 학습환경 설계모형 133
03 ASSURE 모형과 토론 게시판 운영 137

Chapter 8 교육과정

01 교육내용 선정과 잠재적 교육과정 144
02 교육내용 조직 149
03 경험중심 교육과정 153
04 영 교육과정과 중핵형 교육과정 157
05 숙의모형 165
06 백워드 모형 169
07 교육과정 실행 174
08 2015 개정 교육과정 178

Chapter 9 교육평가

01 교육평가 기준에 따른 분류 190
02 형성평가 197
03 자기평가 201
04 내용타당도 204
05 리커트 척도와 문항내적합치도 208
06 정의적 능력에 대한 평가 213

Chapter 1

교육철학 및 교육사

Chapter 1. 교육철학 및 교육사

01 자유교육

2015학년도 중등 기출 다음은 A 중학교의 학교교육계획서 작성을 위한 워크숍에서 교사들의 분임 토의 결과의 일부를 교감이 발표한 내용이다. 이 내용을 바탕으로 A중학교가 내년에 중점을 두고자 하는 교육 목적을 자유교육의 관점에서 논하시오.

> 이번 워크숍은 우리 학교의 교육에서 드러난 몇 가지 문제점을 확인하고, 개선 방안을 제시하는 방식으로 진행되었습니다. 주요 내용을 말씀드리면 다음과 같습니다.
>
> 먼저, 교육 목적에 관한 문제점과 개선 방안입니다. 우리 학교는 학생들의 합리적 정신을 계발하기 위해 지식 교육을 추구해 왔습니다. 그런데 지난해 도입된 국어, 수학, 영어 교과에 대한 특별 보상제 시행으로 이들 교과의 성적은 전반적으로 상승하였지만, 학교가 추구하고자 한 것과 달리 반별 경쟁에서 이기거나 포상을 받기 위한 것으로 교육 목적이 왜곡되는 경향이 있었습니다. 이러한 교육 목적의 왜곡으로 인하여 교사는 주로 문제 풀이식 수업이나 주입식 수업을 하게 되었고, 학생들은 여러 교과에 스며 있는 다양한 사고방식을 내면화하지 못하는 결과가 초래되었습니다. 이러한 문제점을 보완하기 위하여 내년에는 교육 개념에 충실한 지식 교육, 즉 자유교육(liberal education)의 이상을 구현하는 데 중점을 두고자 합니다.

1 논술문 작성 방향

자유교육의 교육목적에 대해 묻고 있다. 자유교육은 고대 그리스 사회에서 그 뿌리를 찾을 수 있는 교육이념이다. 자유교육의 이념은 지식교육을 통한 이성의 훈련과 실현을 강조한 아리스토텔레스에 의해 이론화되었고, 피터스와 허스트에 의해 치밀한 교육의 아이디어로 자리 잡게 된 것으로 보는 것이 정설이다. 구체적으로 각 논자들의 견해는 조금씩 차이가 있지만 이성의 계발을 교육의 목적으로 하고 지식과 이해와 같은 합리성의 추구를 강조한다는 점에서 근본적으로 유사하다. 자유교육의 본질은 지성의 도야이며, 그 목적은 지적 수월성을 추구하는 것이다. 지식의 추구를 본질적으로 가치 있는 것으로 보며, 지식의 추구를 통해 인간은 이상을 고양할 수 있다고 보았다. 즉, 자유교육의 목적은 폭넓은 교육을 통한 자유교양의 함양과 지적 능력의 개발을 통한 이성의 추구와 비판적 사고력의 개발이라고 할 수 있다.

2 예시답안

서론 | 제시문 분석

교육 전문가로서 교사는 교육에 대한 깊은 이해와 폭 넓은 안목을 바탕으로 교육현장에서 마주하는 여러 가지 교육현상에 대해 비판적으로 이해할 수 있어야 한다. 교사는 주어진 교육내용을 지침에 따라 효율적으로 전달하는 기술자로서만 기능하는 것이 아니라 교육목표나 내용, 교수학습 방법이 적합한 것인지에 대해 파악하고 끊임없이 반문하고 할 수 있어야 하기 때문이다. 제시문은 교사가 실제 학교 내에서 교육의 방향을 결정하고, 교과 과정을 설계하며, 가르치는 것과 관련하여 접할 수 있는 상황과 이를 지원하기 위한 학교조직에 대하여 질문하고 있다.

본론 | 자유교육 관점에서의 교육 목적

자유교육의 아이디어는 고대 그리스의 아리스토텔레스에서 비롯되어 1960, 70년대의 피터스와 허스트에 의해 정립되었다. 구체적으로 각 논자들의 견해는 조금씩 차이가 있지만 이성의 계발을 교육의 목적으로 하고 합리성의 추구를 강조한다는 점에서 근본적으로 유사하다.

아리스토텔레스는 자유인에게 적합한 교육을 자유교육으로 기술한다. 학습자를 기계적으로 만들지 않는 지식만이 교육의 대상이 되어야 하고, 이러한 교육과 과목들은 다른 목적이 아닌 학문 그 자체를 위하여 존재한다고 하였다. 자유교육의 목적은 이성을 자유롭게 발달시켜 무지, 미신, 전통, 편견, 그리고 지적 편협함 등으로부터 해방시킴으로써 궁극적으로 좋은 삶을 영위할 수 있도록 하는 것이다. 피터스에 의하면 교육은 가치 있는 활동의 추구와 관련이 있고, 가치 있는 활동은 교육의 개념 속에 붙박혀 있는 내재적 가치를 실현하는 활동이며, 교육의 내재적 가치는 지식, 이해, 인지적 안목과 관련이 있다. 자유교육은 그런 내재적 교육목적을 실현하는데 장애가 없어야 한다는 주장으로, 지식과 이해의 추구가 그 중심이 되어야 한다. 이와 비슷하게, 허스트에 의하면, 교육은 근본적으로 좋은 삶과 관련되어 있고, 좋은 삶을 위해서는 합리적 마음의 계발과 그와 논리적으로 관련되어 있는 지식의 획득이 요구된다. 자유교육은 바로 그것을 핵심으로 하는 교육이다. 따라서 자유교육은 학생들을 지식의 형식에 입문함으로써만 가능하다. 이러한 논리에 따라 자유교육의 입장에서 교육의 목표는 학생에게 합리적 마음 혹은 합리성을 계발하는 것이고, 이를 위한 지식과 이해를 강조한다.

요컨대 자유교육의 관점에서는 공통적으로 좋은 삶을 합리성을 추구하는 삶으로 보며, 교육의 목적은 지식의 추구를 통한 합리적 마음의 계발에 있다고 본다. 인간의 보편적 합리성과 이성을 강조하며 지식의 추구를 본질적으로 가치 있는 것으로 본다. 지식의 추구를 통해 인간은 이상을 고양할 수 있다고 주장하는 것이다. 이러한 교육은 즉각적인 실용성만을 추구하는 단편적인 지식 습득을 지양하고, 스스로 학습하고 사고할 수 있는 지적 능력을 개발하고자 한다. 다시 말해 자유교육의 목적은 폭넓은 교육을 통한 자유교양의 함양과 지적 능력의 개발을 통한 이성의 추구·비판적 사고력의 개발이라고 할 수 있다.

결론 | 제언

교육의 질을 높이고자 할 때 핵심 변인은 교사이다. 교사의 자질과 역할은 그런 의미에서 가장 중요하다고 할 수 있다. 효과적으로 교육 목표를 설정하고 교육 과정을 구성하며 교육할 수 있는 것은 교사의 가장 기본적인 역할이다. 학습자에 대한 충분한 이해를 바탕으로 교수계획이 설계되고 이를 토대로 교수활동이 이루어질 때 교육의 효과는 배가될 수 있다. 명심해야 할 것은 이 같은 교사의 수업행동과 기술이 타고 나는 것이 아니라 배우고 익히지 않으면 안 되는 것이라는 점이다. 교사들은 교육전문가로서의 자질을 계속하여 개선하여 적절하고 효과적인 교육을 위해 계속적인 노력을 기울이고, 학교 조직 차원에서 교원의 전문성을 돕기 위한 지원 체계를 마련해야 할 필요가 있다.

3 더 알아보기

1 자유교육

자유교육 아이디어의 출발점을 언제부터로 보아야 할 것인가에 대해서는 논의의 여지가 있지만, 대체로 고대 그리스의 아리스토텔레스에서 비롯되어 1960, 70년대의 피터스와 허스트에 의해 치밀한 교육의 아이디어로 자리 잡게 된 것으로 보는 것이 정설이다. 이들은 공통적으로 좋은 삶을 합리성을 추구하는 삶으로 보며, 교육의 목적은 지식의 추구를 통한 합리적 마음의 계발에 있다고 본다. 자유교육의 본질은 지성의 도야이며, 그 목적은 지적 수월성을 추구하는 것이다. 지식의 추구를 본질적으로 가치 있는 것으로 보며, 지식의 추구를 통해 인간은 이상을 고양할 수 있다고 보았다. 자유교육의 목적은 폭넓은 교육을 통한 자유교양의 함양과 지적 능력의 개발을 통한 이성의 추구와 비판적 사고력의 개발이라고 할 수 있다. 이러한 교육은 즉각적인 실용성만을 추구하는 단편적인 지식 습득을 지양하고, 스스로 학습하고 사고할 수 있는 지적 능력을 개발하고자 한다. 교육의 표준적 의미가 '지식이나 이해를 추구하는 교육'인 것으로 간주되는 것은 자유교육의 영향이다.

아리스토텔레스: 고대 그리스 사회는 자유인과 노예, 즉 지배자와 피지배자로 신분이 구분되어 있었다. 노예들이 미천한 일에 종사하는 동안 자유인은 시민으로서의 권리와 의무를 우선적으로 고려하였다. 노예들에 대한 훈련은 순전히 직업적인 것이었던 반면, 자유인은 지배계급이자 여가를 즐기는 계층으로 그들에 대한 교육은 실용적인 목적이 전혀 개입되지 않은 자유학문을 통해 이루어졌다. 아리스토텔레스는 이러한 자유인에게 적합한 교육을 자유교육으로 기술하였다. 그는 자유과목과 비자유과목을 구분하여 학습자를 기계적으로 만들지 않는 지식만이 교육의 대상이 되어야 하며, 이러한 교육 과목들은 다른 목적이 아닌 학문 그 자체를 위하여 존재한다고 하였다. 이러한 자유교육의 목적은 이성을 자유롭게 발달시켜 무지, 미신, 전통, 편견, 그리고 지적 편협함 등으로부터 해방시킴으로써 궁극적으로 좋은 삶을 영위할 수 있도록 하는 것이다. 즉, 자유교육은 인간 본성의 발현을 자유롭게 하며, 이성을 오류와 환상, 선입견 등과 같은 장애로부터 자유롭게 하고자 한다. 이처럼 인간의 마음을 자유롭게 하는 교과가 바로 자유교과라고 할 수 있다.

아리스토텔레스를 비롯한 고대 그리스의 자유교육은 다음과 같은 인간의 마음, 지식 그리고 실재에 관한 몇 가지 철학적 형이상학에 바탕을 두고 있다. 첫째, 마음은 그 자체의 독특한 활동, 즉 지식을 추구하는 활동과 관련되어 있다. 지식의 추구는 마음의 본질에서 비롯되는 활동이다. 둘째, 인간은 이성을 통해 사물의 본질, 즉 변하지 않는 궁극적 실재를 알 수 있다. 인간은 지식 추구와 관련되어 있는 마음의 활동을 통해서 사물의 본질과 궁극적인 실재를 이해하고 파악하는 것이 가능하다. 그러므로 지식의 추구는 마음의 성취라는 점에서 좋은 삶을 이루는 필수불가결한 요소이다. 이러한 고전적 자유교육론이 강조하는 바는 결국 세 가지로 요약된다. 첫째, 자유교육은 불확실한 신념보다는 궁극적인 실재 혹은 그에 대한 확실한 앞에 기초를 둔다. 둘째, 자유교육은 마음 그 자체가 지닌 가치 때문에 인간 마음의 성취에 관심을 가진다. 셋째, 자유교육은 좋은 삶을 결정하는 데 있어서 차지하는 지식의 중요성 때문에 필연적으로 인간과 사회 전반에 대한 이해를 강조한다.

아리스토텔레스에 의하면, 이성을 훈련하기 위해서는 지식을 추구해야 하며, 실용적인 목적을 떠나 오직 진리 자체를 목적으로 추구해야 한다. 그것이 자유인이 지식을 추구하는 방식이며, 또한 그렇게 함으로써 인간은 무지와 오류와 편견에서 해방되어 자유롭게 된다. 지식 자체를 목적으로 추구하는 교육은 자유교육이지만, 지식을 직업준비나 기타 실제적인 목적에 맞추어 추구하는 것은 자유교육이 아니다. 그리스인들의 자유교육관은 두 가지로 요약할 수 있다. 첫째, 지식의 편협성과 편견을 초래시키는 지식의 전문화와 구획화 경향으로부터 벗어나게 하기 위한 범학문적인 추구, 둘째, 어떤 특수한 목적을 위해서 수단으로 사용되는 실용적 지식보다는 지식 그 자체의 추구 또는 순수한 이성의 발달, 마음의 합리적 발달을 도모하는 데에 적합한 이론적 지식의 추구이다.

피터스: 피터스에 의하면 자유교육은 이상적 혹은 교육의 본래적 의미 그 자체이거나 그러한 교육이 실현된 상태를 의미한다. 우리가 '자유'라는 말을 쓸 때, 특별한 의미를 지칭하기보다는 자신이 하고 싶은 일을 하는데 방해나 제약이 없는 상태를 의미하듯이, '자유교육'이란 말도 특별한 종류의 교육을 하자는 주장이라기보다는 우리가 올바른 의미의 교육을 실현하는 데 제약 혹은 장애가 없어야 한다는 의미로 볼 수 있다. 말하자면, 자유교육은 교육의 본래적 의미를 실현하는데 장애가 되는 제약요소를 제거함으로써 교육의 본래적 모습 혹은 이상적 형태의 교육을 회복하자는 일종의 슬로건으로 볼 수 있다. 즉 피터스의 자유교육은 특별한 종류의 교육을 해야 한다는 주장이라기보다는 교육의 내재적 가치인 지식이나 이해와 같은 합리성을 추구하는데 있어서 장애가 없어야 한다는 요구로 볼 수 있다. 그러면 자유교육을 실현하는 데 제약 요소는 무엇인가? 피터스에 의하면 그것은 크게 세 가지이다. 첫 번째 제약 요소는 교육을 상품생산이나 취업의 수단으로 보는 외재적 목적의 추구이고, 두 번째 제약 요소는 교육에서 지나치게 제한된 기술과 사고방식을 기르는데 목적을 두는 훈련이며, 세 번째 제약 요소는 교화, 조건화, 세뇌 등과 같은 비도덕적인 전달방식이다. 따라서 자유교육은 다음의 세 가지 형태로 나타난다. 첫 번째 형태는 지식 그 자체의 목적을 강조하는 자유교육으로, 자유교육은 교육의 개념 속에 붙박여 있는 지식과 같은 그 자체의 목적을 추구하는 것이어야지 직업적 목적이나 공리주의적 목적과 같은 수단적인 목적을 추구하는 것이 아니다. 두 번째 형태의 자유교육은 일반적이고 종합적인 이해를 강조하는 것으로, 자유교육은 어떤 한정된 학문이나 이해보다는 광범위하고 다양한 학문의 이해에 관심을 가진다. 세 번째 형태의 자유교육은 독단적인 교수방식으로부터 자유로운 것을 의미한다. 요컨대, 교육에서 모든 가치 있는 활동은 교육의 개념 속에 붙박여 있는 내재적 가치를 실현하는 활동이며, 교육의 내재적 가치는 지식과 이해의 추구와 같은 합리적 마음을 계발하는 일과 관련된 활동이다.

허스트: 허스트는 고대 그리스의 자유교육의 토대 위에 형이상학이 아닌 마음과 지식의 논리적 관계를 바탕으로 하는 자유교육의 개념을 제시한다. 허스트에 의하면 지식의 형식은 인간의 경험 전체를 이해하는 방식으로 마음의 가장 근본적인 성취로 볼 수 있다. 허스트가 보기에 좋은 삶은 관념적이고 추상적인 것이라기보다는 근본적으로 주어진 사회 안에서 현재의 지배적이고 합리적인 사회적 실제에 종사함으로써 인간의 욕구를 최대한 만족시키는 일이다. 즉 좋은 삶은 이론적 이성이나 논리에 충실한 합리적인 삶을 사는 것이고, 이론적 합리성을 계발하는 일이 인간의 실질적인 삶을 풍요롭게 한다고 본다. 자유교육에서 추구하는 이론적 지식과 합리성은 좋은 삶을 영위하는데 요구되는 비판적 반성을 발달시킨다는 점에서 중요한 역할을 한다. 그러한 목적을 달성하기 위해서는 삶의 형식을 반영하고 이는 지식의 형식에의 입문을 통한

지식이나 이해를 추구하는 것이 불가피하다. 그러므로 지식과 이해의 추구는 교육의 핵심이다. 허스트에 의하면 자유교육은 독특한 개념구조와 논리를 가진 몇 가지의 구분되는 지식 혹은 학문의 형식에 학생을 입문시키는 일이다. 지식(의 형식)을 강조하는 허스트의 자유교육은 다음과 같다. '마음'의 개념과 '지식'의 개념 간에는 논리적 관련이 있으며, '지식의 획득은 가장 근본적인 면에서 필연적으로 마음의 발달'이라고 할 수 있다. 자유교육의 목적이 마음의 발달에 있고, 지식의 획득이 마음의 발달과 논리적으로 관련되어 있다는 주장이 틀리지 않다면, 자유교육의 내용은 불가피하게 지식의 형식으로 이루어지고, 지식의 형식을 가르침으로서 합리적 마음의 계발이 가능하다. 따라서 지식의 형식을 가르침으로서 합리적 마음을 발달시키는 자유교육은 교육의 필수적이고, 핵심적인 부분이다.

허스트의 자유교육은 형이상학적 토대 없이 지식의 형식, 즉 인류가 성취해 온 복잡한 이해 방식에 의해 규정된다. 허스트에 의하면 지식의 형식이라는 것은 인간이 다른 인간의 경험 전체를 이해할 수 있게 하는 유일한 것이다. 허스트가 말하고 있는 지식의 형식은 인간에 대한 독특한 이해 방식이라고 할 수 있다. 상대방의 경험을 자신의 경험으로 받아들일 때에는 자신에게도 상대방과 같은 지식의 형식이 생겨나기 때문이다. 한편, 인간이 체험하는 경험의 내용은 이성을 통해서만 분석되고 재구성되어 인간에게 수용된다. 이러한 이성은 합리성을 큰 특징으로 하기에 합리적 이성이라고도 한다. 합리적인 이성은 생득적 또는 천성적으로 생겨나지 않고, 오직 지식의 형식에 입문함으로써 길러진다는 것이 핵심적 내용이다.

지식의 형식은 인간의 경험이 구조화되고, 분명해지며, 확장되는 독특한 이해방식이다. 그러므로 다른 종류의 지식의 형식은 다른 종류의 인간 경험에 대한 이해를 반영하며, 결국 인간은 여러 가지 지식의 형식에 입문함으로써 비로소 다양한 경험을 이해하는 것이 가능한 것이다. 허스트는 이 때 지식의 형식을 독특한 개념, 독특한 논리와 검증방식에 비추어, 7 내지 8개의 학문 또는 지식의 형식, 즉 수학, 물리학, 인문학, 역사, 종교, 문학과 순수예술 그리고 철학 등으로 제시한다. 그가 생각하기에 7 내지 8가지의 지식의 형식은 원칙상 인간 경험 전체를 포괄할 수 있는 것이며, 이러한 '지식의 형식'에의 입문을 통해서만이 온전히 세계 전체를 이해하는 것이 가능하다. 이러한 그의 논리를 따를 때, 지식의 형식에 기반을 둔 자유교육은 교육의 근간을 이루는 것일 수밖에 없다.

02 인본주의

2016학년도 초등 기출 다음은 ○○초등학교의 교사 협의회에서 수업 중 학생 행동 관리에 대해 교사들이 나눈 대화의 일부이다. 정 교사의 의견이 신 교사와 김 교사의 학생 행동 관리에 시사하는 바를 2가지 논하시오.

강 교사: 오늘은 교단생활의 경험을 이야기하고 고민을 나눔으로써 수업 상황에서 학생 행동 관리를 어떻게 하면 잘 할 수 있는지 논의하기 위해 모였습니다.

신 교사: 수업을 잘 하려면 평소 구체적 학습이론에 기반하여 학생들의 행동을 잘 관리하는 것이 중요하다고 생각해요. 그래서 저는 학기 초에 아이들과 함께 수업 행동 규칙을 4~5가지 정하고 엄격하게 지키려고 노력하죠. 이를 위하여 상벌 기준을 명확히 제시하고 일관성 있게 적용하고 있어요. 규칙을 지킨 아이에게는 스티커를 주어 10개를 모을 때마다 상을 주고, 규칙을 어기는 아이에게는 벌점을 주고 일정 점수를 넘으면 정해진 벌칙을 적용합니다.

김 교사: 저는 좀 생각이 달라요. 무엇보다 교사인 제가 솔선수범하다 보면 아이들은 따라오기 마련이죠. 그래서 저는 수업 중에 지켜야 할 행동을 설명하고 아이들 앞에서 적극적으로 실천하고, 모범적인 학생을 발굴하려고 적극적으로 노력해요. 예를 들면, 수업 시작 전에 먼저 인사를 나누고 수업 중에 요구나 질문 사항이 있으면 어떻게 해야 하는지를 이야기하고 시범을 보인 후, 귀감이 되는 학생을 찾아서 '모범 어린이'로 정해요.

정 교사: 저도 신 선생님이나 김 선생님처럼 해 보았는데 수업 중 학생 행동 관리가 항상 잘 되는 것은 아니더라고요. 그래서 저는 아이들과 함께 수업하면서 내 자신이 어떻게 행동하고 무엇을 느끼는지 교단 일지를 쓰면서 자주 되돌아보곤 합니다. 특히, 수업 중에 아이들이 힘들어하는 것이 무엇인지 생각해 보고 그들의 마음을 읽고 공감하려고 노력해요. 이렇게 하다 보면 아이들도 제 마음을 잘 이해하고 수업도 더 재미있어 하는 것 같아요.

강 교사: 어려운 가운데에서도 다양한 방법을 적용하려고 노력하고 계시네요. 모두 장단점이 있는 것 같습니다. 수업 중 학생 행동 관리에 대한 각각의 방법을 좀 더 논의해 볼까요?

…… (하략) ……

1 논술문 작성 방향

정 교사의 의견은 인본주의이다. 인본주의는 인간을 본질적으로 선하고 자율적이며, 적절한 환경조건만 구비되면 잠재력을 실현시킬 수 있는 존재로 파악한다. 인간은 자기실현을 위해 의식적으로 노력하며, 스스로 선택한 존재가 되려고 한다는 점을 강조하는 것이다. 인본주의에 따르면 행동주의가 동물의 행동은 적절하게 설명할 수 있으나 인간의 행동은 제대로 설명하지 못한다.

2 예시답안

서론 학습의 중요성

인간은 학습을 통해 비로소 한 사람의 인간으로 성장한다. 학습이라고 하면 대부분의 사람들은 흔히 학교공부를 연상하는 경향이 있다. 학교공부가 학습의 중요한 부분을 차지하는 것은 분명하나, 학습의 전부는 아니다. 학습의 범주에 포함되는 것은 매우 다양하다. 인사하는 방법을 배우는 것, 요리방법을 배우는 것 등도 모두 학습에 해당된다. 대부분의 인간행동은 학습을 통해 습득되므로 학습이 어떻게 이루어지는가를 이해하는 것은 인간행동을 이해하기 위한 관건이다.

본론 정 교사의 의견이 주는 시사점

제시문의 대화 속 정 교사의 의견은 인본주의이다. 인본주의는 행동주의와 사회학습이론에 다음과 같은 시사점을 준다. 첫째, 인간은 자율적으로 행위를 선택하고 행위의 결과에 대해서 책임을 지는 존재이다. 행동주의와 사회학습이론은 기본적으로 강화와 처벌을 중요하게 여긴다. 정도의 차이는 있지만 외부 환경요인의 통제에 역점을 두며 인간을 수동적인 존재로 간주하고 있다. 그러나 사람은 외적 통제보다는 스스로의 판단에 따라 행동을 결정한다. 신 교사와 김 교사의 의견은 인간이 스스로 선택한 존재가 되려고 노력한다는 점을 간과하고 있다. 둘째, 인간은 본질적으로 선하고 자율적이며, 적절한 환경조건만 구비되면 잠재력을 실현시킬 수 있는 존재이다. 학생은 문제행동을 유지하고 싶어서 자기의 문제행동을 없애려는 교사를 피해서 도망 다니는 존재가 아니다. 수업 시간에 산만한 학생도 성취감을 느끼고 싶고 인정받고 싶어 한다. 또래와 싸우고 교사에게 무례한 언행을 하는 학생도 친한 친구를 사귀고 싶고 교사와도 좋은 관계를 형성하고 싶어 한다. 다만 오래 지속된 좌절감이나 분노 혹은 무기력감 등의 부정적 감정들에 묻혀서, 그러한 긍정적 동기가 표면으로 드러나지 못하는 것뿐이다. 그러므로 교사는 학생을 긍정적 변화를 가져올 수 있는 능동적 존재로 바라보는 것이 중요하다. 부정적 감정들에 묻혀서 드러나지 못하고 문제행동에 가려져 있는 긍정적 동기를 찾아내고 되살리는 일이 교사의 과제가 되어야 한다.

결론 제언

교사는 학생들이 학습활동에 보다 많은 주의를 기울일 수 있도록 교실환경을 효과적으로 구성하는 방법을 알고 있어야만 한다. 이때 모든 조건에서 모든 학생들에게 효과적일 유일한 전략은 없고, 모든 상황을 완벽하게 설명하고 예측하는 이론은 없다. 어떤 한 이론이 모든 해답을 제공하는 것이 아니기 때문에, 학생들을 효과적으로 교육하기 위해서는 다양한 이론 및 방법론적 관점에 대해 정확히 알고, 열린 마음으로 심사숙고하여 결정할 수 있는 태도를 가져야 한다.

3 더 알아보기

1 인본주의

인본주의 심리학은 1960년대 초반까지 심리학 분야에서 강력한 영향력을 행사하고 있던 양대 심리학파인 정신분석학과 행동주의에 대항하여 매슬로우(Maslow)의 주도 아래 결속한 일단의 심리학자들이 주도한 운동이다. 인본주의 심리학은 다른 심리학과 달리 조직적인 이론이 아니라 일종의 지적 사조이며 운동으로, 매슬로우는 이를 제3세력의 심리학이라고 불렀다.

환경결정론을 견지하고 있는 행동주의는 주로 동물을 대상으로 수행된 연구결과에 근거하여 인간도 얼마든지 조건형성시킬 수 있다는 견해를 피력했다. 행동주의는 적절한 강화나 처벌을 통해 인간행동을 마음대로 변화시키고 통제하며 조작할 수 있다고 주장했다. 심지어 행동주의 심리학을 대표하는 스키너(Skinner)는 인간이 자유롭고 존엄하다는 생각은 일종의 환상이고 미신에 불과하다는 주장까지 거침없이 개진하기에 이르렀다. 스키너는 자기가 구상한 이상향을 그린 소설 『월덴투』에서 강화이론을 적용하면 행복한 사람들로 가득찬 이상세계를 건설할 수 있다는 꿈을 펼쳤다.

인본주의는 행동주의가 인간을 비인간화시켰다고 주장한다. 인본주의는 행동주의가 인간을 평균적이고 예측할 수 있는 존재로 환원시킨 결과, 인간의 사적(私的)이고 개인적인 특징을 간과했다고 비판한다. 따라서 인본주의에 따르면 행동주의는 동물의 행동은 적절하게 설명할 수 있으나 인간의 행동은 제대로 설명하지 못한다.

한편 인본주의 심리학은 생물학적 결정론에 근거하고 있는 정신분석학이 인간을 무의식적 동기와 본능의 지배를 받는 비합리적인 존재로 격하시켰다고 비판한다. 인본주의에 따르면 정신분석학은 비정상적인 사람들의 행동을 설명하는 소위 '절름발이 심리학'이고 '정신병자 심리학'이다. 따라서 인본주의에 따르면 정신분석학은 건강하고 정상적인 사람들의 행동을 설명하지 못한다.

인본주의 심리학자들은 행동주의와 정신분석학이 인간행동을 이해하는 데 크게 기여한 것은 사실이지만 두 이론은 인간을 결코 완전하게 이해하지 못했다고 평가한다. 즉, 행동주의와 정신분석학이 인간행동을 반응(행동주의)이나 본능(정신분석학)으로 환원시킨 결과, 인간이 '인간적'이라는 사실을 무시 내지 간과했다는 것이다. 인본주의는 행동주의와 정신분석학을 실패한 심리학으로 규정한다. 인간이 스스로 선택한 존재가 되려고 노력한다는 점을 강조하는 인본주의는 인간의 행동이 본능적 충동에 의해 지배된다고 주장하는 정신분석학이나 조건형성의 산물이라고 가정하는 행동주의와 전혀 다르다. 인간행동을 반응으로 환원시키려는 행동주의와 무의식과 본능으로 환원시키려는 정신분석학에 대한 반응으로 태동한 것이 바로 인본주의 심리학이다. 따라서 인본주의 심리학은 인간을 본질적으로 선하고 자율적이며, 적절한 환경조건만 구비되면 잠재력을 실현시킬 수 있는 존재로 파악한다. 다시 말해 인본주의 심리학은 인간을 통합된 전체로 이해하려고 하며, 인간을 선천적으로 선하고 동물과 질적으로 다른 창조적인 존재로 본다. 인본주의 심리학은 실존주의 철학에 근거하여 개인의 자유, 선택, 책임을 강조하며, 현상학에 기반을 두고 주관적 지각과 해석을 중시한다.

인본주의 심리학은 체계적인 학습이론이 아니라 오리엔테이션이다. 따라서 인본주의는 교수학습에 대해 원자론적인 접근에서 탈피하여 전체적인 접근을 한다. 인본주의 교육은 학습자가 자기 자신이 어떤 존재이고 어떤 사람이 되려고 하는가를 결정해야 한다는 점을 강조한다. 또 학습자를 학습자의 관점에서 이해해야 한다는 점을 강조한다. 인본주의는 학습자들이 저마다 다르다는 사실을 인정하고 그들이 진정한 자기 자신이 되도록 조력한다. 따라서 좋은 교육이란 학습자들이 개인적으로 의미를 탐색하고 이해하도록 하는 것이다.

Why to How
기출문제 분석집

Chapter **2**

교육심리

Chapter 2 교육심리

01 에릭슨과 반두라

2016학년도 중등 기출 다음은 A 중학교에 재직 중인 김 교사가 작성한 자기개발계획서의 일부이다. 김 교사의 자기개발계획서를 읽고 예비 교사 입장에서 '교사가 갖추어야 할 역량'이라는 주제로 학생의 정체성발달에 대한 내용을 구성 요소로 하여 서론, 본론, 결론의 형식을 갖추어 논하시오.

자기개발계획서

개선 영역	개선 사항
진로지도	• 진로를 결정하지 못한 학생의 경우 성급한 진로 선택을 유보하게 할 것 • 학생에게 다양한 진로를 접할 수 있는 충분한 탐색 기회를 제공할 것 • 선배들의 진로 체험담을 들려줌으로써 간접 경험 기회를 제공할 것 • 롤모델의 성공 혹은 실패 사례를 제공할 것

배점

- 논술의 구성 요소
  - 에릭슨(E.Erikson)의 정체성발달이론에 제시된 개념1가지(2점)와 반두라(A.Bandura)의 사회인지학습이론에 제시된 개념 1가지(1점)(3점)
- 논술의 구성 및 표현(총 5점)
  - 논술의 구성 요소와 '교사가 갖추어야 할 역량'과의 연계 및 논리적 형식(3점)
  - 표현의 적절성(2점)

1 논술문 작성 방향

에릭슨의 정체성발달이론에 제시된 개념과 반두라의 사회인지학습이론에 제시된 개념으로 김 교사의 진로지도 개선사항을 해석하는 것이다. 성급한 진로 선택을 유보하게 하고, 충분한 탐색 기회를 제공하는 것은 에릭슨의 '심리적 유예' 개념으로 설명할 수 있고, 간접 경험 기회를 제공하고, 롤모델의 성공 혹은 실패 사례를 제공하는 것은 '대리학습(관찰학습)'으로 설명할 수 있다.

2 예시답안

서론 문제 제기

　교직 사회는 유능한 교사를 필요로 한다. 유능한 교사에 대한 정의는 시대, 교육 패러다임, 관점에 따라 다를 수 있지만 현대적 의미에서 유능한 교사, 다시 말해 전문가로서의 교사는 이론적 지식에 정통한 동시에 그것을 토대로 현장에서 직면하는 문제를 해결할 수 있어야 한다. 그러므로 예비 교사들이 유능한 교사로 성장하기 위해서는 그 원리와 근거가 되는 이론적 지식을 정확히 이해하고, 그것을 교육 현장에서 일어날 수 있는 일, 교사가 접하게 되는 문제들에 적용해 보는 경험을 많이 쌓는 것이 중요하다. 현장에서의 교수경험이 적은 예비 교사들은 제시문과 같이 가상적인 교육의 상황을 설정한 후, 이론을 활용하여 그 교육현상을 해석하고 문제를 해결해 보는 것으로 전문가로서의 교사의 역량을 준비할 수 있다.

본론 에릭슨의 정체성발달이론에 제시된 개념 1가지, 반두라의 사회인지학습이론에 제시된 개념 1가지

　제시문에서 김 교사가 성급한 진로 선택을 유보하게 하고, 충분한 탐색 기회를 제공하는 것은 에릭슨의 '심리적 유예' 개념으로 설명할 수 있다. 에릭슨은 청소년기를 자신에게 맞는 역할과 자아상을 실험해 볼 수 있는 에너지와 시간을 벌어주는 심리적 유예 기간으로 보았다. 장래에 종사할 직업을 선택해야 할 시기에 와 있는 청소년들은 직업시장이 급격히 동요하는 현실에 직면해서 많은 직업들로 인해 정체감에 위협을 받게 되는데, 이 때 확실한 직업선택을 통해 역할 혼미를 면해 보려고 하면서도 한편으로는 위압감을 느끼고 행동에 방해감을 갖게 된다. 이러한 위압감에서 벗어나는 방법으로, 청소년들에게는 심리적인 유예가 허락된다. 심리적 유예란 선택에 대한 결심을 연기하는 기간으로 사회적, 직업적 역할을 탐색하는 기회가 된다. 청소년들에게는 스스로를 탐색하고 나아갈 바에 대한 확신을 갖기 위해 심리적 유예기가 필요하다. 즉 성인으로서의 결정이나 책임을 요구하지 않고 청소년들이 자신이 무엇을 할 수 있을지, 무엇이 자기 자신에게 가장 맞는 것인지를 찾기 위한 시간을 사회나 성인들이 허용할 수 있다면 보다 깊이 있고 높은 차원의 정체감 확립이 가능하다고 에릭슨은 보았다. 정체성 혼미를 극복하지 못하거나 긍정적인 심리적 유예에 참여하여 정체성 형성을 위한 결정을 유보하지 못하면 바람직하지 못한 사회적 모델에 근거하여 형성된 부정적 정체성을 통해 내적 갈등을 해소하려고 시도할 가능성이 있다.

　다음으로 간접 경험 기회를 제공하고, 롤모델의 성공 혹은 실패 사례를 제공하는 것은 '대리학습(관찰학습)'으로 설명할 수 있다. 반두라는 아동은 직접적인 보상이나 벌의 결과로서 바람직한 행동을 형성할 뿐만 아니라 다른 사람의 행동과 그 결과를 관찰하는 방법으로도 학습한다고 주장한다. 이러한 사회인지학습이론에서는 직접 경험에 의하지 않고, 또 반드시 시행착오를 거치지 않고도 학습이 성립할 수 있다고 본다. 관찰된 학습과 대리경험의 효과를 중요하게 생각하는 사회인지학습이론은 결국 행동의 단서 즉, 모델에 의해 표현되는 행동의 효과를 강조한다. 사회인지학습 이론가들은 강화인과 처벌인이 기대를 형성하게 하기 때문에 강화와 처벌이 중요하다고 본다. 다른 사람이 강화나 처벌을 받는 것을 보면 비슷한 행동에 대해 강화나 처벌을 받을 것이라는 것을 기대할 수 있다. 사람들이 기대를 한다는 것은 어떤 행동이 강화를 받을 것이란 것을 알고 있다는 것을 의미한다. 이것은 아주 중요한데, 사회인지학습이론에 따르면, 어떤 행동이 강화되는지를 학습자가 알고 있을 때 강화가 행동을 변화시키기 때문이다. 다른 사람이 강화나 처벌을 받는 것을 보며 자신도 비슷한 행동에 대해 강화나 처벌을 받을 것이라고 기대할 수 있는 것이다. 따라서 대부분의 학습이 관찰을 통해 이루어지고 직접강화가 학습의 필수요건은 아니다. 인간은 관찰을 통해 지식, 기능, 전략, 태도 등을 습득하며 모델로부터 행동의 유용성과 적합성을 학습한다. 우리는 다른 사람들이 하는 방식을 바라보고 모방함으로써 많은 것들을 학습한다. 모델이 하는 행동을 관찰하는 것을 통해 새로운 반응을 학습할 수 있는 것을 모델링이라고 한다. 다른 사람에게서 관찰한 행동을 모방하려는 경향을 말한다. 모델링은 학습을 낳고, 행동을 촉진하며, 억제를 변화시키고, 정서를 유발시킬 수 있다.

결론 제언

교실 환경에서 일어나는 많은 문제들이 완벽하고 유일한 대답을 가지고 있지 않고 또한 교사가 현장에서 직면하게 될 많은 문제들에 대하여 직접 적용될 수 있는 지식이나 방법을 모두 배울 수는 없다. 그래서 필요한 지식을 가능한 많이 배우는 것과 동시에, 교사 스스로 이를 근거로 하여 당면한 문제를 최선의 방향으로 판단, 결정, 해결할 수 있는 태도와 능력을 기르는 것이 무엇보다 중요하다. 교사의 능력이란 어떤 수준에서 머무르는 것이 아니고 계속해서 발전되고 향상되는 것이다. 예비교사 교육과정에서 교사가 되기 위한 준비를 하는 시기부터 교사가 된 이후 교직에 머무르는 동안에도 계속해서 끊임없이 현장의 경험을 재구성하고 그러한 태도와 능력을 발전시켜 나갈 때, 유능하고 탁월한 교육의 전문가로서의 교사가 될 수 있을 것이다.

3 더 알아보기

1 에릭슨의 정체성 발달 이론

청소년기의 핵심적인 과제는 정체성을 확립하는 것이다. 정체성이란 자신의 욕구, 능력, 신념, 과거 경험을 일관성이 있는 자아상으로 조직한 것을 의미한다. 다시 말하면 정체성이란 자기 자신이 어떤 존재인가에 대한 확고한 인식을 말한다. 청소년기에는 부모로부터 정서적으로 독립을 하게 되고 신체적으로 성숙기에 이르게 되어, 자기 자신의 정체에 관심을 가지게 된다. 청소년기에는 자아의 다양한 측면을 통합하여 일반적인 자아를 형성해야 한다. 에릭슨은 이러한 통합된 자아의 형성과정을 자아정체성과 정체성 혼미 사이의 위기로 개념화하고 있다. 명확하게 규정된 한계 내에서 독립성을 증가시키려는 시도를 하도록 허용할 때, 청소년의 정체감이 발달한다. 자아정체감은 '자아의 불변성과 계속성에 대한 자신감'이다. 반면, 이 단계에서의 위험은 역할혼미이다. 역할혼미란 특히, 성적, 직업적 정체감에 대한 의심을 말한다. 만일 청소년이 서로 다른 상황에서의 역할을 통합하여 자기 자신의 지각에 있어서 계속성을 경험하는데 성공을 한다면 정체감이 발달하지만, 그들이 그들 생활의 다양한 국면에서 안정감을 확립할 수 없다면 역할혼미가 나타나게 된다. 장래에 종사할 직업을 선택해야 할 시기에 와 있는 청소년들은 직업시장이 급격히 동요하는 현실에 직면해서 많은 직업들로 인해 정체감에 위협을 받게 되는데, 이 때 확실한 직업선택을 통해 역할혼미를 면해 보려고 하면서도 한편으로는 위압감을 느끼고 행동에 방해감을 갖게 된다. 이러한 위압감에서 벗어나는 방법으로, 청소년들에게는 심리적인 유예가 허락된다. 심리적 유예란 선택에 대한 결심을 연기하는 기간으로 사회적, 직업적 역할을 탐색하는 기회가 된다.

에릭슨은 청소년기를 자신에게 맞는 역할과 자아상을 실험해 볼 수 있는 에너지와 시간을 벌어주는 심리적 유예 기간으로 보았다. 청소년들에게는 스스로를 탐색하고 나아갈 바에 대한 확신을 갖기 위해 심리적 유예기가 필요하다. 즉 성인으로서의 결정이나 책임을 요구하지 않고 청소년들이 자신이 무엇을 할 수 있을지, 무엇이 자기 자신에게 가장 맞는 것인지를 찾기 위한 시간을 사회나 성인들이 허용할 수 있다면 보다 깊이 있고 높은 차원의 정체감 확립이 가능하다고 에릭슨은 보았다. 정체성 혼미를 극복하지 못하거나 긍정적인 심리적 유예에 참여하여 정체성 형성을 위한 결정을 유보하지 못하면 바람직하지 못한 사회적 모델에 근거하여 형성된 부정적 정체성을 통해 내적 갈등을 해소하려고 시도할 가능성이 있다.

2 반두라의 사회인지학습이론

학습이 형성되고 유지되는 과정을 설명하는데 조건화의 원리가 매우 유효한 것은 사실이지만 인간의 모든 학습 과정을 강화의 원리를 중심으로 하는 조건화의 논리로 설명하는 데는 한계가 있다. 반두라는 아동은 직접적인 보상이나 벌의 결과로서 바람직한 행동을 형성할 뿐만 아니라 다른 사람의 행동과 그 결과를 관찰하는 방법으로도 학습한다고 주장한다. 이는 행동주의 이론의 원리를 대부분 받아들이지만 행동에 대한 단서와 내적 정신 과정들의 영향에 더 초점을 맞추는 것이다. 이러한 사회학습이론에서는 직접경험에 의하지 않고, 또 반드시 시행착오를 거치지 않고도 성립할 수 있다고 본다. 반두라는 행동주의 이론이 지나치게 행동의 결과에만 집착하고 있다고 지적한다. 관찰된 학습과 대리경험의 효과를 중요하게 생각하는 사회학습이론은 결국 행동의 단서 즉, 모델에 의해 표현되는 행동의 효과를 강조한다. 대리경험이 행동에 영향을 준다는 그의 주장은 학습자 내부에서 학습과정이 진행된다는 것을 암시한다.

행동주의자들과 사회인지학습 이론가들은 강화와 처벌이 중요한 개념이라는 것에 동의한다. 그러나 이 개념들의 영향에 대해서는 다르게 해석한다. 행동주의자는 강화인과 처벌인을 행동의 직접적인 원인으로 여기지만, 사회인지학습 이론가들은 강화인과 처벌인이 기대를 형성하게 한다고 본다. 예를 들면, 열심히 공부해서 시험을 잘 치면 다음 시험에서도 같은 방식으로 공부하면 시험을 잘 칠 것이라는 것을 기대할 수 있다. 다른 사람이 강화나 처벌을 받는 것을 보면 비슷한 행동에 대해 강화나 처벌을 받을 것이라는 것을 기대할 수 있다. 사람들이 기대를 한다는 것은 어떤 행동이 강화를 받을 것이란 것을 알고 있다는 것을 의미한다. 이것은 아주 중요한데, 사회인지학습이론에 따르면, 어떤 행동이 강화되는지를 학습자가 알고 있을 때 강화가 행동을 변화시키기 때문이다.

요컨대, 다른 사람이 강화나 처벌을 받는 것을 보며 자신도 비슷한 행동에 대해 강화나 처벌을 받을 것이라고 기대할 수 있다. 또한 강화인에 단순히 반응하는 것이 아니라 어떤 행동이 강화되는지를 학습자가 알고 있을 때 강화가 행동을 변화시킨다. 학습자가 자신의 학습전략 효율성을 적극적으로 평가하는 것이다. 행동의 결과에 대해 만족을 느끼면서도 그 행동을 지속하지 않을 수 있는 것이 인간만이 가진 특성이다. 이러한 믿음을 바탕으로 사회학습이론에서는 학습에서의 자기 지각, 기대, 믿음 등과 같은 인지적 속성에 초점을 맞춘다.

사회학습이론은 대부분의 학습이 관찰을 통해 이루어지기 때문에 직접강화가 학습의 필수요건이 아니다. 인간은 관찰을 통해 지식, 기능, 전략, 태도 등을 습득하며 모델로부터 행동의 유용성과 적합성을 학습한다. 우리는 다른 사람들이 하는 방식을 바라보고 모방함으로써 많은 것들을 학습한다. 모델이 하는 행동을 관찰하는 것을 통해 새로운 반응을 학습할 수 있는 것을 모델링이라고 한다. 사회인지학습이론의 중심 개념인 모델링은 다른 사람에게서 관찰한 행동을 모방하려는 경향을 말한다. 모델링은 학습을 낳고, 행동을 촉진하며, 억제를 변화시키고, 정서를 유발시킬 수 있다.

02 행동주의와 사회학습이론

2016학년도 초등 기출 다음은 ○○초등학교의 교사 협의회에서 수업 중 학생 행동 관리에 대해 교사들이 나눈 대화의 일부이다. 1) 신 교사와 김 교사가 각각 학생 행동 관리의 기본 원리로 채택하고 있는 학습이론을 대화 내용에서 근거를 찾아 논하시오. 2) 학습 원리의 측면에서 신 교사와 김 교사의 학생 행동 관리 방법이 성공하기 위한 조건을 각각 1가지씩 제시하시오

강 교사: 오늘은 교단생활의 경험을 이야기하고 고민을 나눔으로써 수업 상황에서 학생 행동 관리를 어떻게 하면 잘 할 수 있는지 논의하기 위해 모였습니다.

신 교사: 수업을 잘 하려면 평소 구체적 학습이론에 기반하여 학생들의 행동을 잘 관리하는 것이 중요하다고 생각해요. 그래서 저는 학기 초에 아이들과 함께 수업 행동 규칙을 4~5가지 정하고 엄격하게 지키려고 노력하죠. 이를 위하여 상벌 기준을 명확히 제시하고 일관성 있게 적용하고 있어요. 규칙을 지킨 아이에게는 스티커를 주어 10개를 모을 때마다 상을 주고, 규칙을 어기는 아이에게는 벌점을 주고 일정 점수를 넘으면 정해진 벌칙을 적용합니다.

김 교사: 저는 좀 생각이 달라요. 무엇보다 교사인 제가 솔선수범하다 보면 아이들은 따라오기 마련이죠. 그래서 저는 수업 중에 지켜야 할 행동을 설명하고 아이들 앞에서 적극적으로 실천하고, 모범적인 학생을 발굴하려고 적극적으로 노력해요. 예를 들면, 수업 시작 전에 먼저 인사를 나누고 수업 중에 요구나 질문 사항이 있으면 어떻게 해야 하는지를 이야기하고 시범을 보인 후, 귀감이 되는 학생을 찾아서 '모범 어린이'로 정해요.

정 교사: 저도 신 선생님이나 김 선생님처럼 해 보았는데 수업 중 학생 행동 관리가 항상 잘 되는 것은 아니더라고요. 그래서 저는 아이들과 함께 수업하면서 내 자신이 어떻게 행동하고 무엇을 느끼는지 교단 일지를 쓰면서 자주 되돌아보곤 합니다. 특히, 수업 중에 아이들이 힘들어하는 것이 무엇인지 생각해 보고 그들의 마음을 읽고 공감하려고 노력해요. 이렇게 하다 보면 아이들도 제 마음을 잘 이해하고 수업도 더 재미있어 하는 것 같아요.

강 교사: 어려운 가운데에서도 다양한 방법을 적용하려고 노력하고 계시네요. 모두 장단점이 있는 것 같습니다. 수업 중 학생 행동 관리에 대한 각각의 방법을 좀 더 논의해 볼까요?

…… (하략) ……

1 논술문 작성 방향

신 교사가 학생 행동 관리의 기본 원리로 채택하고 있는 학습이론은 행동주의이다. 행동주의에서의 목표는 바람직한 행동을 증가시키고 바람직하지 않은 행동을 감소시키는 데 있으며, 목표달성 여부는 관찰 가능하고 객관화된 행동을 중심으로 판단한다. 그러므로 스티커를 받을 행동과 벌점을 받을 행동은 정확하고 구체적으로 제시되어야 한다. 김 교사가 학생 행동 관리의 기본 원리로 채택하고 있는 학습이론은 사회학습이론이다. 사회학습이론에서는 관찰자가 모델의 행동에 주의를 기울이고 그 행동을 모방하게 하는 것이 중요하다. 따라서 관찰자가 모방할 가능성이 높은 효과적인 모델을 세워야 한다.

2 예시답안

서론 학습의 중요성

인간은 학습을 통해 비로소 한 사람의 인간으로 성장한다. 학습이라고 하면 대부분의 사람들은 흔히 학교공부를 연상하는 경향이 있다. 학교공부가 학습의 중요한 부분을 차지하는 것은 분명하나, 학습의 전부는 아니다. 학습의 범주에 포함되는 것은 매우 다양하다. 인사하는 방법을 배우는 것, 요리방법을 배우는 것 등도 모두 학습에 해당된다. 대부분의 인간행동은 학습을 통해 습득되므로 학습이 어떻게 이루어지는가를 이해하는 것은 인간행동을 이해하기 위한 관건이다.

본론1 신 교사와 김 교사가 채택한 학습이론과 그 근거

신 교사는 행동주의를 학생 행동 관리의 기본 원리로 채택하고 있다. 행동주의는 볼 수 있고 측정 가능하고 기록될 수 있는 행동에 초점을 두는 것으로, 인간은 환경 속에서 보상과 벌, 강화에 반응함으로써 학습한다고 가정한다. 제시문의 대화에서 신 교사는 수업 행동 규칙을 4~5가지 정하고, 상벌 기준을 명확히 제시하여, 규칙을 지킨 아이에게는 스티커를 주어 10개를 모을 때마다 상을 주고, 규칙을 어기는 아이에게는 벌점을 주고 일정 점수를 넘으면 정해진 벌칙을 적용하고 있다. 이것은 토큰 강화로, 강화되지 않거나 처벌을 받은 행동은 감소하고 강화된 행동은 증가할 것이라는 조작적 조건형성의 기본 원리를 적용한 것이다.

김 교사는 사회학습이론을 학생 행동 관리의 기본 원리로 채택하고 있다. 사회학습이론은 인간이 타인의 행동을 관찰하고 모방함으로써 학습이 이루어진다고 본다. 제시문의 대화에서 김 교사는 먼저 교사인 자신이 수업 중에 지켜야 할 행동을 아이들 앞에서 이야기하고, 적극적으로 시범을 보인 후, 모범적인 학생을 선정하여 따라야 할 모델로 세우고 있다. 어떤 행동이 강화될 것인지를 설명해 주고, 교사 자신과 모델의 행동을 통해 무슨 행동이 강화받는지를 학생들이 알 수 있도록 보여주고 있다. 이것은 타인의 행동을 관찰하고 따라함으로써 학습한다는 관찰학습의 원리를 적용한 것이다.

본론2 신 교사와 김 교사의 학생 행동 관리 방법이 성공하기 위한 조건

신 교사의 학생 행동 관리 방법이 성공하기 위해서는 학습할 행동과 약화 또는 제거할 행동을 객관적 용어로 분명히 정의해야 한다. 즉 스티커를 받을 수 있는 행동과 벌점을 받을 수 있는 행동을 구체적이며 관찰가능하고 측정이 가능한 행동으로 세분화하여 제시해야 한다. 구체적인 행동은 강화의 효과를 더 잘 판단하게 한다.

김 교사의 학생 행동 관리 방법이 성공하기 위해서는 학생들이 모델의 행동에 주의를 기울이고 그 행동을 모방하게 하는 것이 중요하다. 따라서 학생들이 모방할 가능성이 높은 효과적인 모델을 세우는 것이 중요하다. 모델이 자신과 비슷하다고 인식할 경우, 모델이 능력 있다고 생각할 경우, 집단 내에서 지위가 높고, 존경받고, 힘을 가진 사람이 모델일 경우 관찰자가 모방할 가능성이 크다.

결론 제언

교사는 학생들이 학습활동에 보다 많은 주의를 기울일 수 있도록 교실환경을 효과적으로 구성하는 방법을 알고 있어야만 한다. 이때 모든 조건에서 모든 학생들에게 효과적일 유일한 전략은 없고, 모든 상황을 완벽하게 설명하고 예측하는 이론은 없다. 어떤 한 이론이 모든 해답을 제공하는 것이 아니기 때문에, 학생들을 효과적으로 교육하기 위해서는 다양한 이론 및 방법론적 관점에 대해 정확히 알고, 열린 마음으로 심사숙고하여 결정할 수 있는 태도를 가져야 한다.

3 더 알아보기

1 행동주의

행동주의 심리학은 과학이므로 관찰할 수 있는 행동만 연구대상으로 해야 한다고 주장한다. 왓슨(Watson)은 심리학이 의식에 대한 연구를 포기하고 직접 관찰하고 측정할 수 있는 행동에 초점을 두어야 한다고 선언했다. 그에 따르면 과학이란 객관적으로 관찰할 수 있는 것을 탐구해야 하는데, 정신과정이나 의식은 지극히 주관적이고 개인적이어서 관찰할 수 없고 측정할 수 없기 때문에 과학의 대상이 될 수 없다는 것이다.

행동주의는 다음과 같은 기본 가정을 가지고 있다. 첫째, 학습을 경험이나 연습을 통해서 일어난 행동의 지속적인 변화로 간주한다. 즉, 학습은 경험이나 연습을 통해 행동이 변화되는 과정이다. 행동주의는 출생 시의 상태를 백지상태에 비유하며, 인간의 행동은 환경과 과거에 의해 통제된다는 결정론적 입장을 취하고 있다. 앞에서 설명한 바와 같이 행동주의는 객관적으로 관찰할 수 있는 구체적인 행동을 연구대상으로 하며, 내재적인 사고과정이나 구조에는 관심이 없다. 둘째, 학습은 자극과 반응 사이의 연합을 형성하는 과정이다. 행동주의는 흔히 조건형성이론으로 불리기도 한다. 조건형성 혹은 조건화는 특정 행동을 변화시키기 위한 조건을 부여한다는 의미로, 행동을 변화 내지 수정하기 위한 구체적인 절차를 말한다. 따라서 '조건형성을 시킨다.'는 말은 학습을 하도록 조건을 부여한다는 의미로, '조건형성이 되었다'는 말은 특정 조건에서 반응이 결합되었으므로 학습이 이루어졌다는 말과 같은 의미로 사용되고 있다. 셋째, 복잡한 환경은 일련의 자극으로 분석될 수 있고, 복잡한 행동은 일련의 반응으로 분석될 수 있다. 또 복잡한 행동은 간단한 반응이 결합된 것과 같다고 가정한다. 결국 행동주의는 전체는 부분의 합과 같다고 가정한다. 넷째, 인간을 포함한 모든 동물들은 보편적인 학습법칙을 따른다. 인간과 동물의 차이는 질적인 것이 아니라 양적인 것에 불과하다. 행동주의는 인간과 동물을 유기체라고 칭한다. 행동주의는 동물실험에서 밝혀진 학습의 원리와 법칙을 인간에게 그대로 적용할 수 있다고 생각한다.

2 사회학습이론

스키너를 위시한 행동주의자들이 인지적 개념을 취급하지 않은 것은 사실이지만 정신적 사상(事象)의 존재 자체를 부정한 것은 아니었다. 다만 인간의 행동과 학습을 설명하려는 심리학에서는 그와 같이 애매하고 관찰하기 어려운 개념이 불필요하다는 입장을 취했던 것이다. 이러한 점을 인식한 반두라(Bandura)와 같은 학자들은 관찰할 수 있는 행동을 강조하는 행동주의 기본관점을 충실히 견지하면서도 정신활동을 포함하는 이론을 제안했다. 반두라의 이론은 사회학습이론 또는 사회인지이론으로 불리고 있다. 사회학습이론은 조작적 조건형성의 원리를 이용해서 모방을 통한 인간의 사회학습을 설명하면서도 상징화나 기대와 같은 인지과정의 중요성을 인정하고 있다는 점에서 행동주의에서 인지이론으로 넘어가는 과도기 이론으로 평가받고 있다.

사회학습이론의 핵심은 대부분의 학습은 관찰을 통해 이루어지기 때문에 직접강화가 학습의 필수요건이 아니라는 것이다. 인간은 관찰을 통해 지식, 기능, 전략, 신념, 태도 등을 습득하며, 모델로부터 행동의 유용성과 적합성을 학습한다. 모델링 혹은 관찰학습은 사회학습이론의 핵심이다. 모델링은 모델에 대한 관찰을 통해 일어나는 행동적, 인지적, 정의적 변화를 말한다. 모델링의 기본 관점은 다음과 같이 요약할 수 있다. 첫째, 대부분의 인간학습은 실제 모델이나 상징적 모델(소설 속의 가상적 인물이나 텔레비전 프로그램의 주인공 등)에 대한 관찰과 모방을 통해 이루어진다. 둘째, 긍정적 결과가 기대되는 모방행동은 나타날 확률이 높아진다. 셋째, 행동이 변화되지 않아도 학습은 이루어진다. 넷째, 인지과정은 학습에 중요한 역할을 한다. 사회학습이론에 따르면 행동을 하면 강화 혹은 처벌을 받을 것이라는 기대가 학습에 영향을 미친다.

　모델링에는 크게 두 가지의 강화가 작용한다. 직접강화는 행동의 결과로 받는 강화를 말한다. 아동이 단어를 정확하게 발음할 때 부모가 칭찬을 하는 것은 직접강화에 해당된다. 대리강화는 다른 사람의 행동에 대한 관찰을 통해 경험하는 일종의 이차적인 간접강화를 의미한다. 모방과정에서 관찰자는 실제로는 자신이 강화를 받지 않았는데도 불구하고 강화를 받은 것처럼 행동하는 경우가 있다. 대리강화가 작용하는 것은 모델이 그 행동으로 강화를 받았으므로 관찰자도 같은 행동을 하면 역시 강화를 받을 것이라고 기대하기 때문이다.

03 사회적 구성주의

2020학년도 중등 기출 오늘날과 같은 초연결 사회에서는 다수의 사람이 소통하면서 협력하는 것이 중요하다. 이러한 시대적 추이를 반영하여 ○○고등학교에서는 토의식 수업 활성화를 위한 교사협의회를 개최하였다. 다음은 여기에서 제안된 주요 의견을 정리한 것이다. 그 내용은 지식관에 관한 것이다. 이를 바탕으로 '토의식수업 활성화 방안'이라는 주제로 서론, 본론, 결론을 갖추어 논하시오.

구분	주요 의견
A 교사	• 토의식 수업을 활성화 하려면 먼저 지식을 보는 관점의 변화가 필요함 • 교과서에 주어진 지식이 진리라는 생각이나, 지식은 개인이 혼자 만드는 것이라는 생각에서 벗어나는 것이 중요하며, 이와 관련하여 비고츠키(L. Vygotsky)의 지식론이 많은 시사점을 줄 수 있음 • 이 지식론의 관점에서 보면, 교사와 학생의 역할도 기존의 강의식 수업에서의 역할과는 달라질 필요가 있음

배점

- 논술의 내용
  - A 교사가 언급한 비고츠키 지식론의 명칭, 이 지식론에서 보는 지식의 성격 1가지와 교사와 학생의 역할 각각 1가지
- 논술의 구성 및 표현
  - 논술의 내용과 '토의식 수업 활성화 방안'의 연계 및 논리적 형식
  - 표현의 적절성

1 논술문 작성 방향

비고츠키의 지식론은 사회적 구성주의이며 사회적 구성주의에서 보는 지식은 사회문화적 맥락 안에서 학습자들 간의 상호작용을 통해 구성되는 것이다. 이를 위해 교사는 학생들의 학습과 발달을 촉진하기 위한 지원을 제공해야 하고, 학생들은 사회적 상호작용을 통하여 적극적으로 학습을 할 필요가 있다.

2 예시답안

서론 문제 제기

오늘날의 초연결 사회에서 토의식 수업은 학생들의 다양한 참여를 통해 수업을 이끌어 가는 데 효과적인 수업방식이다. 토의는 과정을 중시하며, 다양한 의견들을 종합하여 최선의 해결방안을 모색한다는 점에서 민주적인 의사소통 방식이라고 할 수 있다. 다양한 교육방법에 대한 이론 중 토의를 주목해야 하는 이유가 여기 있으며, 이러한 토의식 수업을 활성화하기 위해 교사는 지식관, 교육내용, 수업설계, 학교문화의

변화 방향에 대해 관심을 가질 필요가 있다.

> **본론** A 교사가 언급한 비고츠키 지식론의 명칭, 이 지식록에서 보는 지식의 성격 1가지와 교사와 학생의 역할 각각 1가지

A교사가 언급한 비고츠키의 지식론은 사회적 구성주의이다. 사회적 구성주의에서 보는 지식은 사회문화적 맥락 안에서 학습자들 간의 상호작용을 통해 구성되는 것이다. 사회적 구성주의는 사회적 상호작용을 통한 학생들의 지식 구성을 촉진하는 데 초점을 맞추며, 이에 따른 교사와 학생의 역할은 다음과 같다. 먼저, 교사는 학습자들이 문제해결을 위해서 의견을 교환하고 협력할 수 있는 학습환경을 만들어 가는 역할을 수행해야 한다. 이때 교사는 학습과 발달을 촉진하기 위한 지원을 제공해야 하는데, 이러한 수업발판의 유형에는 모델링, 질문, 입으로 중얼거리면서 생각하기, 수업자료를 조절하기, 단서 제공, 절차적 촉진, 난이도 조절, 절반쯤 행해진 예의 제공, 상호교수, 체크리스트 제공 등이 있다. 한편, 학생은 반드시 스스로의 힘으로 해결할 수 있는 그 이상을 사회적 상호작용을 통하여 적극적으로 학습하는 역할을 수행해야 한다. 학습과 발달은 사회적으로 협동적인 활동이므로 학생은 가급적 다양한 능력 수준의 다른 학생들과 상호작용해야 한다. 교사는 이러한 지식관을 내면화함으로써 토의식 수업을 활성화 할 수 있다.

> **결론** 제언

교사는 학교현장에서 토의식 수업을 활성화시키기 위한 매우 복잡하고 다양한 역할을 동시에 수행해야 한다. 이러한 교사의 역할은 지식관, 교육내용, 수업설계, 학교문화에 대한 폭넓은 교육학적 지식을 기반으로 수행될 수 있으며, 교사는 이러한 지식을 학교현장에 적절하게 적용하기 위한 전문성을 갖춰야 한다. 토의식 수업의 활성화를 위한 교사의 역할은 교사 개인의 차원을 넘어 동료교사, 학교, 지역사회 및 국가 간의 유기적이고 공동체적인 협력을 통해 더욱 효과적으로 수행될 수 있을 것이다.

3 더 알아보기

1 사회적 구성주의

우리 중 대다수는 어떤 개념에 대해 완전히 이해하지 못한 상태에서 다른 사람과 상호작용 하는 중 토론이 계속됨에 따라 두 사람 모두의 이해가 증진되는 경험을 한다. 이러한 경험은 비고츠키 연구의 영향을 받은 사회적 구성주의의 기본 전제를 설명한다. 사회적 구성주의는 학습자들이 먼저 사회적 맥락 안에서 지식을 구성하고 그다음에 개개인이 이것을 내면화 한다고 주장하였다. 사회적 구성주의는 교육지도자들과 교사들의 생각을 안내하는 가장 영향력 있는 관점이 되었다.

사회적 구성주의는 학습활동을 어떻게 조직하고 실행할지, 학생들을 어떻게 동기화할지, 학습을 어떻게 평가해야 할지와 같은 교수의 전통적인 질문에 대해 교사가 고려해야 한다고 제안하며, 사회적 상호작용을 통한 학생들의 지식 구성을 촉진하는 데 초점을 맞춘다. 사회적 구성주의의 관점에 따르면 학습자들이 문제해결을 위해서 의견을 교환하고 협력할 수 있는 학습환경을 만들어 가는 것이 교사의 주요한 역할이다. 비고츠키의 사회적 구성주의 입장이 제공하는 교육적 시사점은 다음과 같다.

첫째, 문화적으로 적절한 맥락 속에서 학습활동이 이루어져야 한다. 비고츠키는 사회적 상호작용이 학습

과 인지발달을 가져오는 직접적 요인이라고 생각했다. 즉, 학습은 사회적 상황이라는 맥락 속에서 직접적으로 발생한다. 아동은 사회적으로 경험과 지식이 더 많은 다른 사람들을 통해 혼자서는 얻지 못했을 이해체계를 발달시켜 나간다. 이러한 이해체계는 개념과 상징 같은 인지 도구를 통해 발달하며, 이것은 사람들이 사고할 수 있게 하고 문제를 해결하고 문화 안에서 상호작용할 수 있도록 하는 실제 도구로 기능한다.

둘째, 학생들이 그들 자신의 이해를 언어로 설명하도록 장려한다. 학생들로 하여금 자신에게 자신의 문제해결과정을 소리 내어 말하게 하는 사적언어를 사용하도록 한다. 인지적 자기 교수나 씽크 얼라우드(Think Aloud) 프로그램이라고 불리는 교수전략에서도 학습 도중 학생이 자신에게 혼잣말하기를 사용하도록 가르치는데, 이러한 사적언어는 특히 학생들이 어려운 문제를 해결할 때 그들의 사고를 안내하고 조절하는 기능을 수행한다.

셋째, 학습자의 근접발달영역 내에 있는 학습활동을 만들어야 한다. 근접발달영역은 교육과정 및 학습계획을 세우는 지침으로 사용되어야 한다. 학생은 반드시 스스로의 힘으로 해결할 수 있는 그 이상을 사회적 교류를 통하여 학습할 수 있도록 안내되어야 하며 이를 위한 환경이 조성되어야 한다. 비고츠키 따르면 '근접발달영역에 대한 개념을 배제시키고 생각한다면 모든 아동의 발달수준은 똑같다'고 할 수 있으나 근접발달영역에 의해 아동 각자의 발달 수준은 서로 다르게 된다. 아동이 오늘 어른의 도움으로 할 수 있는 것도 내일이면 스스로 할 수 있게 됨으로써 아동의 능력은 더욱 커지게 된다. 이와 같이 아동의 근접발달영역은 아동의 발달 가능성을 결정짓는다. 따라서 학습활동을 실현할 때 부모나 교사는 아동의 근접발달영역을 통찰하여 아동의 근접발달영역에 알맞은 학습내용을 이끌어야 하며, 이럴 때 바로 학습활동을 아동발달에 중요한 역할을 하게 된다. 이 개념에 의하면 학습활동은 아동의 현 발달수준에 맞추는 것이 아니라 현 발달수준을 앞질러 앞으로 도달될 아동에 대한 "기대 발달수준"에 맞추어 실현되어 학습활동이 아동의 수준을 더 높은 단계로 이끌어 주는 학습활동이어야 한다.

넷째, 학습과 발달을 촉진하기 위해 필요한 지원을 제공한다. 발판이란 학생이 독자적으로 완성할 수 없는 과제를 완성하게 하는 거듭을 말한다. 즉, 학생으로 하여금 근접발달영역에 있는 과제를 수행할 수 있도록 성인과 유능한 사람이 어떤 형태의 지도나 구조를 제공하는 것이다. 전형적으로 발판은 학습의 초기 단계에는 아동에게 많은 지원을 제공하고 그 다음에는 지원을 줄여 아동으로 하여금 점차 책임을 감당하도록 하는 것을 의미한다. 수업발판은 학습자의 능력을 벗어나는 과제요소를 통제하는 과정으로서 학습자에게 학습과 문제해결을 위한 지원을 제공한다. 수업발판은 다섯 가지 주요 기능을 수행한다. 즉, 실제의 발판이 노동자가 페인트칠할 때 노동자를 받치듯이 발판은 학생을 위한 도구로 기능한다. 또한 발판은 지원을 제공하며, 학습자의 범위를 확장하고, 그렇지 않으면 불가능할 과제의 획득을 가능케 하며, 그리고 필요할 때에만 선택적으로 사용한다. 수업발판의 유형에는 모델링, 질문, 입으로 중얼거리면서 생각하기, 수업자료를 조절하기, 단서 제공, 절차적 촉진, 난이도 조절, 절반쯤 행해진 예의 제공, 상호교수, 체크리스트 제공 등이 있다.

다섯째, 학생들이 서로 사회적 상호작용을 할 수 있도록 학습활동을 만들어야 한다. 학습과 발달은 사회적으로 협동적인 활동이므로 가급적 다양한 능력 수준의 학생들과 상호작용을 할 수 있도록 협동학습 상황을 마련하는 것이 필요하다. 또래들이 협동학습을 할 때는 사회적 상호작용을 분담한다. 추리, 이해 및 비판적 사고와 같은 고차적 정신기능들은 사회적 상호작용에서 비롯되며 그 다음에 개인에 의해 내면화되기 때문에 학습에 중요하다. 아동들은 혼자서 할 수 있기 전에 사회적 지원을 받음으로써 성취할 수 있다. 협동학습에 관한 많은 연구들에 의하면 개인적 책임과 팀 보상이 필수적임을 지적한다.

여섯째, 역동적 평가를 활용한다. 아동들의 실제적 발달수준뿐 아니라 잠재적 발달수준까지 측정하기 위해서 학습자에 대한 역동적인 진단과 평가가 필요하다. 학습활동을 펼 때는 아동의 현재 발달수준 뿐만 아니라, 그들의 기대 발달수준 또한 고려해야만 한다. 즉, 아농 발달과 학습활동과의 상관관계를 말할 때, 아동 발달의 한계점을 미리 규정지어서는 안 되며, 먼저 그 아동이 지니고 있는 두 가지 발달수준을 먼저 알아보아야 한다. 이러한 두 가지 발달 영역에 대한 지식 없이는 아동의 발달과정과 그들에 대한 학습 가능성 간의 상관관계를 찾을 수 없다.

04 가드너의 다중지능

2019학년도 중등 기출 다음은 ○○중학교 김 교사가 모둠활동 수업 후 성찰한 내용을 기록한 메모이다. 김 교사의 메모를 읽고 '수업 개선을 위한 교사의 반성적 실천'이라는 주제로 학습자에 대한 이해에 대한 내용을 구성 요소로 하여 논하시오.

> #1 평소에 A 학생은 언어 능력이 뛰어나고 B 학생은 수리 능력이 우수하다고만 생각했는데, 오늘 모둠활동에서 보니 다른 학생을 이해하고 도와주면서 상호작용을 잘 하는 두 학생의 모습이 비슷했어. 이 학생들의 특성을 잘 살려서 모둠을 이끌도록 하면 앞으로 도움이 될 거야. 그런데 C 학생은 모둠활동에 참여하는 것을 좋아하지 않았지만 자신의 감정과 장단점을 잘 이해하는 편이야. C 학생을 위해서는 자신의 강점을 살릴 수 있는 개별 과제를 먼저 생각해 보자.

배점

- 논술의 내용
  - #1과 관련하여 가드너(H.Gardner)의 다중지능이론 관점에서 A, B 학생의 공통적 강점으로 파악된 지능의 명칭과 개념, 김 교사가 C 학생에게 제공할 수 있는 개별 과제와 그 과제가 적절한 이유 각 1가지
- 논술의 구성 및 표현
  - 서론, 본론, 결론 형식의 구성 및 주제와의 연계성
  - 표현의 적절성

1 논술문 작성 방향

가드너는 지능을 특정 문화권에서 중요한 문제해결 능력 혹은 문화적 산물을 창출해 내는 능력으로 정의한다. 가드너는 언어 지능, 논리-수학 지능, 공간 지능, 음악 지능, 신체-운동 지능, 대인관계 지능, 개인이해 지능, 자연 이해 지능의 8가지 지능을 제시한다. 그 중 A, B 학생의 공통적 강점으로 파악된 지능은 대인관계 지능이다. 대인관계 지능은 타인들이 가지는 기분, 기질, 동기, 의도 등을 파악하는 능력이다.

2 예시답안

서론 문제 제기

사람은 살아가면서 누구나 자신이 한 행위에 대해서 반성을 하면서 살아간다. 교사도 수업을 하면서 자신의 수업에 대해 반성을 하게 된다. 대부분의 교사들은 자신의 실제 수업 속에서 자신의 수업을 바탕으로 한 무의도적인 앎을 얻고 있다. 이와 다르게 제시문의 김 교사와 같이 자신의 수업을 하나의 연구 대상으로 설정하고 그에 대한 의도적인 반성을 할 수 있다. 이는 단순한 경험에서 얻어지는 무의도적인 앎이 아니라 자신의 수업을 개선하려는 의도를 미리부터 가지고 자신의 수업을 스스로 관찰하고 반성하는 것이

다. 이와 같이 자신의 수업 행위에 대해 의도적으로 반성을 시도할 때 교사는 지속적인 능력 향상을 이룰 수 있다.

> **본론** 가드너의 다중지능이론 관점에서 A, B 학생의 공통적 강점으로 파악된 지능의 명칭과 개념, 김 교사가 C 학생에게 제공할 수 있는 개별 과제와 그 이유 1가지

A, B 학생이 공통적인 강점으로 가지고 있는 지능은 대인관계지능이다. 대인관계 지능은 타인들이 가지는 기분, 기질, 동기, 의도 등을 파악하는 능력이다. 여기에는 얼굴 표정, 목소리, 몸짓 등에 대한 민감성뿐만 아니라 상대방의 기분, 감정, 의도를 읽을 수 있는 단서들을 구분할 수 있는 능력, 그리고 그런 단서들에 대해 효과적으로 잘 대응할 수 있는 능력 등이 포함된다. 대인관계 지능은 타인의 느낌과 의도 간의 차이를 식별하고 문제 해결에 이러한 능력을 적용할 수 있다. 오늘날의 사회에서 중요시하는 집단응집력, 지도력, 조직력, 결속력 등의 사회적 기능은 이 지능에 해당된다. 대인관계 지능의 소유자는 다른 사람을 잘 이해하게 됨으로서 집단 내에서 리더가 되거나 갈등 조정자로서의 역할을 자주 수행하게 된다.

C 학생은 개인이해 지능이 강점이다. 개인이해 지능이란 자기 자신에 대한 객관적 이해 및 지식과 그에 기초하여 적절히 행동할 수 있는 능력을 의미한다. 이 지능에는 자기의 장점과 단점 등의 자기 자신에 대한 정확한 이해, 자기 내면의 기분, 의도, 동기, 기질, 욕구 등에 대한 이해 능력뿐만 아니라 자기통제와 자기관리 능력과 자존감을 유지하려는 의지와 능력이 포함된다. 김 교사는 C 학생의 이러한 강점을 살리기 위하여 반성일지를 쓰는 개별 과제를 제공할 수 있다. 그날의 중요한 사건을 기록하는 반성일지를 쓰며, 이때 그림, 음악, 점토, 시를 사용하여 그 사건에 대한 느낌을 표현한다. 이를 통해 자신이 외부 관찰자가 되어 자신의 사고, 느낌, 기분을 주시하고, 어떤 상황에서 일어나는 분노나 유쾌함, 불안 등의 정서 유형을 관찰한다. 그리고 여러 다른 상황에서 자신이 사용한 정서와 사고의 전략과 유형을 평가해 볼 수 있다.

> **결론** 제언

교사는 자신의 수업을 진행하는 가운데 스스로 자신의 수업을 관찰하고 반성함으로써 교사 스스로 자신의 자질을 끊임없이 개선할 수 있다. 바람직한 교사는 기존의 실천을 그저 답습하는데 그치지 않고, 보다 나은 실천을 위해 끊임없이 연구하는 사람이다. 자기가 맡은 일을 하는 반복하는데 그치지 않고 그것을 보다 잘 하기 위해 탐구하는 교사는 가르치는 일 안에서 삶의 보람을 찾고, 스스로 자신의 능력을 발전시킨다. 타인이 이미 만들어 놓은 이론을 단순히 적용하는 기능인으로 자신을 한계 짓는 것이 아니라, 수업 과정에서 직면한 문제를 해결하며 그 과정에서 적합하지 않은 이론을 폐기하거나 재구성하고, 자신의 상황을 좀 더 객관적으로 탐구하는 실천가이자 연구자로서의 교사가 되어야 하겠다.

3 더 알아보기

가드너는 지능검사의 결과나 지능지수의 측면에서 지능을 정의하지 않고, '하나 혹은 그 이상의 문화에서 가치 있는 산물을 창조하거나 문제를 해결하는데, 그 문화에서 유용하게 쓰일 수 있는 정보를 처리할 수 있는 심리생물학적 잠재 능력'으로 지능을 정의하였다. 즉 지능은 사회문화적 환경에 의해 개발되고 표현된 인간 두뇌의 고유한 능력이다. 가드너는 『마음의 틀(Frames of Mind)』에서 7개의 지능을 제시하였다. 그리고 최근 들어 자연지능을 추가하여 모두 여덟 가지의 지능을 소개했다. 그리고 실존지능 또한 지능에

첨가하고자 했으나, 이 지능은 뇌에 해당부위가 없을 뿐 아니라 아동기에는 거의 나타나지 않기 때문에 가드너는 다른 여덟 가지 지능과는 달리 반쪽 지능으로 간주하였다. 모든 사람은 비록 개인 간 수준의 차이는 있으나 여덟 가지 지능들을 모두 가지고 있으며, 대다수의 사람들은 각 지능을 적절한 수준까지 발달시킬 수 있는 잠재력을 소유하고 있다. 각각의 지능들은 서로 독립적이며, 각 지능 영역 내에서도 그 지능을 나타내는 많은 양식이 있다.

언어 지능: 언어 지능은 음운, 어문, 의미 등의 복합적인 요소로 구성되어 있는 언어의 여러 상징체계를 빠르게 배우며, 그에 관련된 문제를 해결할 수 있고 그러한 상징체계들을 창조할 수 있는 능력이다. 언어 지능은 언어를 통해 세상을 이해하고 의사소통을 할 수 있도록 해 준다. 언어적 지능의 소유자는 책읽기를 즐겨하고, 책에 빠져있는 시간이 많거나 이야기를 잘하는 재능을 가지고 있다. 구어체 또는 문어체의 언어에 민감한 감수성을 가지고 있는 사람으로 시인, 작가, 법률가, 대중 연설가, 언론인이 이 지능에 강점을 나타낸다. 언어 지능은 학교에서 매우 가치 있는 것으로 여겨진다.

언어적 지능이란 말로 하든 글로 표현하든 언어를 효과적으로 구사하는 능력이다. 그러므로 이 지능을 강화하는데 활용될 수 있는 교수학습 활동으로는 영화나 TV드라마를 보고 리포트 쓰기, 일지 쓰기, 조사수업, 책 표지 보고 이야기 만들기, 나의 이야기, 단어 듣고 설명하기 등이 있다. 좀 더 구체적으로 살펴보면, 브레인스토밍 과정 속에서 학생들이 제시한 여러 가지 생각이나 의견들을 특정 규칙에 의해 체계화할 수 있다. 모든 참가 학생들로 하여금 제시된 의견을 살펴 볼 기회를 제공하고 비슷한 유형을 찾아 분류하여 학생들이 어떤 아이디어가 가장 좋은지 생각하도록 한다. 또 녹음기를 이용하여 자기가 해결하려고 시도하는 문제나 계획하는 일을 녹음한 후 자신의 문제해결 과정을 스스로 점검해 볼 수 있다.

논리-수학지능: 논리-수학 지능은 숫자나 규칙, 명제 등의 상징체계들을 숙달하고 창조하며, 그에 관련된 문제를 해결해 내는 능력이다. 모든 문화권의 모든 사람은 논리 능력을 가지고 있기 때문에 규칙, 사물, 명제의 관계나 문제들을 해결한다. 즉, 논리-수학 지능은 추상적 관계를 활용·이해·분석하는 능력이다. 논리-수학 지능은 서구에서 한때 과도하게 높이 평가되어 논리-수학 지능이 곧 문제해결력인 것으로 간주되기도 하였다. 이 지능에는 논리적 유형과 논리적 관계, 진술문과 명제, 함수 등과 관련된 추상적 사고 능력 등이 포함된다. 범주화, 분류, 추리, 일반화, 계산, 가설 검증 등이 논리-수학 지능이 작용하는 사고 과정의 예이다. 수학자, 과학자, 세무사, 통계학자, 컴퓨터 프로그래머는 이 지능이 높은 편이다. 언어 지능과 마찬가지로 논리-수학 지능도 학교에서 중요시된다.

논리-수학 지능은 추리력에 관한 것으로 인간 내부에서 작용하여 정보나 자료를 분류하는 능력이라고 할 수 있다. 일반적으로 논리-수학 지능은 수학이나 과학과 같은 교과에 한정된 것으로 생각하기 쉽다. 그러나 논리-수학적 사고는 모든 교과과정에 적용될 수 있다. 다음의 교수학습 활동 유형은 모든 교과목에 적용할 수 있다. 첫째, 교사는 학생들과의 대화를 통해 학생들 자신이 갖고 있는 신념이 옳고 그름을 스스로 판단하도록 일깨워 주며 순간적인 감정에 사로잡혀 성급한 판단을 하지 않도록 한다. 둘째, 분류 능력을 향상시키기 위하여 벤다이어그램, 그래프 그리기, 사물을 모양·색깔·크기·용도 등의 준거에 따라 분류하기 등을 활용한다. 셋째, 계산 능력을 향상시키기 위하여 추리하기 활동을 활용한다.

공간 지능: 공간 지능은 시각적·공간적 정보를 정확하게 지각하고, 이 정보를 변형하여 기억으로부터 시각적 이미지를 재창조할 수 있게 해 준다. 이 지능에는 색, 선, 모양, 형태, 공간과 이런 요소들 간에 존재하는 관계에 대한 감수성이 포함된다. 또 추상적인 것을 구체화하는 시각화 능력, 시각적·공간적 아이디어를 기하학적으로 표현하는 능력, 자신을 어떤 공간상에 적절하게 위치시키는 능력 등이 포함된다. 미술가, 조각가, 실내장식가, 건축가, 발명과, 바둑기사, 위상 수학자, 외과의사, 조종사는 이 지능이 높은 것

으로 나타난다.

공간적 지능은 사진, 슬라이드, 영화, 그림에 민감하게 반응하는 능력과 관련되며 비유와 기억을 통해서 보는 마음의 눈이라고 할 수 있다. 공간적 지능을 강화시키기 위하여 예술 포트폴리오, 벽화 그리기, 그림책 만들기, 조립활동, 마인드 맵 등을 활용할 수 있다. 좀 더 구체적으로 살펴보면 흥미 있는 주제나 아이디어에 기초한 몽타주를 만들어 보거나 잡지에서 그림을 오려서 광고문을 만들 수 있다. 또한 핵심, 요점, 주제, 기본 개념을 점토, 그림물감, 색연필을 이용해서 그림으로 표현해 볼 수 있다.

음악 지능: 음악 지능은 가락, 리듬, 소리 등의 음악적 상징체계에 민감하고, 그러한 상징들을 창조할 수 있으며, 그에 관련된 문제를 해결하는 능력이다. 음악 지능은 소리로부터 만들어지는 의미를 창조·소통·이해할 수 있게 해 준다. 음악 지능의 소유자는 가락, 리듬, 소리의 맵시와 음악의 감정을 알아낼 수 있고, 음의 세계에 매우 예민하며 음을 기억하고 창조할 수 있는 능력이 있다. 이 지능은 작곡가, 음악가, 음향 기술자에게서 높게 나타난다.

음악은 인간의 감정을 표현하고, 나누고, 인식하고, 전달하게 하는 기본적인 도구가 된다. 음악 지능을 촉진시킬 수 있는 활동은 다음과 같다. 첫째, 학습내용(중심주제, 개념)을 노래, 랩, 창 등과 같은 리듬 형태로 바꾼다. 둘째, 학습할 단원의 핵심내용 혹은 주제를 잘 반영해 주는 음악이나 노래를 들은 후 그 내용을 그림으로 표현하거나 글로 기술한다. 셋째, 교과의 단원에 적당한 분위기를 조성할 수 있는 음악을 듣는다.

신체-운동 지능: 신체-운동 지능은 우리의 몸 전체, 혹은 손이나 입 같은 신체의 일부를 사용해 문제를 해결하거나 무엇을 만들어 내는 능력이다. 신체-운동지능을 두 가지로 구분하면, 숙련공, 장인, 예술가, 외과의사, 그리고 운동선수와 같이 직접 자신의 몸에 의지해 살아가는 사람들과 그와는 달리 다양한 주제를 개념화하기 위해 신체적인 이미지와 은유를 활용하는 사람들이 있다. 이 지능에는 자기자극에 대한 감수성, 촉각적 능력뿐만 아니라 협응, 균형, 손재주, 힘, 유연성, 속도 등과 같은 특정한 신체적 기술이 포함된다. 신체-운동 지능을 문제해결 능력으로 보기에는 다소 부적합하다고 생각할지 모른다. 예를 들어 무언극을 하거나 테니스를 친다는 것은 수학의 방정식을 푸는 것과 똑같은 문제해결 능력은 분명 아니다. 그러나 무용에서처럼 감정을 표현하고, 게임을 하며, 발명품을 만드는 등 새로운 것을 창조해 내기 위해 몸을 움직이는 것은 분명히 신체활동의 인지적 능력을 포함하는 증거이다. 이 지능에서 뛰어난 아동은 춤, 운동 경기 등의 상징체계를 숙달하고 창조할 수 있게 된다. 몸을 적절히 움직이고 표현하며 기술을 잘 배우고 능숙해지면 이 지능의 최고 수준인 무용수, 운동선수, 안무가, 암벽 등반가, 숙련된 장인, 발명가 등이 될 수 있다.

예술, 활동, 경험, 시도, 공연, 연극, 드라마, 참여 등은 신체-운동 지능을 대표하는 단어들이다. 신체-운동 지능을 강화시키기 위하여 낱말카드게임, 신체 부분을 통한 역할놀이, 흉내내기 게임 등을 활용할 수 있다. 좀 더 구체적으로 살펴보면 첫째, 학습할 교과서의 단원과 문제 혹은 기타 학습 과제의 내용을 극화하여 역할극 또는 방송극으로 만들어 본다. 둘째, 일상생활에서 신체를 사용하는 작업을 할 때 자신의 신체를 주의 깊게 관찰하고 신체가 어떻게 기능하는가를 알아본다.

대인관계 지능: 대인관계 지능은 타인들이 가지는 기분, 기질, 동기, 의도 등을 파악하는 능력이다. 여기에는 얼굴 표정, 목소리, 몸짓 등에 대한 민감성뿐만 아니라 상대방의 기분, 감정, 의도를 읽을 수 있는 단서들을 구분할 수 있는 능력, 그리고 그런 단서들에 대해 효과적으로 잘 대응할 수 있는 능력 등이 포함된다. 대인관계 지능은 타인의 느낌과 의도 간의 차이를 식별하고 문제 해결에 이러한 능력을 적용할 수 있다. 사회적 지식을 다루는데 작용하는 창의적인 대인지능은 동물에게서는 발견되지 않는다. 대인관계 지능을 결정하는 생물학적인 두 가지의 증거가 있다. 첫째는 엄마와 친밀한 접촉을 가짐으로써 무난한 유아시절을 갖는 것이다. 만약 이러한 것이 보장되지 않고 엄마로부터 너무 빨리 격리될 경우 대인관계 지능

은 감소된다. 둘째로는 인간관계에서 많은 사회적 상호작용을 가짐으로써 상대적인 중요성을 경험하는 것이다. 오늘날의 사회에서 중요시하는 집단응집력, 지도력, 조직력, 결속력 등의 사회적 기능은 이 지능에 해당된다. 대인관계 지능의 소유자는 다른 사람을 잘 이해하게 됨으로서 집단 내에서 리더가 되거나 갈등 조정자로서의 역할을 자주 수행하게 된다. 성공적인 교사, 배우, 치료사, 정치적 지도자, 판매원 등은 대인관계 지능이 강하다.

이 지능은 사람들과의 상호작용을 통하여 타인의 감정을 이해할 뿐 아니라 그들의 감정에 효과적으로 대응하는 능력과 관련된다. 대인관계 지능을 강화시키는데 활용될 수 있는 수업 활동으로 또래와 생각 공유하기, 협동적 과제, 협동적 게임과 같은 신체적 활동, 인터넷과 같은 상호작용적 소프트웨어를 활용한 수업 등이 있다. 좀 더 구체적으로 살펴보면 첫째, 다른 사람을 지지하는 다양한 방법(얼굴 표정, 몸짓, 제스처, 목소리, 언어적 표현)을 탐구해 보고, 매일 자신의 주변에 있는 사람들에게 용기를 주고 지지하는 일을 실천해 본다. 둘째, 자신이 의견에 동의하지 않는 관점을 가진 사람의 말을 경청하려고 노력한다.

개인 이해 지능: 개인 이해 지능이란 자기 자신에 대한 객관적 이해 및 지식과 그에 기초하여 적절히 행동할 수 있는 능력을 의미한다. 이 지능에는 자기의 장점과 단점 등의 자기 자신에 대한 정확한 이해, 자기 내면의 기분, 의도, 동기, 기질, 욕구 등에 대한 이해 능력뿐만 아니라 자기통제와 자기관리 능력과 자존감을 유지하려는 의지와 능력이 포함된다. 개인 이해 지능은 자신의 느낌을 정확히 인식·판별하고 자신의 정신적 모델을 구축하며, 이러한 모델을 삶에 대한 결정에 활용할 수 있게 해 준다. 자폐증 아동은 개인 이해 지능이 손상된 대표적인 예이다. 개인 이해 지능의 소유자는 자기만의 일에 몰두하며 자아존중감이나 의지력 및 독립심이 높은 성향이 있으며, 개인 이해 지능이 고도로 발달하게 되면 내적 경험을 사용하는 현명한 조언가나 철학자, 소설가, 상담가의 역할을 할 수 있다.

개인이해 지능은 자기 자신을 정확히 이해하고, 삶 속에서 효과적으로 자신을 조정하는 능력으로 자신을 알고 있는 능력, 자신의 삶 및 배움에 대해 책임지는 것을 포함한다. 개인이해 지능을 강화하기 위한 수업 활동으로 스스로 문제해결하기, 목표설정하기, 일지쓰기, 독립적 학습시간, 독립적 과제 할당 그리고 긴장완화를 돕는 활동 등을 들 수 있다.

개인이해 지능은 4가지 점진적인 발달 단계를 거친다. 첫 번째 단계는 잠재적 활동 단계로서 자신이 사용한 기술과 아이디어를 기억하지 못하는 망각 상태이다. 두 번째 단계는 인식의 단계로서 자신이 수행한 일을 인지한다. 세 번째 단계는 전략적 단계로서 내적 성찰을 이루며 의식적으로 자신의 행동 방향을 선택한다. 네 번째 단계는 반성적 단계로 자신이 선택한 행동의 실패와 성공을 지각한다.

다음의 활동들은 개인이해 지능을 강화시키는 교수학습 활동 유형들이다. 첫째, 여러 다른 상황에서 자신이 사용한 사고 전략과 사고 유형을 평가해 본다. 둘째, 그날의 중요한 사건을 기록하는 반성일지를 쓴다. 이때 그림, 음악, 점토, 시를 사용하여 그 사건에 대한 느낌을 표현해본다. 셋째, 자신이 외부 관찰자가 되어 자신의 사고, 느낌, 기분을 주시해 본다. 어떤 상황에서 일어나는 분노나 유쾌함, 불안 등의 정서 유형을 관찰한다.

자연 이해 지능: 자연 이해 지능은 최근 추가된 지능 영역으로 자연현상에 대한 유형을 규정하고 분류하는 능력, 즉 동식물이나 주변 사물을 자세히 관찰하여 차이점이나 공통점을 찾고 분석하는 능력을 말한다. 이것은 하나의 식물과 다른 식물 혹은 한 종류의 동물과 다른 종류의 동물 간의 차이점을 인식하고, 다양한 형태의 구름, 암반층, 조수의 형태 등을 식별해 내게 한다. 가드너는 자연 이해 지능이 예민한 눈과 귀, 손 같은 감각기관의 활동만은 아니고, 또한 분류 능력인 논리-수학 지능에 속한 것도 아니라고 하였다. 그는 시각장애인이면서도 탁월한 동식물 학자였던 게르마트 페르메이의 예를 들면서 하나 혹은 그 이상의

감각 기능을 상실한 사람이라 할지라도 여전히 자신에게 필요한 구별 활동이 가능함을 설명하였다. 그러므로 자연 이해 지능을 자신이 제시한 준거에 의해 판단할 때, 이것은 또 다른 하나의 지능으로 확고하게 자신의 입지를 굳힌 것으로 판명된다고 하였고 여덟 번째 지능으로 인정한다고 밝혔다. 이러한 지능은 일반적으로 다양한 종류의 동식물을 범주화하고 인간이 만든 물건을 구분하는 과제를 가능하게 해 준다. 이 지능은 도시 계획가, 고고학자, 농부의 작업에 필수적이다.

자연탐구 지능은 관찰과 자연세계에 대한 관심 그리고 자연세계에 대한 지식 영역으로 구성된다. 관찰 능력을 향상시키기 위한 활동에는 식물 관찰하기, 동물 관찰하기, 주변 관찰하기, 관찰 견학 여행 등이 있다. 또한 자연세계에 대한 관심 능력을 향상시키는 활동에는 애완동물 기르기와 모니터링이 있으며, 자연세계에 대한 지식 능력을 향상시키는 활동에는 발견활동과 '전문가가 되어 봅시다' 등이 있다.

실존 지능: 실존 지능은 무한대와 무한소를 의미하는 우주에서 자기 자신의 위치를 알아내는 능력과 삶의 의미, 죽음의 의미, 신체적·심리적 세계의 궁극적인 운명, 다른 사람을 사랑하거나 예술 작품에 몰두하는 것과 같은 심오한 경험들의 실존적 양태에서 자기 자신의 위치를 파악하는 능력이다. 곧, "우리는 누구인가?", "우리는 왜 여기에 존재하는가?", "우리에게 무슨 일이 일어날 것인가?", "이 모든 것은 결국 무엇인가?" 같은 아주 근본적인 질문을 던지고 사색하는 인간의 능력을 말한다. 가드너는 실존 지능에는 발달과정이 있고, 세계 어느 곳에서나 이런 질문을 던지고 있고, 수많은 종교적·예술적·철학적·신화적 상징체계가 이런 질문에 만족할 만한 답변을 하기 위해 점진적으로 발전해 왔다고 하였다. 그러나 가드너는 실존지능을 완전한 형태의 아홉 번째 지능으로 삼기를 주저하였다. 그 이유는 실존적 사고는 특별히 자기 전용의 신경이나 뇌의 중추가 없으며, 확실한 진화의 역사 또한 가지고 있지 않기 때문이다. 또한 아동기에는 이 지능이 거의 나타나지 않기 때문에 지능의 반열에 오를 수 있는 가장 최근의 후보인 실존지능은 여전히 그 대열에의 합류가 유보된 상태라고 하였다.

Chapter

3

생활지도 및 상담

Chapter 3 생활지도 및 상담

01 안전교육

> **2015학년도 초등 기출** 행복 초등학교 안 교사와 전 교사의 학생 안전사고에 관한 다음 대화에 근거하여 1) 학생 대상 안전교육의 필요성을 2가지 논하고, 2) 수업 중 학생 안전사고의 예방을 위해 안 교사가 준수했어야 할 수칙을 2가지 제시하시오. 그리고 3) 이와 같은 학생 안전사고 발생 시 사고 대처를 위해 해당 교사와 학교가 해야 할 일을 각각 3가지씩 논하시오.
>
> **안 교사:** 오늘 오전 체육 시간에 사고가 났어요. 아이들과 뜀틀 뛰어넘기를 했는데, 철수가 뛰고 나서 미처 자리를 빠져 나오기 전에 영수가 뛰다 그만 둘이 부딪힌 거에요. 철수는 땅바닥에 엎어져 얼굴에 상처가 나고, 영수는 철수의 뒤통수에 부딪혀 이가 부러지고 입술이 찢어지고 말았어요.
>
> **전 교사:** 아니, 어쩌다 또 그런 사고가 났대요? 우리 학교에서 올해만 벌써 세 번째네요. 미리 주의를 좀 주지 그러셨어요?
>
> **안 교사:** 오늘 한 뜀틀 뛰어넘기는 비교적 안전하다고 생각해 준비 운동을 마치고 뛰어넘기 요령을 설명한 다음 바로 시작했어요. 그리고 줄 앞쪽 애들이 차례대로 문제없이 잘 뛰어넘기에 몸이 불편해 열외로 나가 있던 영희의 상태를 살펴보는 사이에 그만 이런 일이 생겼지 뭐에요.
>
> **전 교사:** 저도 학교에서 아이들하고 수업하면서 전혀 예상하지 못한 상황에서 사고가 날 뻔했던 적이 몇 번 있었어요. 그 나이 또래 아이들 하고는 수업뿐만 아니라 어디서 무엇을 하든 방심하면 큰일 나요.
>
> **안 교사:** 맞아요. 저도 이번에 절감했어요.
>
> **전 교사:** 그런데 사고 처리는 잘 하셨어요?
>
> **안 교사:** 갑자기 터진 사고라 좀 우왕좌왕하긴 했지만 옆 반 박 선생님의 도움을 받아 지혈을 한 뒤 철수는 보건실에 보내고 영수는 병원에 데려갔어요. 교장 선생님께 바로 연락드렸고, 병원 다녀온 뒤에 다시 찾아뵈었어요.
>
> **전 교사:** 뭐라고 말씀하시던가요?
>
> **안 교사:** 먼저 아이들의 상태를 물으시기에 철수는 경미한 찰과상이지만 영수는 생각보다 심각해서 당분간 통원 치료가 필요하다고 말씀 드렸어요.
>
> **전 교사:** 걱정이네요. 공부 잘 시키는 것도 중요하지만, 아이들이 안전하고 건강하게 자랄 수 있도록 해 주는 것이 교육의 기본인데……. 그리고 또 다른 말씀은 없으셨어요?
>
> **안 교사:** 교장선생님이 직접 아이들 부모님께 연락하셔서 사과의 말씀을 드리고 아이들 상태와 치료 상황 등에 대해 자세히 안내해 주셨다고 하셨어요. 그리고 학교에서 조치하는 데 필요하다고 하시면서 저에게 사고 경위를 다시 꼼꼼히 확인하셨어요. 참, 사고는 예방이 최선이지만, 부득이 사고가 난 경우 피해를 최소화하고 재발을 막는 것이 그에 못지않게 중요하다는 말씀도 하셨어요.

1 논술문 작성 방향

　본문은 '학교 안전교육의 필요성'에 대한 설명과 '교사가 준수해야할 안전수칙' '학생 안전사고 발생 시 사고대처'를 설명하는 부분으로 구성될 수 있다. 아동 및 청소년기는 주변의 사물이나 환경에 호기심이 높아 탐구하려는 충동이 강한 반면에 신체적 기능 및 정신적 성숙에 있어서 충분한 발달이 이루어지지는 않아 사고를 유발할 가능성이 높다. 또한 사회적으로 적합한 행동을 배우는 시기로 아동 및 청소년기에 형성된 안전교육에 대한 태도는 전 생애에 걸쳐 지속적인 영향을 미치기 때문에 학생 대상 안전교육은 중요하다고 할 수 있다. 다음으로 제시문에서 안 교사는 정확한 운동 방법과 주의사항을 완전히 숙지시킨 후 운동을 실시했어야 하고, 운동을 하고 있는 아동 뿐 아니라 기다리고 있는 아동들의 행동도 수시로 관찰했어야 한다는 것을 지적할 수 있다. 마지막으로 학생 안전사고 발생 시 교사는 즉각적인 응급처치를 실시하고 보건교사에게 알린 뒤 위급한 상황은 전문 의료기관의 도움을 받아야 하며, 사고경위와 조치, 후송병원 등에 대한 내용을 학교장에게 정확하게 보고해야 한다. 학교는 사고의 보고 여부에 대한 신속한 판단과 처리가 필요하고, 안전공제회 처리절차에 의거해서 공제급여를 청구해야 한다. 또한 같은 사고가 반복되지 않도록 재발 방지교육을 실시해야 한다.

2 예시답안

서론 학교 안전교육

　안전사고는 한 학생의 일생뿐만 아니라 학생을 보살피는 가족에게도 지울 수 없는 큰 상처로 남게 될 수도 있다. 모두가 행복한 학교생활이 되기 위해서는 안전사고 예방 교육을 통해 지금까지 밟아 온 안전사고 발생으로 인한 불행한 일이 반복되지 않도록 재발을 방지해야 하며, 학교 현장에서 안전사고를 예방하고 불가피한 사고가 발생했을 때 신속하고 원만하게 처리할 수 있어야 한다.

본론1 학교 대상 안전교육의 필요성

　학생 대상 안전교육은 다음과 같은 이유로 중요하다고 할 수 있다. 첫째, 아동 및 청소년기는 신체적, 지적, 사회적, 정서적 발달에 있어서 다른 시기보다 변화의 속도나 정도가 급격히 일어나는 시기이다. 이 시기는 주변의 사물이나 환경에 호기심이 높아 탐구하려는 충동이 강한 반면에 신체적 기능 및 정신적 성숙에 있어서 충분한 발달이 이루어지지는 않는다. 즉, 이 시기의 학생들은 위험 상황에 대한 대처 능력이나 판단능력의 부족으로 인하여 갖가지 사고의 위험에 직면하고 있다는 것이다. 따라서 학생에게 안전 교육을 시킴으로써 사고를 유발할 수 있는 인간의 행동을 변화시켜야 할 것이다. 둘째, 아동 및 청소년기는 새로운 기술과 능력이 발달되며 보다 독립적으로 행동하고 사회적으로 적합한 행동을 배우는 시기이다. 때문에 아동 및 청소년기에 형성된 안전교육에 대한 태도는 전 생애에 걸쳐 지속적인 영향을 미치며 이후의 삶에 긍정적인 영향을 준다. 안전교육에 대한 교육적 경험은 사후처리보다는 예방적 기능을 강조하므로 이후의 생활에 사고 발생률을 줄일 수 있다.

본론 2   학생 안전사고의 예방을 위해 안 교사가 준수해야 할 수칙

체육 수업중 학생 안전사고의 예방을 위해 안 교사가 준수했어야 할 수칙은 첫째, 정확한 운동 방법과 주의사항을 완전히 숙지시킨 후 운동을 실시해야 한다. 안교사는 뜀틀 뛰어넘기 수업이 비교적 안전하다고 생각해 준비운동을 마치고 뛰어넘기 요령을 설명한 다음 수업을 진행했다. 앞선 친구가 뜀틀을 뛰어넘고 빠져나간 것을 확인한 후에 출발하도록 주의사항을 숙지시키는 과정을 생략했기 때문에 사고가 발생했다. 교사는 반드시 주의사항을 완전히 숙지시켜야 한다. 둘째, 운동을 하고 있는 아동 뿐 아니라 기다리고 있는 아동들의 행동도 수시로 관찰해야 한다. 뜀틀을 뛰어넘고 있던 철수의 동작을 관찰함과 동시에 뒤에서 대기하고 있는 아동들의 출발시기를 확인해야 한다. 안교사가 출발순서를 호각 등을 이용해서 통제를 하고 관찰했다면 체육 시간에 사고가 일어나지 않았을 것이다. 체육활동 중에 안전사고 예방을 위해서 교사는 항상 학생을 시야 속에 통제가능 한 상태로 두는 것이 중요하다.

본론 3   학생 안전사고 발생 시 사고 대처를 위해 해당 교사와 학교가 해야 할 일

교사가 학생 안전사고 발생 시 해야 할 일은 첫째, 즉각적인 응급처치를 실시해야 한다. 철수와 영수의 경우에 얼굴에 상처가 나고 이가 부러지고 입술이 찢어졌다. 출혈이 발생했을 시에는 지혈을 실시하는데 먼저, 출혈되는 상처부위를 압박한다. 출혈이 멈춘 후에는 상처 부위를 소독 거즈로 덮어준다. 이후에 소독 거즈 근처로 압박붕대로 감아 준다. 둘째, 보건교사에게 알린다. 영수의 경우에는 응급처치 이후에는 병원으로 이송해야 하는 상태이기 때문에, 보건교사는 응급의료체계에 따라서 지정병원 혹은 119에 신고 후 병원으로 학생을 이송해야 한다. 위급한 상황은 전문 의료기관의 도움을 받아야 한다. 셋째, 학교장에게 즉각 보고한다. 교내에서 일어난 사건과 사고는 학교장에게 알리고, 사고경위와 조치, 후송병원 등에 대한 내용을 정확하게 보고해야 한다.

학교가 학생 안전사고 발생 시 해야 할 일은 첫째, 사고 보고 여부의 신속한 판단과 처리이다. 학교 내에서 수습이 가능한 사안인가, 아니면 사안의 크기로 보아 교육청에 보고해야 할 사안인가를 신속히 판단해야 한다. 대외적으로 문제가 될 때 교육청에서 미리 알고 있는 것이 유리하기 때문이다. 둘째, 안전공제회 처리절차에 의거해서 공제급여를 청구해야 한다. 학교에서는 학교안전사고 예방 및 보상에 관한 법률에 의거하여 학교장 결재를 통해 사고현황을 담은 사고통지서를 공제회에 접수한다. 치료 후에는 학부모와 협력하여 공제급여 지급심사 이후에 지급을 완료할 수 있다. 셋째, 학교장은 학교안전사고를 예방하기 위하여 교육부령이 정하는 바에 따라 학생 및 교직원에게 학생안전사고 예방 등에 관한 교육을 실시해야 한다. 또한 같은 사고가 반복되지 않도록 재발 방지교육을 실시해야 한다.

결론   제언

학교안전 교육의 효과를 얻기 위해서는 안전 교육관련 내용을 조직적으로 계열성 있게 편성하여 안전 교육을 습관화·생활화하고 더 이상 인명 피해나 재산 피해가 없도록 안전교육을 실시해야 한다. 또한 학교를 중심으로 안전문화 정착에 크게 기여할 수 있는 방안과 학교 안전 교육 프로그램 개발의 지도자료, 실습장 시설 확충 및 관련자들의 문제의식 고취, 합리적 방안 제시 등 안전관리에 힘쓸 수 있도록 국가 차원에서의 행·재정 지원이 적극 수반되어야 할 것이다.

3 더 알아보기

1 안전교육의 정의 및 필요성

안전이란 위험의 가능성을 없애고 사고를 줄이는 것이라고 말할 수 있다. 즉 안전교육이란 위험 가능성을 줄일 수 있도록 인간의 행동 및 태도를 바람직한 방향으로 바꾸는 교육이다. 일반적으로 안전교육이란 안전을 위협하는 여러 요소로부터 건강한 생활을 유지하기 위한 적극적인 방법으로서 사고의 위험을 사전에 방지하여 사고율을 낮추고, 사고에 대한 대책을 마련하여 그 피해를 줄이기 위한 방법을 주된 내용으로 하는 교육을 의미한다.

아동 및 청소년기는 신체적, 지적, 사회적, 정서적 발달에 있어서 다른 시기보다 변화의 속도나 정도가 급격히 일어나는 시기로서 새로운 기술과 능력이 발달되며 보다 독립적으로 행동하고 사회적으로 적합한 행동을 배우는 시기이다. 그러나 이 시기는 주변의 사물이나 환경에 호기심이 높아 탐구하려는 충동이 강한 반면에 신체적 기능 및 정신적 성숙에 있어서 충분한 발달이 이루어지지는 않는다. 즉, 이 시기의 학생들은 위험 상황에 대한 대처 능력이나 판단능력의 부족으로 인하여 갖가지 사고의 위험에 직면하고 있다는 것이다. 따라서 안전사고를 사전에 예방하기 위해서는 사고를 일으킬 수 있는 환경을 개선하기 위한 법적인 조치나 제도적인 규제와 더불어 학생에게 안전 교육을 시킴으로써 사고를 유발할 수 있는 인간의 행동을 변화시켜야 할 것이다. 또한 지속적이고 체계적인 교육을 통해 학생 스스로 위험에 대한 올바른 인식을 가지고 사고에 대한 빠른 판단력과 적절한 대처능력을 갖출 수 있도록 해주어야 할 것이다.

2 안전교육의 방향

안전에 관련된 지식, 태도, 기능을 길러주기 위해 안전교육은 학교현장에서 다음과 같은 방향으로 진행되어야 한다.

첫째, 학생들이 일상생활 속에서 스스로의 안전을 도모할 수 있는 바른 습관을 기르고 생명존중의 가치관을 형성하기 위한 것이어야 한다. 다양한 안전교육을 통해 어릴 때부터 자신과 남의 생명을 존중하여 안전하게 행동하는 습관이 몸에 배게 해야 할 것이다.

둘째, 집중적이며 지속적으로 이루어져야 한다. 일회성 및 맹목적이고 기계적인 반복지도가 아닌 학생이 스스로 안전한 행동의 중요성을 인식할 수 있도록 이해시키며 지속적인 교육을 통해 안전행동이 습관화될 수 있도록 해야 할 것이다.

셋째, 학생의 발단단계에 따라 교육이 이루어져야 한다. 우리나라의 안전교재는 학년별 구분 없이 한 권의 책으로 되어 있어 내용이나 수준의 일관성이 없고 저학년에게는 어렵거나, 고학년에게는 너무 쉬운 학습이 반복되는 경향을 보이고 있다. 따라서 학교 현장에서는 지도내용 및 지도방법 면에서 학생 수준에 맞게 재구성하여 지도해야 할 것이다.

넷째, 학생들의 생활패턴과 주기를 중심으로 장소별 사고중심의 접근방법을 채택하여, 각 장소에서 일어날 수 있는 다양한 사고를 중심으로 구성해야 한다. 공통적으로 나타나는 안전사고도 있겠지만 지역 및 주위환경에 따라 나타나는 안전사고 유형이 다를 수 있기 때문에 학교 현장에서는 이를 고려하여 학생들이 실제로 피부에 와 닿는 주제로 교육을 실시해야 할 것이다.

다섯째, 가정과 연계한 교육이 되어야 한다. 이재남의 연구에 의하면 초등학교에서의 안전교육은 아동의 학교 안전생활과 교통 안전생활 실천 행위를 증진시키는데 효과적이었으며, 학부모와 연계한 가정에서의 지도가 병행될 때 교육의 효과가 더욱 높아졌다고 밝히고 있다. 따라서 가정통신문 및 학부모 연수를 통해 안전사고의 심각성을 알고 자녀에 대한 적절한 보호와 지도가 병행될 수 있도록 해야 할 것이다.

3 안전사고 후 대응방안

교사가 학생 안전사고 발생 시 해야 할 일은 우선 즉각적인 응급처치를 실시하고 위급한 상황은 전문 의료기관의 도움을 받아야 한다. 응급처치 이후에는 응급의료체계에 따라서 지정병원 혹은 119에 신고 후 병원으로 학생을 이송해야 한다. 그리고 응급사고 후 교사는 관리체계에 따라서 응급사고로 병원에 이송한 모든 사안을 응급환자 기록지에 작성한다. 이는 추후 중요한 자료가 되므로 정확하게 작성·보관해야 한다. 다음으로 교내에서 일어난 사건과 사고는 학교장에게 알리고, 사고경위와 조치, 후송병원 등에 대한 내용을 정확하게 보고해야 한다.

학교가 학생 안전사고 발생 시 해야 할 일은 첫째, 사고의 보고 여부에 대한 신속한 판단과 처리이다. 학교 내에서 수습이 가능한 사안인가, 아니면 사안의 크기로 보아 교육청에 보고해야 할 사안인가를 신속히 판단해야 한다. 대외적으로 문제가 될 때 교육청에서 미리 알고 있는 것이 유리하기 때문이다. 둘째, 안전공제회 처리절차에 의거해서 공제급여를 청구해야 한다. 학교에서는 학교안전사고 예방 및 보상에 관한 법률에 의거하여 학교장 결재를 통해 사고현황을 담은 사고통지서를 공제회에 접수한다. 치료 후에는 학부모와 협력하여 공제급여 지금심사 이후에 지급을 완료할 수 있다. 셋째, 학교장은 학교안전사고를 예방하기 위하여 교육부령이 정하는 바에 따라 학생 및 교직원에게 학생안전사고 예방 등에 관한 교육을 실시해야 한다. 또한 같은 사고가 반복되지 않도록 재발 방지교육을 실시해야 한다.

02 로저스와 앨리스

2019학년도 초등 기출 다음은 김 교사가 학생 지도와 상담 방안을 모색하기 위해 박 교사와 나눈 대화의 일부이다. 1) 박 교사의 제안에서 상담 초기에 필요한 관계 형성 방법 3가지를 찾아 쓰고, 김 교사가 그 방법들을 진영이에게 어떻게 적용할지 언어적 표현의 예시를 들어 3가지 논하시오, 2) 대화에서 진영이의 비합리적 신념 2가지를 찾아 쓰고, 그 신념들이 비합리적인 이유를 박 교사의 의견에 근거하여 2가지 제시한 후, 비합리적 신념을 합리적 신념으로 변화시키는 방안 1가지를 구체적으로 논하시오.

김 교사: 우리 반 진영이가 평소에는 학교생활에 큰 어려움이 없는 듯한데, 발표할 때 긴장하고 떨어요. 평소 실력을 발휘하지 못해 너무 속상하다고 합니다. 그래서 저는 진영이를 정말 도와주고 싶어요.

박 교사: 저런, 진영이 입장에서는 정말 속상할 것 같아요. 우선 진영이 감정부터 공감해 줘야겠어요.

김 교사: 네, 그래야겠어요. 진영이는 발표 시간에 자기 생각과 감정을 제대로 표현하지 못해요. 남의 말을 경청하지 못하고, 남의 의견을 존중하지 않아요. 또 한 가지는 진영이가 자신감이 떨어지고, 선생님과 친구들에게 자꾸 의존하고 자기가 주도적으로 하지 않아요.

박 교사: 그렇군요. 선생님도 염려되시겠어요. 그렇지만 진영이와 이야기를 하려면 선생님을 믿고 편안하게 이야기할 수 있도록 수용해 줄 필요가 있겠어요.

김 교사: 네, 저도 그렇게 할 생각입니다. 그런데 진영이가 저에게 의지하려고만 할 때는 어떻게 하는 것이 좋을까요? 저는 진영이가 남에게 의지만 하다가 자기의 능력을 기를 수 있는 기회를 놓칠까 걱정이 됩니다.

박 교사: 지금 선생님이 말씀하신 그 마음을 그대로 진솔하게 표현하시면 좋을 것 같아요.

김 교사: 정말 감사합니다. 마지막으로 고민이 하나 더 있어요. 학생들에게 관심을 가질수록 더 도와주고 싶어요. 진영이는 항상 실수 없이 잘해야만 한다는 신념과 모든 사람에게 인정받아야만 한다는 신념이 너무 강해서 오히려 실수를 많이 하는 거 같아요.

박 교사: 그럴 수도 있겠네요. 진영이에게 그런 신념들은 현실적이지도 않고, 도움도 안 되잖아요. 그래서 제가 추천해 드리고 싶은 것은 진영이의 비합리적 신념을 합리적 신념으로 변화시키는 거예요.

1 논술문 작성 방향

첫 번째 문제는 로저스의 인간중심 상담과 관련한 문제이다. 상담에서 매우 중요한 관계형성에 가장 기여한 상담심리학자는 로저스라고 할 수 있다. 그가 제안했던 상담자의 세 가지 태도인 진솔성 혹은 일치성, 무조건적 긍정적 존중, 정확한 공감은 상담 관계 형성을 위한 상담자의 핵심 태도라고 할 수 있다. 상담자가 일관성 있게 내담자를 진실하게 대하고, 그에게 긍정적 존중을 보이며 모든 것을 수용하고, 그의 마음을 읽어 줄 때 내담자는 마음의 문을 열기 시작한다.

두 번째 문제는 엘리스의 인지·정서·행동 상담과 관련한 문제이다. 엘리스는 우리의 정서적, 행동적 결과에 영향을 미치는 원인으로 사건보다는 신념체계의 중요성을 강조한다. 엘리스에 따르면 내담자의 심리적 고통이나 문제는 그의 비합리적 신념체계에서 비롯된 것이다. 따라서 인지·정서·행동 상담은 내담자가 가진 비합리적 신념체계를 합리적 신념체계로 바꾸게 함으로써 문제해결을 할 수 있다고 본다. 상담자는 문제를 가진 내담자의 신념체계가 비합리적이라는 것을 설득력 있게 논리적으로 반박함으로써 변화를 유도한다.

2 예시답안

서론 문제 제기

교육의 질은 교사의 질을 능가할 수 없다고 한다. 교육을 인간행동을 계획적으로 변화시키는 과정으로 정의한다면, 이 과정에서 가장 핵심적인 역할을 하는 것이 바로 교사이다. 전문직으로서 교사가 일차적으로 갖추어야 할 조건은 잘 가르칠 수 있는 능력이라고 할 수 있다. 이때 잘 가르치기 위해서는 교수학습의 기본 원리에 대한 이론적 이해와 실천적 방법을 충분히 인식하는 것뿐만 아니라 학생의 현재 상황과 상태에 대한 정확한 이해와 지원이 필요하다. 가르치는 경험과 더불어 효과적으로 교육할 수 있는 규칙을 미리 마련하고 그에 대해 반성하는 것이 결합될 때 교사의 전문성이 더 높아질 수 있다.

본론1 상담 관계 형성 방법과 언어적 표현의 예시를 든 적용 방안

상담 초기에 필요한 관계 형성 방법은 공감적 이해, 무조건적 존중, 일치성이다. 공감적 이해란 상담자가 내담자의 감정을 자기 것으로 느끼되, 그 감정에 빠져 자신과 객관성을 잃지 않는 상태를 의미한다. 그리고 정확한 공감이란 나타나는 감정을 단순히 알아차리는 것을 넘어서서 아직 내담자에게는 덜 분명한 감정을 느끼고 알아차리며 표현하는 것을 의미한다. 상담자는 내담자의 경험과 감정세계를 그것들이 표현되는 순간마다 민감하고 정확하게 이해해야 한다. 다시 말해 공감적 이해는 상담자가 내담자가 될 수 없지만 그러나 마치 내담자인 것처럼 내담자의 내적 참조 틀에 근거해서 그가 경험하는 감정을 파악하고 이해하는 것이다. 내담자에 따라서는 자신의 감정을 잘 표현하지 못하거나 자신의 의도와는 다른 방식으로 감정이나 행동을 보이는 경우도 있는데, 이때 상담자는 표현되지 않은 내담자의 감정이나 긍정적인 동기를 이해하고 수용해야 한다. 김 교사는 진영이에게 "열심히 준비한 발표였는데 긴장돼서 준비한 만큼 못 하니 정말 속상하겠구나. 더 잘 할 수 있는데 정말 아쉽겠다."라고 말할 수 있다.

무조건적 존중은 가치의 조건화를 버리고 조건 없이 내담자를 수용하는 것을 의미한다. 상담자는 내담자를 있는 그대로 존중하고 수용해야 한다. 상담자가 보여주는 무조건적 긍정적 존중을 통해 내담자는 그동안 자신에게 의미 있는 사람에게 긍정적 존중을 얻기 위해 형성한 가치의 조건화 태도를 서서히 바꾸기 시작한다. 즉, 가치의 조건화에 의해 자신이 왜곡하고 부정해 왔던 경험을 보다 개방적으로 탐색하기 시작한다. 상담자는 내담자의 감정·사고·행동의 의미를 판단하고 자신의 가치기준으로 평가해서는 안 된다. 또 상담자가 내담자의 감정·사고·행동을 수용할 때에는 "나는 당신이 ~ 하기 때문에(또는 ~ 할 때) 수용한다."는 식으로 조건적이어서도 안 되며 "나는 당신을 있는 그대로 수용한다."는 태도를 견지할 필요가 있다. 여기서 내담자를 수용한다는 것은 내담자의 모든 감정과 생각·욕구 자체를 수용한다는 의미이지 모든 행동을 인정하고 받아들인다는 의미는 아니다. 예를 들면 내담자의 행동 중에서 타인에 대한 폭력·자해 또는 자살행위 등은 수용될 수 없는 행동이다. 김 교사는 진영이에게 "발표시간에 사람들과 의견을 나누는 것이 어렵다는 말이구나. 다른 사람들과 이야기 하는 건 어려운 일이지."라고 말할 수 있다.

일치성은 상담관계에서 상담자가 순간순간 경험하는 자신의 감정이나, 태도를 있는 그대로 진술하게 인정하고 개방하는 것을 의미한다. 상담자는 내담자에 대한 자신의 경험과 그것에 대한 표현이 일치해야 하고 자신의 감정을 자유롭게 표현할 수 있어야 한다. 일치성 태도를 가진 상담자는 경험하는 유기체로서 내담자와 인간 대 인간의 만남이 되도록 개방적으로 직면한다. 상담관계에서 일치성을 유지하며 솔선수범하여 일관되게 실제적이 되려고 하는 상담자의 자세는 내담자를 신뢰하게 한다. 만약 상담자가 내담자를 대하는 태도가 가식적이라면 내담자는 진정으로 수용되는 경험을 하기 어렵다. 단순히 내담자의 기분을 좋게 하기 위해 마음에 없는 말을 하는 것은 진실성의 원리에 위배된다. 그러나 반대로 상담자가 진실해야 한다고 해서 충동적으로 모든 감정을 내담자에게 표현하라는 것은 아니며, 자신의 모든 경험과 감정을 내담자와 나누라는 것 또한 아니다. 상담자도 분노, 좌절, 좋아하는 마음, 염려, 지루함 등의 감정을 표현할 수 있지만 이러한 감정들은 개인적인 욕구에 의해서가 아니라 내담자와 전인적인 만남을 유지하고 그 만남을 더욱 깊이 발전시키려는 목적에서 표현되어야 한다. 김 교사는 진영이에게 "네가 나에게 의지하다가 너의 능력을 기를 수 있는 기회를 놓칠까봐 걱정이 된다."고 말할 수 있다.

본론 2 비합리적 신념과 이유 및 합리적 신념으로 변화시키는 방법

진영이가 가지고 있는 비합리적 신념은 '항상 실수 없이 잘해야만 한다는 신념'과 '모든 사람에게 인정받아야만 한다는 신념'이다. 이러한 신념들이 비합리적인 이유는 첫째, 현실적이지 않기 때문이다. 진영이는 항상 실수 없이 잘해야만 한다는 자신에 대한 당위성과 모든 사람에게 인정받아야만 한다는 타인에 대한 당위성을 강조하고 있다. 그러나 인간은 근본적으로 불완전한 존재이다. 전지전능하지 않기 때문에 인간과 관련하여 당위성을 강조하는 것은 비합리적이다. 둘째, 도움이 되지 않기 때문이다. 비합리적 신념체계를 가진 사람은 일어난 사건에 대해 비합리적으로 해석하여 바람직하지 않은 정서적, 행동적 결과를 경험하게 된다. 정신적으로 건강한 사람은 합리적 신념체계에 따라 행동하는 사람이며 건강하지 않은 사람은 비합리적 신념체계의 지배를 받는 사람이다. 이러한 비합리적 신념을 합리적 신념으로 변화시키기 위하여 인지적 과제를 제시할 수 있다. 인지적 과제에는 일상생활에서 비합리적 신념을 찾아 목록을 만들고 스스로 논박하게 하는 것, 비합리적 신념이 떠오를 때 그에 상응하는 합리적 신념을 큰소리로 되뇌이는 것 등이 있다. 예를 들면 "나는 다른 사람에게 인정을 받지 못하면 큰일이다." 대신에 "나는 다른 사람에게 인정을 받으면 좋겠지만, 그렇지 않더라도 인생이 끝나는 것은 아니다."등으로 바꾸어 말하게 한다.

결론 제언

교사는 가르치는 일을 하는 사람이지만 가르쳐야 할 것을 가르쳐야 하며, 가르치되 아무나 할 수 없는 특수한 전문적 이론과 지식에 기초를 두고 가르쳐야 한다. 교사의 수업활동과 학생지도에 필요한 기술과 능력은 해당분야에 대한 최신의 연구결과에 대한 식견과 정보뿐 아니라 학생의 인지적 성장과 발달, 정서적 성장과 발달에 관한 고도의 지식을 필요로 하는 정신활동이다. 따라서 교사는 학생들에게 적합한 교육내용을 선정해야 하고, 학생에 대해 깊이 있는 이해를 바탕으로 적절한 교육을 할 수 있는 지식을 갖추어야 한다.

3 더 알아보기

1 로저스의 인간중심 상담이론

인간중심 상담이론은 인간이란 신뢰할 만하고 스스로를 이해할 수 있는 능력을 가지고 있으며, 자신의 잠재력을 최대한 발휘하고자 하고, 자신의 주변적 조건이 허용하면 자신이 스스로 방향을 설정하여 발달하고자 하는 자기실현의 동기를 가지고 있다는 전제에서 출발한다. 따라서 내담자는 무기력하고 병리적인 사람이 아니라, 그를 무조건적으로 존중하고 신뢰하는 환경조건이 주어진다면 스스로 성장하고 자기를 실현하는 건설적인 방향으로 발달한다고 전제한다.

인간중심 상담이론이 이와 같은 전제 위에 서 있기 때문에 상담자는 다음과 같은 태도와 관점을 가지고 내담자를 대한다. 첫째, 내담자는 스스로 성장하고 발달할 수 있다고 보기 때문에 상담자는 권위를 가지거나 지시적이기보다는 내담자가 스스로 발달할 수 있는 환경을 만들어 주는 데 주력한다. 상담자는 내담자가 자신의 상황과 문제에 대해 자각하고 결정할 수 있는 능력이 있다고 믿기 때문에 상담의 목표를 정하는 일이나 과정에 대한 궁극적인 책임은 내담자에게 있다고 본다. 둘째, 내담자가 스스로 성장하고 발달할 수 있는 환경은 일차적으로 상담자의 태도와 그것을 받아들이는 내담자에 의해 조성되기 때문에 효과적인 상담을 하기 위해서 상담자의 지식, 이론, 기술보다는 내담자가 자기를 실현할 수 있도록 환경을 조성하는 상담자의 태도와 상담자와 내담자 간의 관계를 더 중요시한다. 셋째, 내담자가 스스로 자기를 실현할 수 있는 환경을 조성하기 위해 상담자가 취해야 할 태도는 일치성, 무조건적 존중, 공감적 이해의 세 가지이다. 상담자가 이러한 태도를 견지하면서 상담할 때 내담자에게 자아실현 할 수 있는 환경을 조성하게 되며 그러한 환경 속에서 내담자는 자신이 인생에 대해 스스로 결정하며 자기를 실현하는 방향으로 나아갈 힘을 얻게 된다고 본다. 상담자의 역할은 목표에 내담자가 성공적으로 도달하도록 돕기 위해서 내담자의 잠재력이 발휘되는 것을 가로막는 불안과 의심에서 자유로워지도록 돕는 조력자의 역할이다. 이를 위해 상담자는 일치성, 무조건적인 존중, 공감적 이해와 같은 태도로 내담자의 변화를 이끄는 촉매 역할을 해야 한다. 일치성, 무조건적 존중, 공감적 이해는 상담자가 가져야 할 중요한 태도로서 기법으로 배우는 것이 아니라 상담자 자신의 노력과 태도변화로서 이루어지는 것이다. 이러한 태도를 갖추기 위해 상담자의 변화가 선행되어야 한다.

무조건적 존중과 수용: 가치의 조건화를 버리고 조건 없이 내담자를 수용하는 것을 의미한다. 상담자는 내담자를 있는 그대로 존중하고 수용해야 한다. 상담자가 실현화 경향성을 가진 존재로서 내담자를 철저하게 믿는 태도는 그로 하여금 자신을 믿고 자기성장을 이루도록 하는 촉진적 조건으로 작용한다. 상담자가 보여주는 무조건적 긍정적 존중을 통해 내담자는 그동안 자신에게 의미 있는 사람에게 긍정적 존중을 얻기 위해 형성한 가치의 조건화 태도를 서서히 바꾸기 시작한다. 즉, 가치의 조건화에 의해 자신이 왜곡하고 부정해 왔던 경험을 보다 개방적으로 탐색하기 시작한다. 상담자는 내담자의 감정·사고·행동의 의미를 판단하고 자신의 가치기준으로 평가해서는 안 된다. 또 상담자가 내담자의 감정·사고·행동을 수용할 때에는 "나는 당신이 ~ 하기 때문에(또는 ~ 할 때) 수용한다."는 식으로 조건적이어서도 안 되며 "나는 당신을 있는 그대로 수용한다."는 태도를 견지할 필요가 있다. 여기서 내담자를 수용한다는 것은 내담자의 모든 감정과 생각·욕구 자체를 수용한다는 의미이지 모든 행동을 인정하고 받아들인다는 의미는 아니다. 예를 들면 내담자의 행동 중에서 타인에 대한 폭력·자해 또는 자살행위 등은 수용될 수 없는 행동이다.

공감적 이해: 공감적 이해란 상담자가 내담자의 감정을 자기 것으로 느끼되, 그 감정에 빠져 자신과 객관성을 잃지 않는 상태를 의미한다. 그리고 정확한 공감이란 나타나는 감정을 단순히 알아차리는 것을 넘어서서 아직 내담자에게는 덜 분명한 감정을 느끼고 알아차리며 표현하는 것을 의미한다. 상담자는 내담자의 경험과 감정세계를 그것들이 표현되는 순간마다 민감하고 정확하게 이해해야 한다. 로저스가 제안한 '내적 참조 틀'과 '외적 참조 틀'의 개념은 공감적 이해의 개념과 밀접하게 관련되어 있다. 대화의 상대자가 경험하는 감정을 공감적으로 이해하기 위해서는 상대방이 주관적으로 경험하는 내적 세계에 따른, 즉 내적 참조 틀에 근거해서 상대방을 이해해야 한다. 다시 말해 공감적 이해는 상담자가 내담자가 될 수 없지만 그러나 마치 내담자인 것처럼 내담자의 내적 참조 틀에 근거해서 그가 경험하는 감정을 파악하고 이해하는 것이다. 내담자에 따라서는 자신의 감정을 잘 표현하지 못하거나 자신의 의도와는 다른 방식으로 감정이나 행동을 보이는 경우도 있는데, 이때 상담자는 표현되지 않은 내담자의 감정이나 긍정적인 동기를 이해하고 수용해야 한다.

일치성(진실성): 상담관계에서 상담자가 순간순간 경험하는 자신의 감정이나, 태도를 있는 그대로 진술하게 인정하고 개방하는 것을 의미한다. 상담자는 내담자에 대한 자신의 경험과 그것에 대한 표현이 일치해야 하고 자신의 감정을 자유롭게 표현할 수 있어야 한다. 일치성 태도를 가진 상담자는 경험하는 유기체로서 내담자와 인간 대 인간의 만남이 되도록 개방적으로 직면한다. 상담관계에서 일치성을 유지하며 솔선수범하여 일관되게 실제적이 되려고 하는 상담자의 자세는 내담자를 신뢰하게 한다. 이와 같은 상담자의 진솔한 태도는 내담자와의 인간 대 인간의 만남을 가능하게 한다. 이것은 상담자가 취해야 하는 세 가지 태도 중 가장 중요한 것으로 상담자는 내담자에게 진실하고 정직한 모습으로 다가가야 한다. 내담자에게 가장 필요한 것은 두렵거나 수치스러워서 그대로 내어놓기도 어려울 뿐 아니라 스스로 직면하거나 자각하기도 어려웠던 자신의 진정한 모습이 있는 그대로 수용되고 가치 있는 사람이라고 인정받는 경험이다. 이러한 것은 우선 스스로도 수용할 수 없었던 핵심적인 자기를 상담자가 수용할 때 내담자가 경험할 수 있다. 만약 상담자가 내담자를 대하는 태도가 가식적이라면 내담자는 진정으로 수용되는 경험을 하기 어렵다. 단순히 내담자의 기분을 좋게 하기 위해 마음에 없는 말을 하는 것은 진실성의 원리에 위배된다. 그러나 반대로 상담자가 진실해야 한다고 해서 충동적으로 모든 감정을 내담자에게 표현하라는 것은 아니며, 자신의 모든 경험과 감정을 내담자와 나누라는 것 또한 아니다. 상담자도 분노, 좌절, 좋아하는 마음, 염려, 지루함 등의 감정을 표현할 수 있지만 이러한 감정들은 개인적인 욕구에 의해서가 아니라 내담자와 전인적인 만남을 유지하고 그 만남을 더욱 깊이 발전시키려는 목적에서 표현되어야 한다. 이를 위해 상담자는 적절한 시기에 자기표현을 하는 감각과 용기가 있어야 한다.

2 엘리스의 인지·정서·행동 상담

엘리스는 신념체계를 합리적인 것과 비합리적인 것으로 분류하였다. 합리적 신념체계를 갖는 사람은 일어난 사건에 대해 합리적 해석을 하여 대처하기 때문에 바람직한 정서적, 행동적 결과를 초래한다. 그러나 비합리적 신념체계를 가진 사람은 일어난 사건에 대해 비합리적으로 해석하여 바람직하지 않은 정서적, 행동적 결과를 경험하게 된다. 그러므로 엘리스에 따르면 정신적으로 건강한 사람은 합리적 신념체계에 따라 행동하는 사람이며 건강하지 않은 사람은 비합리적 신념체계의 지배를 받는 사람이다. 우리의 정서적, 행동적 결과에 영향을 미치는 원인으로 사건보다는 신념체계의 중요성을 강조한다. 엘리스는 내담자의 심리적 고통이나 문제는 그의 비합리적 신념체계에서 비롯된 것이라고 확고하게 믿는다. 따라서 인지·정서·행동 상담은 내담자가 가진 비합리적 신념체계를 합리적 신념체계로 바꾸게 함으로써 문제해결을 할 수 있다고 본다. 상담자는 문제를 가진 내담자의 신념체계가 비합리적이라는 것을 설득력 있게 논리적으로 반박함으로써 변화를 유도한다.

인간은 근본적으로 불완전한 존재이다. 전지전능하지 않기 때문에 인간과 관련하여 당위성을 강조하는 것은 비합리적이다. 대체로 비합리적인 신념의 뿌리를 이루고 있는 것은 세 가지 당위성, 즉 자신에 대한 당위성, 타인에 대한 당위성, 조건에 대한 당위성과 관련되어 있다.

자신에 대한 당위성: 우리 자신에 대해 당위성을 강조하는 것이다. '나는 훌륭한 사람이어야 한다.', '나는 실수해서는 안 된다.', '나는 실패해서는 안 된다.', '나는 실직당해서는 안 된다.', '나는 항상 적절하게 행동해야 한다.' 등 수없이 많은 당위적 사고에 우리는 매여 있는 경우가 많다. 그리고 그러한 자신에 대한 당위적 사고가 이루어지지 않을 때 자기파멸이라는 생각을 갖게 된다.

타인에 대한 당위성: 우리와 밀접하게 관련한 사람, 즉 부모, 자식, 부인이나 남편, 애인, 친구, 직장동료에게 당위적인 행동을 기대하는 것이다. '부모니까 나를 사랑해야 한다.', '자식이니까 내 말을 들어야 한다.', '애인이니까 항상 나에게 관심을 가져야 한다.', 등 가까운 타인에게 바라는 당위적 기대가 이루어지지 않을 때 인간에 대한 불신감을 갖게 된다. 그리고 이러한 불신감은 인간에 대한 회의를 낳아 결국 자기비관이나 파멸을 가져오게 된다.

조건에 대한 당위성: 우리에게 주어진 조건에 대해 당위성을 기대하는 것이다. '나의 방은 항상 깨끗해야 한다', '나의 교실은 정숙해야 한다', '나의 가정은 항상 사랑으로 가득 차 있어야 한다.' 등 자신에게 주어진 조건에 대해 당위적 사고를 갖고 임하는 것이다. 우리가 바라고 원하는 것처럼 지속되는 당위적인 조건은 거의 없다. 그럼에도 많은 사람들은 흔히 이러한 당위적 조건을 기대하면서 그렇지 않은 경우에 화를 내거나 부적절한 행동을 한다.

엘리스가 제시한 정서장애의 원인이 되고 그것을 계속해서 유지시키는 11가지 비합리적 생각은 다음과 같다.

1	내가 알고 있는 의미 있는 모든 사람들로부터 인정받고 사랑받은 것이 필연적이라는 생각. 이것은 타인에 대한 당위성이다.
2	자신이 가치 있는 사람이려면 모든 측면에서 철저하게 능력이 있고, 적절하고, 성취적이어야 한다는 생각. 이것은 자신에 대한 당위성이다.
3	어떤 사람은 나쁘고 사악해서 그러한 사악함 때문에 가혹하게 비난받고 처벌받아야 한다는 생각. 이것은 타인에 대한 당위성이다.
4	일이 자기가 원하는 대로 되지 않을 때 이것은 끔찍하고 파국적이라는 생각. 이것은 조건에 대한 당위성이다.
5	인간의 불행은 외적인 사건에서 비롯되었고 사람들은 자신의 슬픔과 장애를 통제할 능력이 없다는 생각. 이것은 조건에 대한 당위성이다.
6	위험하거나 두려운 일이 있으면 그 일에 대해 몹시 걱정하고 그 일이 일어날 가능성을 계속해서 가져야 한다는 생각. 이것은 조건에 대한 당위성이다.
7	인생의 어려움이나 자기 책임감에 직면하기보다 피하는 것이 보다 용이하다는 생각. 이것은 조건에 대한 당위성이다.
8	사람은 다른 사람에게 의지해야 하고 의지할 만한 자신보다 강한 누군가가 있어야 한다는 생각. 이것은 타인에 대한 당위성이다.
9	자신의 과거사가 현재 행동의 중요한 결정요인이며, 일어났던 중요한 일이 자신의 인생에 영향을 미쳤던 것처럼 그것이 또한 유사한 영향을 미치리라는 생각. 이것은 조건에 대한 당위성이다.

| 10 | 타인의 문제나 장애로 인해 자신이 몹시 당황하거나 속상해야 한다는 생각. 이것은 자신에 대한 당위성이다. |
| 11 | 문제의 완전한 해결책은 항상 있고, 만약 이러한 완전한 해결책을 찾지 못하면 파국이라는 생각. 이것은 조건과 자신에 대한 당위성이다. |

인지·정서·행동 상담가는 내담자의 변화를 위해 내담자의 비합리적인 절대주의적 생각을 최소화하도록 조력한다. 이러한 변화를 위해 상담가들이 사용하는 기법들은 크게 인지기법, 정서기법, 행동기법으로 나누어 볼 수 있다.

인지적 기법	㉠ **비합리적 신념에 대한 논박** : RET의 가장 일반적인 인지적 방법은 치료자가 적극적으로 내담자의 비합리적 신념을 논박하는 것이다. 치료자는 내담자에게 그가 장애를 겪는 것은 "어떤 사건이나 상황 때문이 아니라 그런 상황이나 사건을 지각하는 방법과 그런 것들을 반복해서 자기진술을 하기 때문이다."라는 것을 보여 준다. ⓐ **논리성에 근거한 논박** : 내담자 자신이 가지고 있는 생각의 비논리성에 대해 질문하고 지적하는 것을 의미한다. 예를 들면, "당신이 가지고 있는 신념과 생각의 증거가 어디에 있습니까?", "인생이 당신이 원하는 대로 되어야 한다는 근거가 어디에 있습니까?", "당신 생각이 일관되지 않고 논리성이 부족하다는 것을 알 수 있습니까?" 등과 같은 질문이다. ⓑ **현실성에 근거한 논박** : 내담자가 자신의 생각이 현실적으로 일어날 수 없는 것임을 알게 하는 것이다. 예를 들어, "당신이 원하는 방식대로 인생이 풀린다는 것이 현실적으로 가능한 일입니까? 그렇다면 모든 사람이 원하는 방식대로 각자의 인생이 풀린다면 어떤 결과를 낳겠습니까?"와 같은 질문이다. 이 논박은 내담자가 가지고 있는 절대적인 소망이 현실에서는 대부분 이루어지지 않는다는 점을 내담자가 깨닫도록 하는 데 목적이 있다. ⓒ **실용성에 근거한 논박** : 내담자가 그렇게 비합리적인 생각을 하는 것이 실제로 자신에게 어떤 도움이 되는지 돌아보게 함으로써 내담자의 사고를 변화시키는 방법이다. 예를 들면, "당신이 그런 생각을 계속하는 게 실제 당신에게 도움이 됩니까?", "모든 사람이 당신을 인정하고 사랑하지 않으면 안 된다고 생각할 때 그런 생각은 당신에게 어떤 결과를 낳습니까? 사람들과 오히려 불편하지는 않은지요?" 등과 같은 질문이다. ㉡ **인지적 과제** : RET 내담자에게는 과제가 주어지는데 이것은 그들의 내면화된 자기-메시지의 일부인 추상적인 'should나 must'를 제거시키려는 방법이다. ㉢ **자신의 말 바꾸기** : RET에서는 명백하지 않은 언어를 사고과정의 장애의 표현이라고 주장한다. 내담자는 절대적인 '해야 한다'를 절대적이 아닌 '하고 싶다'로 대치함으로써 개인적인 힘을 얻을 수 있다.
정서적 기법	㉠ **합리적-정서적 이미지** : 내담자는 습관적으로 부적절한 감정을 느끼는 상황에서 활발하게 상상하도록 격려된다. 그는 이런 감정들을 적절한 감정으로 변화시키기 위해 활발히 작업하며 그 결과로 행동이 바뀌게 된다. ㉡ **역할놀이** : 역할놀이에는 정서적·행동적 구성요소가 모두 포함되어 있다. 내담자는 상황에서 야기되는 어떤 행동을 연출한다. 불쾌한 감정과 연관된 중요한 비합리적 신념을 통해 작업하는 것이 중요하다. ㉢ **부끄러움-공격연습** : 내담자들은 원래 다른 사람들이 자신을 어떻게 생각할까 하는 것 때문에 두려워하게 되므로 어떤 것을 과감히 해보는 과제를 받게 될 것이다. 그런 과제를 수행함으로써 내담자는 다른 사람들이 자신의 행동에 그리 큰 관심을 갖고 있지 않다는 것을 발견하게 된다. 내담자는 다른 사람들의 반응에 더 이상 연연해 할 필요가 없으며, 그런 반대가 그로 하여금 자신이 하고 싶어하는 일을 못하도록 방해하지 못한다는 것을 배운다. ㉣ **유머사용** : 유머를 통해 상담자는 내담자가 가진 비합리적 사고의 왜곡을 덜 심각한 방법으로 보여주며, 내담자 자신도 그것을 깨닫게 하는 데 그 목적이 있다. 유머와 유사한 기법으로 내담자의 부정적 감정이나 비합리적 사고에 대해 우스운 노래를 만들어 부르게 하기도 한다. 그러나 유머는 비합리적 신념을 공격하는 것이 목적이지, 내담자를 공격하는 것이 목적이 아님을 분명히 해야 한다.

행동적 기법	행동적 기법에는 내담자가 실제 해보면서 깨닫게 하는 방법(역할연기, 역할 바꾸기), 습득한 내용을 실제생활에 적용하고 그에 대한 피드백을 받도록 하는 방법(실제생활에서 해보기, 여론조사하기), 상담자를 보고 배우는 방법(모델링), 그 밖에 전통적인 이완법(체계적 둔감법, 이완기법, 범람법)과 강화 스케줄의 적용 등이 포함된다.

MEMO

Why to How
기출문제 분석집

Chapter 4

교육사회

Chapter 4 교육사회

01 기능론

2015학년도 상반기 중등 기출 다음은 A 고등학교 초임 교사들을 대상으로 진행한 학교장의 특강 내용 중 일부를 발췌한 부분이다. 발췌한 특강 부분은 학교에 대한 이해 차원에서 학교 교육의 기능에 대한 내용이다. 이를 바탕으로 '다양한 요구에 직면한 학교 교육에서의 교사의 과제'라는 주제로 서론, 본론, 결론의 형식을 갖춰 논하시오.

> 여러분들도 잘 아시겠지만 최근 우리 사회는 학교가 다양한 역할을 수행하도록 요구하고 있습니다. 이에 따라 선생님들께서는 학교 및 수업에 대한 기본적인 이해가 필요하다고 생각합니다.
>
> 먼저 교사로서 우리는 학교 교육의 기능을 이해해야 합니다. 지금까지 학교는 학생들이 사회 구성원으로서 올바로 성장할 수 있는 보편적 가치와 규범을 가르쳐 왔습니다. 그러나 최근 사회는 학교 교육에 다양한 요구를 하게 되면서 학교가 세분화된 직업 집단의 교육 요구를 충족시켜 주기를 원하고 있고, 학교 교육의 선발·배치 기능에 다시 주목하고 있습니다. 그러므로 여러분은 학교 교육의 선발·배치 기능을 이해하는 한편, 이것이 어떤 한계를 갖는지도 생각해야 할 것입니다.

배점

- 논술의 내용(총 15점)
  - 기능론적 관점에서 학교 교육의 선발·배치 기능 및 한계 각각 2가지만 제시(4점)
- 논술의 구성 및 표현(총 5점)
  - 논술의 내용과 '학교 교육에서의 교사의 과제'와의 연계 및 논리적 형식(3점)
  - 표현의 적절성(2점)

1 논술문 작성 방향

 기능론적 관점에서 보는 학교 교육의 선발, 배치 기능과 그것의 한계에 대해 묻고 있다. 기능론적 관점에서는 학교 교육이 능력 있는 사람들을 분류하고 선발하는 합리적인 방안으로서 성원들을 사회적 업무에 적절하게 배분하여 가장 능력 있는 사람이 가장 높은 사회적 지위를 획득할 수 있게 해주는 역할을 한다고 본다. 이러한 관점은 교육선발이 능력본위로 이루어진다는 기본 전제로 인해 사회적 불평등이 재생산되는 문제나 지배문화와 이념이 정당화되는 측면은 간과하는 한계가 있다.

2 예시답안

서론 | 제시문 분석

잘 가르치는 유능한 교사가 되기 위해서는 흔히 교과 내용에 대한 지식을 많이 알고 있어야 한다고 생각하기 쉽지만, 실제로 '잘' 교육하기 위해서는 단순히 전달할 지식에 대한 이해뿐만이 아니라 한 사회 속에서 학교가 행하는 교육을 이해하는 것이 필요하다. 학교 현장에서 교사는 진공상태에 존재하는 것이 아니라 한 사회의 구성원으로서, 전체 사회의 일부로서, 학교라는 조직의 구성원으로서 존재하고 학업지도는 수업과 평가를 계획하고 운영하는 방식과 불가분의 관계에 있다. 교육은 이러한 것들의 영향 하에서 이루어진다. 제시문은 교장의 특강 내용을 통해 초임 교사가 좋은 교사가 되기 위해 고민해 볼 필요가 있는 학교와 수업에 대한 문제 상황들을 보여주고, 이에 대한 교육학적 견해를 요구하고 있다.

본론 | 기능론적 관점에서 학교 교육의 선발, 배치 기능 2가지, 한계 2가지

기능론적 관점에서는 학교 교육의 선발, 배치 기능을 다음과 같이 본다. 첫째, 학생들을 능력의 종류와 수준에 따라 분류함으로써 학습자에 대한 진단 기능을 하며, 이를 토대로 서로 다른 교육적 경험을 부여하고 사회진출을 가능하게 함으로써 직업세계가 필요로 하는 사람들을 적재적소에 분류하는 여과기능을 한다. 즉, 능력 있는 사람들을 분류하고 선발하여 각자의 능력과 소질에 적합한 사회적 업무에 적절하게 배분한다. 성취에 따라 사회경제적 지위를 배분함으로써 직업의 분화에 도움이 되고, 사회적으로 인력활용을 극대화할 수 있게 된다. 둘째, 능력과 성취에 따라 사회적 지위와 소득을 배분함으로써 개인들에게 능력을 극대화할 수 있는 기회를 부여하고, 이를 통해 사회의 평등에 기여한다. 산업화 이전의 사회에서는 특정계급 출신자만이 자질과 능력을 가지고 있는 것으로 간주되었다. 그러나 산업사회에서는 자질과 능력이 신분과 관계없이 모든 사람에게 있으며, 따라서 오로지 능력과 자질에 의거하여 선발해 지위를 배분하는 일이 매우 필요하고 중요하다. 학교는 그러한 일을 수행하는 합리적인 장소다. 그리고 이처럼 타고난 신분이 아니라 개인이 쌓은 실력, 능력, 업적, 실적에 따라 교육의 기회와 사회적 신분이 제공되는 것은 공정한 사회이동을 촉진한다.

그러나 학교 교육의 선발과 배치에 대한 이러한 관점은 다음과 같은 측면에서 그 한계를 지적할 수 있다. 첫째, 출발선상의 아동들이 모두 동일선상에서 교육받기 시작하는 것은 아니라는 점을 간과하고 있다. 교육을 받기 시작하는 단계에 이미 사회 계급적 차이가 존재하여 교육기회에의 접근이 공정하지 않다. 기능론에서는 기회균등, 업적주의, 경쟁적 사회이동 등을 전제로 하고 있지만 현실에서는 불평등한 출발과 과정으로 인해 선발과 배치의 결과가 불평등하게 나타나고 있다. 둘째, 교육선발의 과정, 방법, 제도 등이 편파적으로 상류층에 유리하도록 되어 있다. 선발과 배치의 근거가 되는 업적 속에는 아동의 노력뿐만 아니라 부모의 노력, 가정 내에 축적된 문화자본의 영향 등도 포함되어 있다. 학교교육 문화와 공통점이 많은 문화를 가진 가정에서 자란 아동들이 학교교육에 보다 잘 적응한다는 것은 당연하고, 이 같은 학교와 가정의 문화적 동질성은 보다 높은 학력을 약속한다. 교육적 선발과정이 그러한 문화적인 편파에 따라서 특정 계급에게 유리하게 작용하고 있다는 점을 무시하고 있다.

결론 | 제언

　좋은 교육을 하는 교사가 되기 위해서는 학습과 직접적으로 관련되는 심리나 발달, 교과 내용에 대한 지식 이외에도 교육이 이루어지는 수업이나, 학교 조직, 더 넓게는 학교의 기능과 역할에 대한 이해가 필요하다. 학교 현장에서 이루어지고 있는 교육활동을 해석하고 개선하기 위해서는 좀 더 넓은 시야에서 교육학적 안목을 계발하고 실천을 준비할 필요가 있다. 제시문과 같이 '교실 내의 미시적인 상호작용' 외의 좀 더 체제적이고 거시적인 현상에 대하여 교육학 이론을 통해 진단하고 설명해 보며, 문제 해결을 시도해 보는 것은 교육학적 안목을 키우기 위한 좋은 시도이다. 교육학 이론에 대한 폭넓은 이해를 통해 교사로서 전문성을 갖추기 위해 노력해야 한다.

3 더 알아보기

1 기능론적 관점

　기능론은 사회를 부분의 집합으로 구성된 비교적 지속적이고 안정된 하나의 체제로 본다. 사회를 유기체에 비유하는 것이다. 사회는 각기 다른 여러 부분으로 구성되어 있는데, 각 부분은 체제의 유지를 위해 필요한 기능을 수행한다. 각 구성요소들은 서로 영향을 미치는 상호의존적 관계로 전체적으로 조화롭게 통합되어 있으며 사회 구성원들 간의 가치에 대한 합의에 그 토대를 두고 있다.

　기능론에서는 이러한 전제 하에서 교육현상을 설명한다. 사회의 하위 부분들 가운데 하나인 교육도 전체 사회의 한 구성요소로 전체 사회의 존속과 발전에 필요한 기능을 수행한다고 보는 것이다. 교육은 자라나는 세대에게 문화를 전수해 주는 사회화의 기능과 능력에 따라 구성원들을 적재적소에 배치시켜 주는 선발의 기능을 통해 사회유지에 기여한다.

　교육은 개인들에게 생업에 필요한 기술과 지식을 습득시키고 사회 구성원으로서의 임무와 책임을 인지시킴으로써 사회가 유지되도록 한다. 학교교육의 목적은 본질적으로 기존 사회의 유지와 변화하는 사회에 적응을 위한 사회화에 있다. 그래서 학교는 사회체제 존속에 필요한 규범교육을 강조하고 시민정신이 투철한 사회구성원의 형성을 목표로 한다. 학생들에게 현대의 전문가 사회에서 제반 역할을 수행하는 데 필요한 각종 지식·기술·가치규범을 가르쳐 전문가 사회에 적응할 수 있도록 한다. 또한 학교는 능력 있는 사람들을 분류하고 선발하는 합리적인 방안으로서 성원들을 사회적 업무에 적절하게 배분하여 가장 능력 있는 사람이 가장 높은 사회적 지위를 획득할 수 있게 해주는 역할도 한다.

　기능론에서는 선발을 재능 있는 사람을 분류·선발하기 위한 합리적인 방법으로 본다. 학교는 이러한 선발기능을 통해 직업의 분화에 도움을 주어, 인력의 효율적 활용을 가능하게 해준다는 것이다. 첫째, 선발은 학생들을 능력의 종류와 수준에 따라 분류함으로써 학습자에 대한 진단 기능을 한다. 둘째, 학교는 선발을 통해 학생들의 능력에 따라 다른 교육적 경험을 부여하고 이를 토대로 사회진출을 가능하게 함으로써 직업세계가 필요로 하는 사람들을 분류하는 여과기능을 한다. 현대와 같은 기술산업사회에서는 각자의 능력과 소질에 적합한 역할을 담당시키는 것이 더욱 중요하다. 셋째, 선발은 능력과 성취에 따라 사회적 지위와 소득을 배분함으로써 개인적으로는 능력을 극대화할 수 있는 기회를 부여하며, 이를 통해 사회의 평등에 기여한다. 산업화 이전의 사회에서는 특정계급 출신자만이 자질과 능력을 가지고 있는 것으로 간주하였다. 그러나 산업사회에서는 자질과 능력이 신분과 관계없이 모든 사람에게 있으며, 따라서 오로지 능력과 자질에 의거하여 선발해 지위를 배분하는 일이 매우 필요하다. 기능론에서는 타고난 신분이 아니라 개인이 쌓은 실력, 능력, 업적, 실적에 따라 교육의 기회와 사회적 신분이 제공되는 능력주의를 공정하고 정당한 것으로 평가한다.

이러한 관점은 다음과 같은 한계를 갖는다. 첫째, 출발선상의 아동들이 모두 동일선상에서 교육받기 시작하는 것은 아니라는 점을 간과하고 있다. 교육을 받기 시작하는 단계에 이미 사회 계급적 차이가 존재하여 교육기회에의 접근이 공정하지 않다는 점을 과소평가한다. 기회균등, 업적주의, 경쟁적 사회이동 등을 전제로 하며 불평등한 출발과 과정에 따라 불평등한 결과가 나타나는 현실에 무관심하다. 둘째, 교육선발의 과정, 방법, 제도 등은 편파적으로 상류층에 유리하도록 되어 있다. 학력으로 나타난 업적 속에는 아동의 노력뿐만 아니라 부모의 노력, 가정 내에 축적된 문화자본의 영향도 포함되어 있다. 학교교육 문화와 공통점이 많은 문화를 가진 가정에서 자란 아동들이 학교교육에 보다 잘 적응한다는 것은 당연하고, 또 학교와 가정의 문화적 동질성은 보다 높은 학력을 약속한다. 교육적 선발과정이 그러한 문화적인 편파에 따라서 특정계급에게 유리하게 작용하는 것을 저지할 수는 없다. 셋째, 교육선발은 중립적이고 객관적이지 않고 권력의 이해관계를 보여주는 측면이 있다. 어떤 방식으로 선발하고 그것은 누가 결정하며 선발의 방향과 내용은 어떻게 할 것인가에 대한 결정은 모두 특정 권력집단의 특정한 의도를 지향하며 이는 한편으로 다른 집단의 주장을 배제한다. 그러나 공식적이고 강력한 권력을 통해 행사됨으로써 이를 당연시하고 순응하게 되는 결과를 가져온다. 특정한 과목, 특정한 형식, 특정한 평가방식에 의해 수행되는 시험이 다양한 인간을 객관적으로 우수와 열등으로 구분한다는 것 자체가 모순인데 사람들은 그 결과를 가지고 그 사람을 등급화 하여 이를 당연시한다. 선발제도는 학생들을 분류하고 통제하는 기능을 하게 되고, 대개의 경우 당사자도 자신이 그런 사람이라는 것을 내면화하게 된다.

02 효과적인 학교

2020학년도 초등 기출 다음은 ○○초등학교가 학교를 성공적으로 변화시키기 위해 외부 전문가에게 의뢰한 학교조직진단 결과 보고서의 일부이다. 1) (가)에서 언급하고 있는 학교효과의 요인을 (나)와 (다)에 근거하여 3가지 제시하시오.

(가) 이 학교에 다니는 학생들은 사교육에 상대적으로 덜 노출되어 있고 가정배경은 보통 수준이다. 이 학교가 자체적으로 조사한 지난 수년 간의 자료를 분석해 본 결과, 현재 이 학교는 성취기준 도달 정도에서 그다지 뚜렷한 향상을 보여주지 못하고 있다. 성취기준을 달성하는 데 영향을 끼치는 요인으로 학생의 선천적 능력이나 가정배경 및 사교육이 많이 언급되지만 학교교육 내에도 중요한 요인들이 있다. 따라서 이 학교는 학교효과의 요인들을 학교교육 내에서 찾아 학생들이 성취기준을 달성할 수 있도록 노력할 필요가 있다.

(나) 이 학교의 의사결정 방식은 비교적 민주적으로 이루어지고 있다. 학교장은 '함께 배우고 성장하는 학교'라는 확고한 학교경영 목표를 세우고 자신의 권한에서 많은 부분을 교사들에게 위임하고 있다. 하지만 교사들 간의 역량 차이로 인해 사안별로 참여와 관심에서 많은 편차를 보이고 있다. 어떤 교사들은 회의에 관행적으로 참여하거나 선배 교사의 의견을 간섭으로 여기면서도 그냥 따르기만 하는 경우가 있다. 또 어떤 교사들은 동료 교사와의 협업보다 혼자서 학교 행정 업무를 하는 것을 선호하고 자신의 수업 방법 개선에만 몰두한다. 따라서 이 학교의 교사들은 동료 교사에 대해 지도성을 효과적으로 발휘할 수 있는 역량을 개발할 필요가 있다.

(다) 이 학교는 상대적으로 작은 규모의 학교이다. 소규모 학교이기에 교사들과 학생들 사이의 친밀도가 높은 반면에, 교사 개인별로 수행해야 할 업무량은 대규모 학교에 비해 많은 편이다. 교사들은 수업의 재구성과 같은 교육과정 개선에 관심이 많지만, 여러 가지 잡무로 인해 교육 활동에 전념하는 데 어려움이 있다. 최근 교육청이 실시하고 있는 '공문 없는 날'에 맞춰 이 학교도 '공문처리 없는 날'을 실시한 바 있고 학교장의 주도 하에 '학교업무경감위원회'도 운영해 보았지만, 행정 업무 경감에 대한 교사들의 만족도는 그다지 높지 않다. 따라서 이 학교는 현행 제도 내에서 교사들과의 협의 과정을 통해 학교 행정 업무 경감을 위한 구체적인 방안 마련이 요구된다.

1 논술문 작성 방향

학교효과 요인에 대한 문제이다. 제시문 (가)의 언급되는 학교효과 요인은 제시문 (나)와 (다)를 근거로 할 때 다음과 같이 도출된다. 첫째, 교장과 교사의 강한 지도력을 발휘할 경우 학교효과는 높아진다. 둘째, 교사가 학생의 학업 성취에 대해서 높은 기대를 가질 경우 학교효과성은 높아진다. 셋째, 학교 내 교사조직의 풍토가 학구적이며 그에 따른 교직원 연수가 활발히 이루어진다면 학교효과는 높아진다.

2 예시답안

서론 | 문제 제기

　교사는 학교교육의 중추적인 역할을 담당하는 교육의 핵심 주체이다. 교육을 인간행동을 계획적으로 변화시키는 과정으로 정의한다면, 이 과정에서 가장 핵심적인 역할을 하는 것이 바로 교사이기 때문이다. 그러므로 교사는 자신의 역할에 대한 책무성을 인식하고, 학습공동체적인 관점에서 더 나은 학교교육을 만들어가기 위한 역량을 갖춰야 한다.

본론 | 학교효과의 요인 3가지

　제시문 (가)에 언급되는 효과적인 학교란 학생의 선천적인 능력, 가정배경, 사교육 등 학교에서 통제할 수 없는 투입여건은 비슷함에도 학생이 얻게 되는 교육적 산출이 다른 학교보다 더 높게 나오는 학교이다. 그러므로 학교효과란 학교 자체의 특성에서 생기는 효과로 학교의 사회·심리적 체제와 밀접한 관계를 맺고 있다. 제시문 (나)와 (다)에 근거하여 도출될 수 있는 학교효과의 요인은 다음과 같다. 첫째, 교장과 교사의 강한 지도력이다. 제시문 (나)는 해당 학교의 학교장의 지도성이 효과적이지 못하며, 동료 교사 간 협업도 원활히 이루어지지 않음을 보여주고 있다. 이와 같은 교장과 교사의 약한 지도력은 학교효과에 부정적인 영향을 미치는 요인으로 볼 수 있으며, 이들의 지도력이 강하고 효과적일 때 학교효과는 높아진다. 둘째, 학생의 학업성취에 대한 교사의 높은 기대이다. 제시문 (나)의 경우 교사들은 '함께 배우고 성장하는 학교'라는 교육목표에 대한 참여나 관심의 정도에서 많은 편차를 보이고 있으므로, 모든 교사가 학생의 성장에 대한 높은 기대를 가지고 있다고 보기 어렵다. 학생의 학업성취에 대한 교사의 기대는 학교효과를 결정하는 중요한 요인으로, 교사가 학생의 학업 성취에 대해서 높은 기대를 가질 경우 학교효과성은 높아진다. 셋째, 학교의 학구적 분위기이다. 제시문 (다)의 소규모 학교의 교사들은 과중한 행정업무로 인해 교육과정 개선을 포함한 교육활동에 전념하지 못하고 있으므로, 이는 학교효과성을 떨어뜨리는 요인으로 작용한다. 학교 내 교사조직의 풍토가 학구적이며 그에 따른 교직원 연수 등의 장학활동이 활발히 이루어진다면 학교효과는 높아진다.

결론 | 제언

　교사는 학교교육의 실제적 문제를 진단해야 할 뿐만 아니라 그에 대한 대안을 만들어내야 할 교육의 전문가이다. 그러므로 교사는 동료교사와의 협력적 관계를 바탕으로 전문적 학습공동체를 구축하여, 공교육의 효과성을 높이기 위한 모든 노력을 아끼지 말아야 한다. 또한 교육의 본질적인 목표인 학생의 성장과 발달에 대한 깊은 관심을 가지고 자신의 역할을 충실히 수행해야 한다. 이러한 교사의 전문성은 교사 개인의 차원을 넘어 학교, 학부모, 지역사회 및 국가 간의 유기적인 연결을 통해 더욱 효과적으로 발현될 수 있을 것이다.

3 더 알아보기

1 효과적인 학교

　효과적인 학교란 인적·물적 투입여건은 비슷한데 학생이 얻게 되는 지적·비지적인 산출이나 결과가 다른 학교보다 더 높게 나오는 학교를 말한다. 여기서 투입여건이란 학부모의 사회경제적 지위와 학생의 학업능력 등과 같이 학교에서 통제할 수 없는 것을 뜻한다. 학교효과란 학교 자체의 특성에서 생기는 효과로 학교의 사회·심리적 체제와 밀접한 관계를 맺고 있다. 학교의 사회·심리적 체제의 구성요소는 다음과 같다. 첫째, 학교의 사회·심리적 규범이다. 이는 학교구성원이 학교교육에 대해 가지는 기대, 평가, 감정, 신념 등을 의미한다. 둘째, 학교의 조직구조 및 운영방식이다. 이는 크게는 학교의 행정조직부터, 작게는 학급 내 학습진단 구성형태까지를 포함한다. 셋째, 학급 내 수업실천 행위이다. 이는 학급 내의 의사소통방식, 행동강화, 보상방식, 수업자료, 수업시간량 등과 관련된다. 효과적 학교의 특성 요인에는 다음과 같은 요인이 있다. 첫째, 교장과 교사의 강한 지도력이다. 둘째, 학생의 학업성취에 대한 교사의 높은 기대이다. 셋째, 분명한 교수학습목표이다. 넷째, 학교의 학구적 분위기와 그에 따른 교직원 연수이다. 다섯째, 학생의 학업진전도의 주기적 점검이다.

MEMO

Why to How
기출문제 분석집

Chapter 5

교육행정

Chapter 5 교육행정

01 비공식 조직

2016학년도 중등 기출 다음은 A 중학교에 재직 중인 김 교사가 작성한 자기개발계획서의 일부이다. 김 교사의 자기개발계획서를 읽고 예비 교사 입장에서 '교사가 갖추어야 할 역량'이라는 주제로 교육과정 및 평가 유형, 학생의 정체성발달, 조직 활동에 대한 내용을 구성 요소로 하여 서론, 본론, 결론의 형식을 갖추어 논하시오.

자기개발계획서

개선 영역	개선 사항
학교 내 조직 활동	• 학교 내 공식 조직 안에서 소집단 형태로 운영되는 다양한 조직 활동을 파악할 것 • 학교 구성원들의 욕구 충족을 위한 자발적 모임에 적극 참여할 것 • 활기찬 학교생활을 위해 학습조직 외에도 나와 관심이 같은 동료 교사들과의 모임 활동에 참여할 것

배점

- 논술의 구성 요소
  - '학교 내 조직 활동'에 나타난 조직 형태가 학교 조직과 구성원에 미치는 순기능 및 역기능 각각 2가지(4점)
- 논술의 구성 및 표현(총 5점)
  - 논술의 구성 요소와 '교사가 갖추어야 할 역량'과의 연계 및 논리적 형식(3점)
  - 표현의 적절성(2점)

1 논술문 작성 방향

비공식조직의 순기능과 역기능을 묻고 있다. 비공식조직은 친밀한 인간관계의 상호작용을 통하여 몰인정한 공식조직에 따뜻한 인간미가 흐르는 조직분위기를 형성하여 조직의 생산성 향상에 기여하며, 궁극적으로 조직목표달성과 조직변화에 우호적인 분위기 형성에 협력할 수 있다. 반면 비공식조직은 조직 내에 파벌집단을 조성함으로써 대립, 갈등, 분열을 조장하며, 공식조직의 목표에 배치되고, 공식조직의 변화를 저해할 수 있다.

2 예시답안

서론 문제 제기

교직 사회는 유능한 교사를 필요로 한다. 유능한 교사에 대한 정의는 시대, 교육 패러다임, 관점에 따라 다를 수 있지만 현대적 의미에서 유능한 교사, 다시 말해 전문가로서의 교사는 이론적 지식에 정통한 동시에 그것을 토대로 현장에서 직면하는 문제를 해결할 수 있어야 한다. 그러므로 예비 교사들이 유능한 교사로 성장하기 위해서는 그 원리와 근거가 되는 이론적 지식을 정확히 이해하고, 그것을 교육 현장에서 일어날 수 있는 일, 교사가 접하게 되는 문제들에 적용해 보는 경험을 많이 쌓는 것이 중요하다. 현장에서의 교수경험이 적은 예비 교사들은 제시문과 같이 가상적인 교육의 상황을 설정한 후, 이론을 활용하여 그 교육현상을 해석하고 문제를 해결해 보는 것으로 전문가로서의 교사의 역량을 준비할 수 있다.

본론 제시문의 조직 형태가 학교 조직과 구성원에 미치는 순기능 2가지, 역기능 2가지

비공식 조직은 구성원 상호 간의 상호 작용에 의하여 자연발생적으로 성립되며 혈연, 지연, 학연, 취미, 종교, 이해관계 등의 기초 위에 형성된다. 비공식조직은 다음과 같은 순기능이 있다. 첫째, 비공식조직은 조직 구성원의 지위와 집단 소속욕구를 충족시킨다. 비공식조직에 소속됨으로써 자신의 지위를 다른 사람과 구별되어 인정받아 자존감을 세울 수 있고 조직원들과 친밀한 상호교류를 통해 사회적 욕구를 충족시킬 수 있다. 특히 혈연, 지역, 학벌 등과 같은 귀속성과 업적성을 근거로 형성되는 조직에서 두드러지게 나타난다. 둘째, 비공식조직은 조직 구성원의 신속한 정보 공유수단이 된다. 새로운 정보의 획득은 조직의 위계구조를 확고히 하는 수단이 된다. 공식적인 경로를 통해서 조직에서 필요한 정보를 취득하는 것이 일반적이나 비공식 조직을 통해서 다양하고 현실성 있는 정책 변화의 요구나 저변의 조직원들의 불만사항을 여과 없이 받아들일 수 있다. 결국 의사전달체계의 기능을 확대한다고 볼 수 있다. 비공식조직을 통해서 다양하고 현실성 있는 정보나 조직원들의 불만사항을 여과 없이 받아들여 관료제의 경직성을 완화시키고 보수적인 고위층을 자극시켜 조직에 쇄신적 분위기 조성에 기여하기도 한다.

반면 비공식조직은 다음과 같은 역기능이 있다. 첫째, 비공식조직은 조직 내에 파벌집단을 조성함으로써 대립, 갈등, 분열을 조장할 가능성이 있다. 비공식조직의 멤버십이 귀속성과 배타성을 보일 때에 이러한 집단들은 파벌집단으로 둔갑하여 서로 반목하고 대립하게 된다. 이러한 집단들은 조직운영에 윤활유와 같은 역할을 하는 것이 아니라 오히려 조직운영을 마비시켜 버린다. 일반적으로 비공식적 집단의 구성원들은 자기집단에 대해서만 충성심을 바치고, 다른 집단에 대해서는 편견과 적대감을 지니기 때문에 조직 내에서 심한 분파작용을 일으킨다. 파벌로 인해서 조직 단위 간에 반목이 생기고 조직의 규범, 가치, 문화를 통한 일체감을 구성원들로 하여금 느끼지 못하게 하여 조정과 통합을 어렵게 한다. 둘째, 사전에 정보를 누설하고 공식적인 의사경로를 마비시킨다. 사전에 정보를 누설하거나 조작 전달하여 공식적인 업무수행을 방해하는 여론을 형성한다. 비공식조직을 이용하여 인사정보를 사전에 알아내어 힘이 있고 유력한 부서의 배치를 받고자 정실을 조장하고 좌천을 막기 위해 압력을 행사할 수 있다. 정보의 시시비비를 가려서 다른 사람에게 전달하는 것이 아니라 감정적 판단이 개입되어 자신에게 유익하고 불리함에 따라 정보를 왜곡시키기도 한다. 비공식조직에 불리한 정보는 축소하고 유리한 정보는 확대 재생산하여 공식조직의 의사소통을 방해하기도 한다.

> **결론** 제언

교실 환경에서 일어나는 많은 문제들이 완벽하고 유일한 대답을 가지고 있지 않고 또한 교사가 현장에서 직면하게 될 많은 문제들에 대하여 직접 적용될 수 있는 지식이나 방법을 모두 배울 수는 없다. 그래서 필요한 지식을 가능한 많이 배우는 것과 동시에, 교사 스스로 이를 근거로 하여 당면한 문제를 최선의 방향으로 판단, 결정, 해결할 수 있는 태도와 능력을 기르는 것이 무엇보다 중요하다. 교사의 능력이란 어떤 수준에서 머무르는 것이 아니고 계속해서 발전되고 향상되는 것이다. 예비교사 교육과정에서 교사가 되기 위한 준비를 하는 시기부터 교사가 된 이후 교직에 머무르는 동안에도 계속해서 끊임없이 현장의 경험을 재구성하고 그러한 태도와 능력을 발전시켜 나갈 때, 유능하고 탁월한 교육의 전문가로서의 교사가 될 수 있을 것이다.

3 더 알아보기

1 비공식 조직

공식 조직은 공적인 목표를 추구하기 위한 인위적 조직으로서 제도화된 공식 규범의 바탕 위에 성립하며, 권한의 계층, 명료한 책임 분담, 표준화된 업무수행, 몰인정적인 인간관계 등을 특징으로 하는 반면, 비공식 조직은 구성원 상호 간의 상호 작용에 의하여 자연발생적으로 성립되며 혈연, 지연, 학연, 취미, 종교, 이해관계 등의 기초 위에 형성된다. 비공식 조직은 친밀한 인간관계의 상호작용을 통하여 몰인정한 공식조직에 따뜻한 인간미가 흐르는 조직분위기를 형성하여 조직의 생산성 향상에 기여하며, 궁극적으로 조직목표달성과 조직변화에 우호적인 분위기 형성에 협력할 수 있다. 구체적으로 비공식 조직은 다음과 같은 순기능이 있다. 첫째, 비공식 조직은 조직 구성원의 지위와 집단 소속욕구를 충족시킨다. 비공식 조직에 소속됨으로써 자신의 지위를 다른 사람과 구별되어 인정받아 자존감을 세울 수 있고 조직원들과 친밀한 상호교류를 통해 사회적 욕구를 충족시킬 수 있다. 특히 혈연, 지역, 학벌 등과 같은 귀속성과 업적성을 근거로 형성되는 조직에서 두드러지게 나타난다. 둘째, 비공식 조직은 조직 구성원의 신속한 정보의 공유 수단이 된다. 새로운 정보의 획득은 조직의 위계구조를 확고히 하는 수단이 된다. 공식적인 경로를 통해서 조직에서 필요한 정보를 취득하는 것이 일반적이나 비공식 조직을 통해서 다양하고 현실성 있는 정책 변화의 요구나 저변의 조직원들의 불만사항을 여과 없이 받아들일 수 있다. 결국 의사전달체계의 기능을 확대한다고 볼 수 있다. 비공식 조직을 통해서 다양하고 현실성 있는 정보나 조직원들의 불만사항을 여과 없이 받아들여 관료제의 경직성을 완화시키고 보수적인 고위층을 자극시켜 조직에 쇄신적 분위기 조성에 기여하기도 한다. 셋째, 비공식 조직은 조직구성원의 업무상 원활한 협력을 유도할 수 있다. 조직원들에게 부과한 업무의 능률적인 수행에 필요한 집단구성원 사이의 원활한 협동관계, 집단적 결정에의 참여, 유기적인 상호의존관계 등을 가능케 한다. 구성원들 간의 직무에 대한 경험과 정보를 서로 공유하여 업무수행을 서로 돕게 된다. 비공식 조직원은 공식조직에 들어오기 전에 혹은 후에 인간관계를 맺고 있어 친분을 통한 상호 협력을 할 수 있다. 즉, 모르는 사람보다는 아는 사람과 업무협력은 쉬워진다. 넷째, 비공식 조직은 조직 구성원의 좌절감과 욕구불만 및 기타 정서적 문제에 대한 배출구 역할을 한다. 베버에 의하면 공식조직의 분위기는 사적 감정이나 편견 없는 몰인정성이 지배하며, 의사결정은 감정이 아닌 사실에 근거해야 하고 공정성과 합리성에 근거를 두고 있다. 관료제에 의한 경직된 조직분위기는 독재적 요소가 많아 조직의 비효율성과 구성원들의 욕구불만의 원인이 된다. 이러한 여건이 비공식 조직으로 하여금 정서적 안전판 역할을 하게 한다. 조직원들에게 사명감, 안정감, 만족감 등을 부여하여 공식조직의 비인격성으로부터 생기는 인간소외감을 감소시켜 준다. 다섯째, 비공식 조직은 조직 구성원의 창의적 사고를 유발하고, 자아성취를 돕는다. 비공식 조직은 관리자가 조직 구성원들의 다양한 가치와 욕구를 조직목표를 위해 통합하고 조정하며, 업무상 협력을 유도하고 구성원들이 능력을 자율적으로 최대한 발휘하여 자아 성취를 이루도록 동기부여 등에 긍정적인 환경을 마련한다. 비공식 조직은 집단의사결정에 참여하여 조직의 민주적인 의사능력에 기여하고, 관리자의 독단적인 결정의 위험을 분산시킬 수 있으며, 책임자의 부족한 업무능력이나 불확실한 명령을 보완하기도 한다. 비공식 조직은 그것을 구성하는 개인으로 하여금 자기실현과 자기혁신을 가능케 하고 자신의 소질을 개발할 수 있게 하는 중대한 역할을 한다. 여섯째, 비공식 조직은 조직의 생리를 파악하는 데 도움이 될 수 있다. 관리자는 비공식 조직을 통해서 조직 내의 인간관계의 연결고리와 조직원들의 개인적 성향과 업무능력이나 업무태도, 기질, 내부의 사정 등을 파악할 수 있다. 관리자는 조직 구성원들의 부분적 활동을 집단 전체의 활동에 통합하는 데 비공식 조직을 활용할 수 있다. 일곱째, 공식적인 조직의 기능을 보완하여 주는 역할을 한다. 비공식적 조직 활동을 통해서 조직단위 간이나 구성원 간의 협조체제를 강화하고 커뮤니케이션의 통로를 확장시킨다. 그리고 비공식적 집단은 조직구성원이 문제를 해결하고 과오나 실수를 범하지 않도록 도와준다. 뿐만 아니라 공식적인 조직생활에서 미처 익히지 못했거나 또는 익혔다 하더라도 잊어버렸던 사항들을 비공식적인 조직활동을 통해서 익히게 된다. 예컨대 상사의 지시나 교육내용을 잊어버렸을 때 상사에게 가서 다시 반복하도록 요구하는 것보다 인간적으로 가까운 작업동료에게 묻는 것이 훨씬 편안하고 효과적이다. 그리고 비공식적 조직을 통한 의사전달이 공식적 채널을 통한 의사전달보다 훨씬 정확하고 내용이 풍부하다.

반면 비공식 조직은 다음과 같은 역기능이 있다. 첫째, 비공식 조직은 조직 내에 파벌집단을 조성함으로써 대립, 갈등, 분열을 조장할 가능성이 있다. 비공식 조직의 멤버십이 귀속성과 배타성을 보일 때에 이러한 집단들은 파벌집단으로 둔갑하여 서로 반목하고 대립하게 된다. 이러한 집단들은 조직운영에 윤활유와 같은 역할을 하는 것이 아니라 오히려 조직운영을 마비시켜 버린다. 일반적으로 비공식적 집단의 구성원들은 자기집단에 대해서만 충성심을 바치고, 다른 집단에 대해서는 편견과 적대감을 지니기 때문에 조직 내에서 심한 분파작용을 일으킨다. 파벌로 인해서 조직 단위 간에 반목이 생기고 조직의 규범, 가치, 문화를 통한 일체감을 구성원들로 하여금 느끼지 못하게 하여 조정과 통합을 어렵게 한다. 둘째, 공식조직의 목표에 배치되는 역기능이 있다. 비공식 조직은 업무보다는 자신의 욕구충족에 몰두한다. 조직의 발전과 집단의 성과에 대한 관심보다는 사적인 이익추구에 열중한다. 비공식집단이 상급기관의 요구를 거절하고 자의적인 업무추진으로 적대적인 태도를 취하는 경우에는 공식조직의 기능이 마비될 우려가 있다. 공식조직의 목표가 비공식 조직의 목표와 일치하지 않거나 공식조직의 목표가 비공식 조직의 이해관계와 상충할 때 조직의 구성원은 공식조직의 이익보다는 개개인의 욕구와 이해에 더 집착을 하는 경향이 있다. 셋째, 사전에 정보를 누설하고 공식적인 의사경로를 마비시킨다. 사전에 정보를 누설하거나 조작 전달하여 공식적인 업무수행을 방해하는 여론을 형성한다. 비공식 조직을 이용하여 인사정보를 사전에 알아내어 힘이 있고 유력한 부서의 배치를 받고자 정실을 조장하고 좌천을 막기 위해 압력을 행사할 수 있다. 정보의 시시비비를 가려서 다른 사람에게 전달하는 것이 아니라 감정적 판단이 개입되어 자신에게 유익하고 불리함에 따라 정보를 왜곡시키기도 한다. 비공식 조직에 불리한 정보는 축소하고 유리한 정보는 확대 재생산하여 공식조직의 의사소통을 방해하기도 한다. 넷째, 근거 없는 소문이나 거짓 정보가 많이 유포된다. 비공식적 조직은 의사소통 망을 확장시킴으로써 커뮤니케이션을 활성화 시킨다. 그러나 의사소통 망을 확장시키는 것만큼 유언비어와 거짓 정보를 퍼뜨릴 가능성도 커지게 된다. 특히 비공식적 집단 내에서는 자기 말에 책임을 지지 아니하기 때문에 함부로 정확하지 않은 내용을 말한다거나 가공하여 정보를 흘리는 경우가 많다. 따라서 비공식적 조직 활동이 활성화되면 그만큼 거짓 정보가 유포될 가능성도 큰 것이며 거짓 정보가 확산되면 공식조직 내부에 혼선을 초래하여 조직의 원활한 운영에 혼선을 가져오게 된다. 비공식 조직을 통하여 거짓정보를 공식조직의 의사결정기관에 제공하여 혼란을 조성하고 사실판단을 어렵게 하며 의사결정을 방해 할 수도 있다. 다섯째, 비공식 조직은 공식조직의 변화를 저해한다. 조직의 구성원은 비공식 조직을 이용하여 현실의 조직에서 개인의 욕구를 충족하고자 하는 성향이 강하다. 조직은 목표달성의 효율성을 기하고자 여러 가지 개선을 동반한다. 환경에 탄력적인 적응을 위하여 조직을 경량화하고 인원을 감원하며 자원 배분을 획정하는 데 관련된 업무부서와 마찰이 불가피하다. 이러한 상황에서 이해관계를 맺고 있는 비공식 조직은 변화에 적극적으로 반발하게 될 것이다.

02 변혁적 지도성

2019학년도 중등 기출 다음은 ○○중학교 김 교사가 모둠활동 수업 후 성찰한 내용을 기록한 메모이다. 김 교사의 메모를 읽고 '수업 개선을 위한 교사의 반성적 실천'이라는 주제로 교사의 지도성에 대한 내용을 구성 요소로 하여 논하시오.

> #4 더 나은 수업을 위해서 새로운 지도성이 필요하겠어. 내 윤리적·도덕적 기준을 높이고 새로운 방식으로 학생들을 대하자. 학생들의 혁신적·창의적 사고에 자극제가 될 수 있을 거야. 학생들을 적극 참여시켜 동기와 자신감을 높이고 학생 개개인의 욕구에 특별한 관심을 가지며 잠재력을 계발시켜야지. 독서가 이 지도성의 개인적 신장 방안이 될 수 있겠지만, 동료교사와 함께 하는 방법도 찾아보면 좋겠어.

배점
- 논술의 내용
  - #4에 언급된 바스(B.Bass)의 지도성의 명칭, 김 교사가 학교 내에서 동료교사와 함께 이 지도성을 신장할 수 있는 방안 2가지 [3점]
- 논술의 구성 및 표현 [총 5점]
  - 서론, 본론, 결론 형식의 구성 및 주제와의 연계성 [3점]
  - 표현의 적절성 [2점]

1 논술문 작성 방향

변혁적 지도성과 관련된 문제이다. 구성원의 기대와 동기를 지속적으로 자극하여 높은 수행과 발전을 유도할 수 있는 지도성은 변혁적 지도성이다. 이를 위해 교사는 성취해 나가야 할 사명이나 비전을 정확히 인식하고, 조직 구성원들의 능력과 잠재력을 높은 수준으로 계발하고, 지적인 자극을 주고 개별적인 배려를 하여 개인적 이익을 초월하여 공동이익을 지향하도록 동기화할 수 있다.

2 예시답안

서론 문제제기

사람은 살아가면서 누구나 자신이 한 행위에 대해서 반성을 하면서 살아간다. 교사도 수업을 하면서 자신의 수업에 대해 반성을 하게 된다. 대부분의 교사들은 자신의 실제 수업 속에서 자신의 수업을 바탕으로 한 무의도적인 앎을 얻고 있다. 이와 다르게 제시문의 김 교사와 같이 자신의 수업을 하나의 연구 대상으로 설정하고 그에 대한 의도적인 반성을 할 수 있다. 이는 단순한 경험에서 얻어지는 무의도적인 앎이 아니라 자신의 수업을 개선하려는 의도를 미리부터 가지고 자신의 수업을 스스로 관찰하고 반성하는 것이다. 이와 같이 자신의 수업 행위에 대해 의도적으로 반성을 시도할 때 교사는 지속적인 능력 향상을 이룰 수 있다.

본론 바스의 지도성의 명칭, 김 교사가 동료교사와 함께 이 지도성을 신장할 수 있는 방안 2가지

제시문에 언급된 바스의 지도성은 변혁적 지도성이다. 김 교사는 동료교사와 함께 변혁적 지도성을 신장하기 위하여 먼저 동료장학을 통해 일상적인 수업과 생각에 대해 의문을 제기하고 문제들을 재구조화하며 종래의 상황을 새롭고 개방적인 방식으로 접근함으로써 혁신적이고 창의적이 되도록 한다. 또한 전문적 학습공동체를 통해 성취하고 성장하려는 개개인의 욕구에 특별한 관심을 보임으로써 새로운 학습 기회를 만들어 잠재력을 계발하고, 자신의 개인적 발전을 모색하며, 그에 대해 책임을 지도록 한다. 서로의 개인적 성장 욕구에 관심을 보이며, 신뢰하고 격려하는 지원적 분위기에서 학습 기회를 제공한다.

결론 제언

교사는 자신의 수업을 진행하는 가운데 스스로 자신의 수업을 관찰하고 반성함으로써 교사 스스로 자신의 자질을 끊임없이 개선할 수 있다. 바람직한 교사는 기존의 실천을 그저 답습하는데 그치지 않고, 보다 나은 실천을 위해 끊임없이 연구하는 사람이다. 자기가 맡은 일을 하는 반복하는데 그치지 않고 그것을 보다 잘 하기 위해 탐구하는 교사는 가르치는 일 안에서 삶의 보람을 찾고, 스스로 자신의 능력을 발전시킨다. 타인이 이미 만들어 놓은 이론을 단순히 적용하는 기능인으로 자신을 한계 짓는 것이 아니라, 수업 과정에서 직면한 문제를 해결하며 그 과정에서 적합하지 않은 이론을 폐기하거나 재구성하고, 자신의 상황을 좀 더 객관적으로 탐구하는 실천가이자 연구자로서의 교사가 되어야 하겠다.

2020학년도 초등 기출 다음은 ○○초등학교가 학교를 성공적으로 변화시키기 위해 외부 전문가에게 의뢰한 학교조직진단 결과 보고서의 일부이다. 1) (나)에 근거하여 이 학교 교사들이 교사지도성을 발휘하는 데 요구되는 역량 3가지를 제시하고, 그 이유를 각각 논하시오.

> (나) 이 학교의 의사결정 방식은 비교적 민주적으로 이루어지고 있다. 학교장은 '함께 배우고 성장하는 학교'라는 확고한 학교경영 목표를 세우고 자신의 권한에서 많은 부분을 교사들에게 위임하고 있다. 하지만 교사들 간의 역량 차이로 인해 사안별로 참여와 관심에서 많은 편차를 보이고 있다. 어떤 교사들은 회의에 관행적으로 참여하거나 선배 교사의 의견을 간섭으로 여기면서도 그냥 따르기만 하는 경우가 있다. 또 어떤 교사들은 동료 교사와의 협업보다 혼자서 학교 행정 업무를 하는 것을 선호하고 자신의 수업 방법 개선에만 몰두한다. 따라서 이 학교의 교사들은 동료 교사에 대해 지도성을 효과적으로 발휘할 수 있는 역량을 개발할 필요가 있다.

1. 논술문 작성 방향

 교사지도성에 대한 문제이다. 제시문 (나)의 교사들에게 요구되는 교사지도성은 변혁적 지도성으로, 변혁적 리더십의 구체적인 역량은 다음과 같다. 첫째, 감화력이다. 교사들은 학교조직의 목표를 창출하는 데 동료교사들을 참여시키고, 그들에게 바라는 기대를 분명히 전달하여 구성원의 동기를 변화시켜야 한다. 둘째, 지적인 자극이다. 교사들은 일상적인 생각에 대해 의문을 제기하고 문제들을 재구조화하는 역량을 갖춰 혁신적이고 창의적인 사고를 유도해야 한다. 셋째, 개별적인 배려이다. 교사들은 개개인의 욕구에 특별한 관심을 보임으로써 새로운 학습기회를 만들어, 구성원들의 잠재력을 계발할 수 있도록 도와야 한다.

2. 예시답안

서론 문제제기

 교사는 학교교육의 중추적인 역할을 담당하는 교육의 핵심 주체이다. 교육을 인간행동을 계획적으로 변화시키는 과정으로 정의한다면, 이 과정에서 가장 핵심적인 역할을 하는 것이 바로 교사이기 때문이다. 그러므로 교사는 자신의 역할에 대한 책무성을 인식하고, 학습공동체적인 관점에서 더 나은 학교교육을 만들어가기 위한 역량을 갖춰야 한다.

본론 교사지도성을 발휘하는 데 요구되는 역량 3가지와 그 이유

 제시문 (나)의 교사들이 교사지도성을 발휘하여 교육 전문가로서의 상호성장을 이루기 위해서는 변혁적 지도성이 요구된다. 변혁적 지도성은 조직 구성원들의 욕구와 능력을 인정하고 그들의 잠재력을 일깨워 그들로 하여금 보다 더 훌륭한 사람으로 향상시키는 지도성으로, 구성원들이 더 높은 수준의 동기유발과 도덕성을 갖도록 고양시킨다. 이러한 지도성은 지도자가 단순히 상황에 부합하는 방식으로 조직을 관리하거나 경영하기보다는 자신의 특성과 행동 스타일에 부합하도록 상황을 만들어내고, 이를 통해 조직의 효과성을 이끌어내게 한다. 제시문 (나)의 교사들에게는 다음과 같은 3가지의 변혁적 지도성의 역량이 요구된다. 첫째, 감화력이다. 교사들은 '함께 배우고 성장하는 학교'라는 학교조직의 목표를 창출하는 데 동료교사들을 참여시키고, 그들에게 바라는 기대를 분명히 전달하는 역량을 갖춰야 한다. 이를 통해 그들은 학교조직의 문제를 해결할 수 있고, 조직이 발전할 수 있다고 믿도록 구성원의 동기를 변화시킴으로써 단체정신, 낙관주의, 열정과 헌신 등을 이끌어 낼 수 있다. 둘째, 지적인 자극이다. 교사들은 동료 교사들이 회의에서 다양한 의견을 활발히 교환할 수 있도록, 일상적인 생각에 대해 의문을 제기하고 문제들을 재구조화하는 역량을 갖춰야 한다. 이를 통해 종래의 상황을 새로운 방식으로 접근함으로써 교사들이 혁신적이고 창의적이 되도록 유도할 수 있다. 셋째, 개별적인 배려이다. 교사들은 사안별로 상이한 참여와 관심을 보이고 있는 동료 교사 개개인의 욕구에 특별한 관심을 보임으로써 새로운 학습기회를 만들어야 한다. 이를 통해 동료 교사들이 잠재력을 계발하고 자신의 개인의 발전을 모색하며, 그에 대해 책임을 지도록 할 수 있다.

결론 제언

교사는 학교교육의 실제적 문제를 진단해야 할 뿐만 아니라 그에 대한 대안을 만들어내야 할 교육의 전문가이다. 그러므로 교사는 동료교사와의 협력적 관계를 바탕으로 전문적 학습공동체를 구축하여, 공교육의 효과성을 높이기 위한 모든 노력을 아끼지 말아야 한다. 또한 교육의 본질적인 목표인 학생의 성장과 발달에 대한 깊은 관심을 가지고 자신의 역할을 충실히 수행해야 한다. 이러한 교사의 전문성은 교사 개인의 차원을 넘어 학교, 학부모, 지역사회 및 국가 간의 유기적인 연결을 통해 더욱 효과적으로 발현될 수 있을 것이다.

3 더 알아보기

1 변혁적 지도성

변혁적 지도성은 넓은 의미에서 교환적 지도성과 대비되는, 1980년대 이전의 지도성에 대한 관점을 보완하는 새로운 지도성이론을 의미한다. 좁은 의미에서의 변혁적 지도성은 번즈(Burns)와 배스(Bass)가 언급한 기대 이상의 직무수행을 가능하게 하는 지도성을 말한다. 변혁적 지도성과 대비되는 교환적 지도성이 지도자가 부하에게 순종을 요구하고, 그 대가로 보상을 제공하는 반면, 변혁적 지도성은 지도자가 부하의 잠재능력을 계발하도록 도움을 주고 내재적 만족감을 갖게 한다.

변혁적 지도성은 추종자들의 욕구와 능력을 인정하고 그들의 잠재력을 일깨워 사람들로 하여금 보다 더 훌륭한 사람으로 향상시키는 지도성이다. 또한 지도성의 과정을 통하여 지도자의 추종자들이 상대방을 더 높은 수준의 동기유발과 도덕성을 갖도록 고양시킨다. 그러한 지도성은 궁극적으로 지도자와 추종자 모두의 인간적 행위와 열망의 수준을 높인다는 점에서 도덕적인 것이 된다. 따라서 그것은 양측 모두에게 변혁적 효과를 갖는다. 번즈는 지도성이 도덕성의 과정이며, 도덕성의 정도에 따라 지도자들은 공유된 동기, 가치, 목적에 기초해서 추종자들과 함께 일한다고 하였다. 그래서 그는 변혁적 지도성을 교환적 지도성의 대응 개념으로 보았다.

상황적 지도성론은 지도성이 효과를 발휘하기 위해서는 상황이 중요하게 개입된다는 점을 전제하고 있다. 그래서 지도성을 발휘할 수 있는 적절한 상황 속에서만 지도자의 특성과 행동이 지도성의 효과를 극대화할 수 있고, 그렇지 않은 상황 속에서는 아무리 탁월한 지도자의 특성과 행동도 그 효과를 발휘할 수 없다는 점을 강조한다. 그렇지만 지도자는 상황에 부합하는 방식으로만 지도성을 발휘하는 것이 아니며 또 그렇게만 해서도 안된다. 지도자는 단순히 상황에 부합하는 방식으로 조직을 관리하거나 경영하기보다는 자신의 특성과 행동 스타일에 부합하도록 상황을 만들어 내고, 이를 통해 조직의 효과성을 이끌어 내야 한다. 다시 말해, 지도자는 단순히 상황에 부합하는 특성을 지니고 그에 맞는 적절한 행동을 해 나가는 것이 아니라, 자신의 특성과 행동 스타일에 맞도록 상황 자체를 변혁하고 개선해 나가는 것이 더 중요하고 필요하다는 것이다. 이러한 생각에서 발전한 지도성 이론이 변혁적 지도성론이라고 할 수 있다.

변혁적 지도성은 배스에 의해 발전되었다. 그는 거래적 정치지도자와 변혁적 정치지도자에 대한 번즈의 아이디어를 토대로 이 이론을 발전시켰는데, 전자는 봉사와 그 대가로서 보상을 상호 교환함으로써 구성원을 동기화하는 반면, 후자는 단순히 수행의 대가로 어떤 인센티브를 교환하는 것을 넘어 구성원으로 하여금 조직 목적에 헌신하도록 하고, 의식과 능력 향상을 격려함으로써 자신과 타인의 발전에 보다 큰 책임을 가지고 조직을 변혁하고 높은 성취를 이루도록 유도한다.

이 이론은 네 개의 "I"를 조합한 네 가지 개념을 토대로 이루어져 있다.

첫째, 이상적인 완전한 영향력(Idealized influence)이다. 지도자가 높은 기준의 윤리적·도덕적 행위를 보이고, 목표 수행 과정에서 발생하는 위험을 구성원과 함께 분담하며, 자신보다는 타인의 욕구를 배려하고, 개인의 이익이 아니라 조직의 이익을 위해 행동하는 것을 토대로 구성원의 존경과 신뢰를 받고 칭송을 얻는 것을 말한다.

둘째, 감화력(Inspirational motivation)이다. 조직의 미래와 비전을 창출하는 데 사람들을 참여시키고, 구성원이 바라는 기대를 분명하게 전달함으로써 조직의 문제를 해결할 수 있고, 조직이 발전할 수 있다고 믿도록 구성원의 동기를 변화시켜 단체정신, 낙관주의, 열성과 헌신 등을 이끌어 낸다.

셋째, 지적인 자극(Intellectual stimulation)이다. 일상적인 생각에 대해 의문을 제기하고 문제들을 재구조화하며 종래의 상황을 새로운 방식으로 접근함으로써 구성원들이 혁신적이고 창의적이 되도록 유도한다.

넷째, 개별적인 배려(Individualized consideration)이다. 성취하고 성장하려는 개개인의 욕구에 특별한 관심을 보임으로써 새로운 학습 기회를 만들어 구성원이 잠재력을 계발하고 자신의 개인적 발전을 모색하며, 그에 대해 책임을 지도록 한다.

변혁적 지도성은 사람들이 이상적인 지도자의 특성으로 마음 속에 그리고 있는 지도성과 가깝다. 변혁적 지도자는 단순히 거래적 행동으로 시간을 소비하는 것이 아니라 구성원의 기대와 동기를 지속적으로 자극하여 높은 수행과 발전을 유도한다. 실제로 이 지도성은 많은 연구에서 거래적 지도성보다는 효과적이라는 사실이 증명되고 있다. 그러나 이 이론은 상황의 중요성을 경시하였다는 비판을 받고 있다. 배스도 인정하였듯이, 이 이론은 위기상황을 매우 중요한 것으로 인식하고 있다. 그러나 조직상황은 항상 위기상황에 노출되어 있지는 않다. 그래서 유클(Yukl)은 이 모형이 지도자와 구성원의 관계에만 초점을 둔 것은 너무 협소하므로 조직 차원의 영향력 과정을 좀 더 광범위하게 고려해야 하며, 지도성을 제한하고 촉진하는 상황적 변인을 좀 더 강화하는 방향으로 개선이 필요하다는 점을 약점으로 지적하고 있다.

03 학교조직의 특징

2015학년도 상반기 중등 기출 다음은 A 고등학교 초임 교사들을 대상으로 진행한 학교장의 특강 내용 중 일부를 발췌한 부분이다. 발췌한 특강 부분은 학교에 대한 이해 차원에서 학교 조직의 특징에 대한 내용이다. 이를 바탕으로 '다양한 요구에 직면한 학교 교육에서의 교사의 과제'라는 주제로 서론, 본론, 결론의 형식을 갖춰 논하시오.

> 여러분들도 잘 아시겠지만 최근 우리 사회는 학교가 다양한 역할을 수행하도록 요구하고 있습니다. 이에 따라 선생님들께서는 학교 및 수업에 대한 기본적인 이해가 필요하다고 생각합니다.
>
> 이와 함께 학교에 대한 사회의 요구에 효율적으로 대응하기 위해서 학교장을 포함한 모든 학교 구성원들은 서로의 행동 특성을 이해해야 합니다. 이를 위해서 학교 조직의 특징을 먼저 파악해야 합니다. 학교라는 조직을 합리성의 측면에서만 파악하면 분업과 전문성, 권위의 위계, 규정과 규칙, 몰인정성, 경력 지향성의 특징을 갖는 일반적 관료제의 틀로 설명할 수 있습니다. 그러나 교사들의 전문성이 강조되는 교수·학습의 측면에서 보면 학교 조직은 질서 정연하게 구조화되거나 기능적으로 분명하게 연결되어 있지 않은 이완결합체제(loosely coupled system)의 특징을 지닙니다. 따라서 우리는 관료제적 관점과 이완결합체제의 관점으로 학교 조직의 특징을 이해할 필요가 있습니다.

배점

- 논술의 내용
  - 학교 조직의 관료제적 특징과 이완결합체제적 특징 각각 2가지만 제시(4점)
- 논술의 구성 및 표현(총 5점)
  - 논술의 내용과 '학교 교육에서의 교사의 과제'와의 연계 및 논리적 형식(3점)
  - 표현의 적절성(2점)

1 논술문 작성 방향

학교 조직의 관료제적 특징과 이완결합체제적 특징을 묻고 있다. 관료제 조직은 성취해야 할 합리적인 목적을 지니고 있으며 목적의 효율적인 성취를 위해 법칙, 규정, 기준, 역할, 구조 등을 합리적으로 설정하고 조직 구성원들의 역할을 적절하고 분담하고 조정한다. 또한 역할의 범위와 책임의 한계에 따라 위계가 발생하고 조직에서의 문제는 구조적 결함에서 비롯된다고 보며 적절한 재구조화를 통해서 조직의 문제를 해결하려 하는 특징을 가지고 있다. 한편, 이완결합이란 연결된 각 사건이 서로 대응되는 동시에 각각 자체의 정체성을 보존하면서 물리적, 논리적 독립성을 갖는 경우에 쓰는 말이다. 학교 조직이 여타 조직과 달리 고도로 구조화된 조직이 아닌 독특한 측면을 강조하는 것이다. 이완결합 조직은 느슨하게 결합되고, 체제 내의 참여자가 통제에서 벗어나 있으며 독립적인 특징을 갖는다.

2 예시답안

서론 제시문 분석

잘 가르치는 유능한 교사가 되기 위해서는 흔히 교과 내용에 대한 지식을 많이 알고 있어야 한다고 생각하기 쉽지만, 실제로 '잘' 교육하기 위해서는 단순히 전달할 지식에 대한 이해뿐만이 아니라 한 사회 속에서 학교가 행하는 교육을 이해하는 것이 필요하다. 학교 현장에서 교사는 진공상태에 존재하는 것이 아니라 한 사회의 구성원으로서, 전체 사회의 일부로서, 학교라는 조직의 구성원으로서 존재하고 학업지도는 수업과 평가를 계획하고 운영하는 방식과 불가분의 관계에 있다. 교육은 이러한 것들의 영향 하에서 이루어진다. 제시문은 교장의 특강 내용을 통해 초임 교사가 좋은 교사가 되기 위해 고민해 볼 필요가 있는 학교와 수업에 대한 문제 상황들을 보여주고, 이에 대한 교육학적 견해를 요구하고 있다.

본론 학교 조직의 관료제적 특징 2가지, 이완결합체제적 특징 2가지

학교 조직의 특성을 어떤 관점으로 보느냐에 따라 조직에서 일어나는 일에 대한 문제의 해결방법이 다를 수 있다. 학교 조직은 관료제적 특징과 이완결합체제적 특징을 모두 가지고 있다고 볼 수 있다. 먼저 학교 조직의 관료제적 특징은 다음과 같다. 첫째, 공식적으로 제정된 규칙과 절차에 따라 공식적인 결정과 행동들을 다스린다. 규칙과 절차 체제는 운영의 일관성과 합리성을 보장해 주며 다양한 활동들을 조정할 수 있도록 해준다. 학교조직에서는 다양한 구성원들의 행동을 통제하기 위해서, 그리고 과업 수행에 합리적인 일관성을 보장하기 위해 일반적인 규칙들을 활용한다. 정책 안내서, 규칙, 규정, 문서 등을 사용하는데, 일반적으로 이 규칙들은 신임 교사나 학생들을 조직으로 질서 있게 유도하기 위해서도 쓰이고 행정가 등의 상급자가 저지를지도 모를 변덕스러운 행동을 제어하기 위해서도 활용된다. 둘째, 지위가 위계적인 구조로 되어 있다. 위계 조직 내에서 각 공직자는 그 아래 하급자의 결정과 행동에 책임을 지고, 자기 아래에 있는 공직자들을 거느릴 권위를 가지고 있다. 즉 지위 체제에 따라서 권위는 등급화 된다. 학교 조직에서도 지위 체제가 존재한다. 교육감, 교육위원회, 교육장과 같은 학교 외부의 계층과 교장, 교감, 교사와 같은 학교 내 계층이 위계적으로 존재한다. 조직의 기구들은 권위의 계열과 의사소통의 통로를 보여 준다. 만일 위계 조직을 무시하고 평교사가 교육감에게 바로 간다면 그는 교장에게 사후에 어떤 형태로든 제재를 받게 된다.

다음으로 학교 조직의 이완결합체제적 특징은 다음과 같다. 첫째, 체제 내의 참여자에게 보다 많은 자유재량권과 자기결정권이 제공된다. 학교에는 교실이라는 독립적인 조직 단위가 있으며, 교실 내 교사는 자율성을 갖는다. 행정적 영역에서는 행정가가 주도권을 갖지만 교수학습 영역에서는 교사들의 자율성이 보장되는 것이다. 예컨대 교육과정이나 시간표 등이 짜여 있지만 교실에서 수업을 할 때는 교사의 판단에 따라 다양하게 이루어진다. 둘째, 학교의 부서와 교사들은 서로 연결은 되어 있으나 각자의 정체성과 독립성을 보유하고 있다. 예컨대 학교에서 교장과 상담교사는 연결되어 있는 것처럼 보이지만 실제로 각자는 정체감을 지닌 채 분리되어 있으며, 그들이 연관되어 있다는 것도 한계가 정해져 있고, 그다지 빈번한 접촉을 하는 것은 아니며 상호 영향력도 약하고 반응도 더디 나타난다. 특별한 일이 있지 않는 한 학교의 교직원들은 자신의 독자적인 공간 속에서 독자적으로 작업을 한다.

> **결론** 제언

좋은 교육을 하는 교사가 되기 위해서는 학습과 직접적으로 관련되는 심리나 발달, 교과 내용에 대한 지식 이외에도 교육이 이루어지는 수업이나, 학교 조직, 더 넓게는 학교의 기능과 역할에 대한 이해가 필요하다. 학교 현장에서 이루어지고 있는 교육활동을 해석하고 개선하기 위해서는 좀 더 넓은 시야에서 교육학적 안목을 계발하고 실천을 준비할 필요가 있다. 제시문과 같이 '교실 내의 미시적인 상호작용' 외의 좀 더 체제적이고 거시적인 현상에 대하여 교육학 이론을 통해 진단하고 설명해 보며, 문제 해결을 시도해 보는 것은 교육학적 안목을 키우기 위한 좋은 시도이다. 교육학 이론에 대한 폭넓은 이해를 통해 교사로서 전문성을 갖추기 위해 노력해야 한다.

3 더 알아보기

1 학교조직의 특징: 관료제와 이완결합체제

관료제: 관료제는 베버에 의해 제시된 조직이론으로, 근대 산업사회에서 효율적이고 효과적으로 조직 목적을 달성하기 위한 이상적 조직구조를 제시한 것에서부터 출발한다. 그는 조직을 내부의 권한관계로 특징짓고 있으며, 합리적-합법적 권한이 지배하는 조직의 형태가 관료제라고 한다. 이와 같이 합리적-합법적 권한이 지배하는 관료제를 베버는 합리적인 의사결정을 최대화 할 뿐 아니라 행정의 효율성을 최대화 할 수 있는 가장 능률적인 조직이며, 이상적인 조직이라고 한다. 이러한 관료제는 교육 조직의 구조 분석과 이해에 매우 의미 있는 시발점이 된다. 관료제의 주요 특징은 다음과 같이 제시할 수 있다. 첫째, 분업과 전문화이다. 분업과 전문화란 관료적인 구조에 필요한 정규 활동들을 공식적인 업무로 부여하는 것이다. 조직의 목적 달성을 위한 과업이 구성원의 책무로서 공식적으로 배분된다. 분업은 구성원들이 지식을 갖춘 전문가가 되도록 하기 때문에 전문화를 가져오게 하여 능률성을 증진시킨다. 둘째, 몰인정성이다. 조직의 분위기가 감정과 정리에 지배되지 않고 엄정한 공적 정신에 의해 규제된다. 관료제의 작업분위기는 감정이 아니라 사실에 기초하여 의사결정을 하도록 기대된다. 셋째, 권위의 위계이다. 관료제에서 직위는 수직적으로 배열되어 있다. 즉 부서가 수직적으로 배치되고 하위 부서는 상위 부서의 통제와 감독을 받는다. 넷째, 규정과 규칙이다. 의도적으로 확립된 규정과 규칙체계를 통해 활동이 일관성 있게 규제된다. 규칙체계는 각 직위에 따르는 권리와 의무를 통하여 계층에서의 활동을 조정하게 한다. 다섯째, 경력 지향성이다. 연공이나 업적 혹은 양자를 조합한 승진제도를 갖추고 있으며 경력이 많은 자가 우대된다.

관료제 조직은 성취해야 할 합리적인 목적을 지니고 있으며 목적의 효율적인 성취는 법칙, 규정, 기준, 역할, 구조 등을 합리적으로 설정하고 조직 구성원들의 역할을 적절하게 분담하고 조정함으로써 가능하다고 여긴다. 또한 역할의 범위와 책임의 한계에 따라 위계가 발생한다. 조직에서의 문제는 구조적 결함에서 비롯되며 적절한 재구조화를 통해서 조직의 문제를 해결하려 한다. 관료제를 학교 조직에 비추어 설명하면 학교는 성취해야 할 합리적인 목적을 지니고 있고 이 목적의 효율적인 달성을 위한 정책, 구조, 규정, 기준 등을 설정한다. 가르치는 일에 있어서 노동의 분업화와 세분화가 일어난다. 최소한 교과목과 가르치는 학생의 종류 등에 따라서도 가르치는 역할이 구분된다. 중립적이라고 여겨지는 규칙과 규정은 사회적 관계를 지배하고 교사들의 작업과 수행 방법을 결정한다. 또한 교사들이 수행하는 역할에 따라 권한의 위계 구조가 발생한다. 관료제로서의 학교에서는 교육과정과 관련된 문제를 중앙집권적으로 통제하여 주로 행정가들이 의사결정을 내린다. 학교에서 구성원들의 행동은 형식화되어 있고 합리적인 법칙, 규정, 규칙이 정하는 역할에 의해서 통제된다.

이완결합체제: 학교조직의 독특한 측면을 이해하는 데 도움이 되는 또 하나의 관점은 이완조직이라는 개념이다. '이완', 즉 '느슨한 결합'이란, 연결된 각 사건이 서로 대응되는 동시에 각각 자체의 정체성을 보존하면서 물리적·논리적 독립성을 갖는 경우에 쓰는 말이다. 학교는 전통적으로 관료제의 여러 가지 속성을 갖는 조직으로 간주되어 왔다. 이완조직론은 이러한 합리적 관료제론에 대한 비판적 대안의 하나로서 합리적 관료제만으로는 학교조직의 특성과 실체를 제대로 이해하고 분석할 수 없다는 입장이다. 웨익(Weick)에 의하면 학교는 교사에 대한 감독과 평가의 미약, 교사의 전문직으로서의 자율성, 교육목표의 불명료성, 교사의 행동에 대한 행정가의 통제의 제약, 넓은 통솔의 범위 등을 특징으로 하는 이완조직이다. 이완조직은 각각의 독립성을 지닌 요소들이 신속하고 경제적이며 융통성 있게 환경의 변화에 적응할 수 있다.

한편, 마이어(Meyer)와 로완(Rowan)도 학교의 중심적 활동인 수업이 조직 구조의 통제에서 벗어나 있음을 지적하면서 교육조직을 이완조직의 측면에서 이해해야 한다고 하였다. 즉, 교육평가와 교육과정, 교수방법, 교육권 등에서 교육 행정가는 교사를 통제할 위치에 있지 못하기 때문에 학교는 이완조직의 측면에서 신뢰의 논리에 의해 운영되어야 한다는 것이다.

고도로 구조화된 조직과는 달리 이완조직에서만 나타나는 몇 가지 특성은 다음과 같다. 첫째, 환경 변화에 적응하기 위해 한 조직에서 이질적인 요소가 공존하는 것을 허용한다. 둘째, 광범한 환경 변화에 대해 민감하여야 한다. 셋째, 국지적인 적응을 허용한다. 넷째, 기발한 해결책의 개발을 장려한다. 다섯째, 다른 부분에 영향을 주지 않는 한 체제의 일부분이 분리되는 것을 용납한다. 여섯째, 체제 내의 참여자에게 보다 많은 자유재량권과 자기결정권을 제공한다. 일곱째, 부분 간의 조정을 위하여 비교적 소액의 경비가 요구된다.

04 학습조직

2015학년도 중등 기출 다음은 A 중학교의 학교교육계획서 작성을 위한 워크숍에서 교사들의 분임 토의 결과의 일부를 교감이 발표한 내용이다. 이 내용을 바탕으로 A중학교가 내년에 중점을 두고자 하는 학습조직의 구축 원리를 각각 3가지씩 설명하시오.

> 이번 워크숍은 우리 학교의 교육에서 드러난 몇 가지 문제점을 확인하고, 개선 방안을 제시하는 방식으로 진행되었습니다. 주요 내용을 말씀드리면 다음과 같습니다.
> 내년에 우리 학교는 교육 개념에 충실한 지식 교육을 하고, 학생들의 학업 성취와 학습 동기를 향상하는데 좀 더 세심한 관심을 가져야 할 것입니다. 이 일의 성공 여부는 교사가 변화의 주체로서 자발적인 노력을 얼마나 기울이느냐에 달려 있습니다. 그래서 우리 학교는 교사 모두가 교육 활동에 능동적으로 참여하여, 지식과 학습 정보를 서로 공유하면서 지속적으로 변화해 가는 학습조직(learning organization)을 구축하고자 합니다.

1 논술문 작성 방향

학습조직은 사회체제로서 학교의 관점을 보다 확장시킨 하나의 접근으로, 간단히 말해 모든 조직 구성원들의 학습활동을 촉진시킴으로써 조직 전체에 대한 변화를 지속적으로 촉진시키는 조직이라 할 수 있다. 어떤 조직이 학습조직이 되기 위해서는 다섯 가지의 요건이 필요하다. 이 요건에 대해 센지(Senge)는 개인적 숙련, 체제 사고, 정신모델, 공유비전, 팀 학습을 제시하고 있다.

2 예시답안

서론 제시문 분석

교육 전문가로서 교사는 교육에 대한 깊은 이해와 폭 넓은 안목을 바탕으로 교육현장에서 마주하는 여러 가지 교육현상에 대해 비판적으로 이해할 수 있어야 한다. 교사는 주어진 교육내용을 지침에 따라 효율적으로 전달하는 기술자로서만 기능하는 것이 아니라 교육목표나 내용, 교수학습 방법이 적합한 것인지에 대해 파악하고 끊임없이 반문할 수 있어야 하기 때문이다. 제시문은 교사가 실제 학교 내에서 교육의 방향을 결정하고, 교과 과정을 설계하며, 가르치는 것과 관련하여 접할 수 있는 상황과 이를 지원하기 위한 학교조직에 대하여 질문하고 있다.

본론 학습조직의 구축원리 3가지

학습조직은 간단히 말해 모든 조직 구성원들의 학습활동을 촉진시킴으로써 조직 전체에 대한 변화를 지속적으로 촉진시키는 조직이라 할 수 있다. 구체적으로 보면, 학습조직은 구성원들이 계속적으로 창조와 성취를 위해 그들의 능력을 확장하는 조직이고, 참신한 사고 유형이 북돋아지는 조직이며, 집단적 열망이 가득 찬 조직이며, 참여자들이 학습하는 방법을 함께 배우는 조직이며, 개혁과 문제 해결을 위해 조직의 능력을 계속 키워나가는 조직을 말한다. 센지(Senge)는 어떤 조직이 학습조직이 되기 위해서 필요한 다섯 가지의 요건을 제시한다. 그 중 제시문의 A 중학교에서는 다음과 같은 세 가지 원리를 강조하고 있다. 첫째, 개인적 숙련의 원리이다. 개인이 지향하는 본질적 가치를 위해 개인적 역량을 계속적으로 넓혀가고 심화시켜 나가는 행위를 의미한다. 조직구성원의 개인적 숙련을 위해서는 개개인의 권능 확대가 이루어져야 하며, 일상 업무 속에서 시행착오들에 의해 축적된 지식(know-how)과 일의 기본적인 원리(know-why)를 지속적으로 발견하고, 만들어 내고, 개발할 수 있는 동기부여가 필요하다. 또한 개인적 비전을 갖는 것이 필요하며, 개인적 비전과 현실을 동시에 파악했을 때 이들 간에 일치하지 않는다는 것을 알게 되는 순간에 작용하는 힘인 창조적 긴장이 필요하다. 둘째, 공유비전이다. 개인이나 소수 집단에 의해 제시되는 것이 아니라 구성원 개개인의 비전과 리더의 비전간에 계속적인 대화를 통해 얻어지고 모든 구성원이 공감대를 형성할 수 있는 공동의 비전을 의미한다. 조직구성원의 공유 비전을 도모하기 위해서는 모든 구성원을 동등하게 대우하고, 그들의 의견과 이견을 조율하고 수렴할 수 있는 참여적 조직문화의 정착이 필요하며, 또한 변혁적 지도성의 역량이 보다 필요하다. 셋째, 팀 학습이다. 개별적으로 학습하는 것이 아니라 구성원들끼리 상호작용하여 개인학습으로는 형성하기 힘든 학습의 질을 이끌어내는 집단적 학습과정을 의미한다. 조직구성원의 팀 학습 훈련을 위해서는 타인의 관점이나 의견을 존중하면서 자신의 의견을 밝히는 가운데 서로의 생각들이 유연하게 교감할 수 있는 대화와 토론의 문화의 정착이 필요하다. 신속한 혁신의 결과를 가져오기 위해 다기능팀(cross-functional team)을 조성하여 학습능력을 증진시키는 것이 필요하다. 학교조직이 학습조직이 되기 위해서는 특히, 팀 학습이 중요하다.

결론 제언

교육의 질을 높이고자 할 때 핵심 변인은 교사이다. 교사의 자질과 역할은 그런 의미에서 가장 중요하다고 할 수 있다. 효과적으로 교육 목표를 설정하고 교육 과정을 구성하며 교육할 수 있는 것은 교사의 가장 기본적인 역할이다. 학습자에 대한 충분한 이해를 바탕으로 교수계획이 설계되고 이를 토대로 교수활동이 이루어질 때 교육의 효과는 배가될 수 있다. 명심해야 할 것은 이 같은 교사의 수업행동과 기술이 타고 나는 것이 아니라 배우고 익히지 않으면 안 되는 것이라는 점이다. 교사들은 교육전문가로서의 자질을 계속하여 개선하여 적절하고 효과적인 교육을 위해 계속적인 노력을 기울이고, 학교 조직 차원에서 교원의 전문성을 돕기 위한 지원 체계를 마련해야 할 필요가 있다.

3 더 알아보기

1 학습조직

사회체제로서 학교의 관점을 보다 확장시킨 하나의 접근은 학교조직이 학습조직이어야 한다는 것이다. 학교조직은 교수학습을 위한 봉사조직이며, 궁극적인 목적은 학생의 학습에 있다. 이는 학교조직의 존재 이유이기도 하다. 이러한 점에서 어느 다른 조직보다 학교조직은 학습조직이 되어야 한다는 것이다.

학습조직은 간단히 말해 모든 조직 구성원들의 학습활동을 촉진시킴으로써 조직 전체에 대한 변화를 지속적으로 촉진시키는 조직이라 할 수 있다. 구체적으로 보면, 학습조직은 구성원들이 계속적으로 창조와 성취를 위해 그들의 능력을 확장하는 조직이며, 참신한 사고 유형이 북돋아지는 조직이며, 집단적 열망이 가득 찬 조직이며, 참여자들이 학습하는 방법을 함께 배우는 조직이며, 개혁과 문제 해결을 위해 조직의 능력을 계속 키워나가는 조직을 말한다. 이러한 학습조직의 개념은 센지(Senge)에 의해 체계적으로 소개되었지만, 그 내용이 기업조직 보다 오히려 학교조직의 성격에 보다 부합한다는 점에서 최근 학교조직의 성격을 규명하기 위해 사용되어지고 있는 개념이다.

학교조직 뿐만 아니라 어떤 조직이 학습조직이 되기 위해서는 다섯 가지의 요건이 필요하다. 이 요건에 대해 센지(Senge)는 학습조직을 구축하고자 하는 조직구성원은 다음의 다섯 가지 훈련을 이해하고 일상생활에 이를 구체화하는 것이 필요하다고 한다. 다음과 같은 5가지 훈련이 잘 이루어질 때, 학교조직은 학습조직이 된다.

개인적 숙련: 개인이 지향하는 본질적 가치를 위해 개인적 역량을 계속적으로 넓혀가고 심화시켜 나가는 행위를 의미한다. 조직구성원의 개인적 숙련을 위해서는 개개인의 권능 확대가 이루어져야 하며, 일상 업무 속에서 시행착오들에 의해 축적된 지식(know-how)과 일의 기본적인 원리(know-why)를 지속적으로 발견하고, 만들어 내고, 개발할 수 있는 동기부여가 필요하다. 또한 개인적 비전을 갖는 것이 필요하며, 개인적 비전과 현실을 동시에 파악했을 때 이들 간에 일치하지 않는다는 것을 알게 되는 순간에 작용하는 힘인 창조적 긴장이 필요하다.

체제 사고: 주변 현상을 이해하고 문제를 해결하려는 수단으로 부분적 현상을 이해하거나 또는 부분에 집착하는 것을 배제하고, 전체를 인지하고 부분들 사이의 순환적 인간관계 또는 역동적 관계를 이해할 수 있게 하는 사고의 틀을 의미한다. 조직구성원의 체제 사고 훈련을 위해서는 체제 사고의 원리를 이해하고 다양한 상황 속에서 전체를 인식하는 지속적인 사고 연습이 필요하다.

정신모델: 자기 자신뿐만 아니라 세상의 제반 측면에서 발생하는 현상들에 대해 갖고 있는 이미지나 가정 그리고 신념 등과 같은 인식체계를 의미한다. 이는 우리의 시야를 규정하고 있으며 때로는 왜곡하기도 하는 일종의 색유리창이다. 그래서 세상에 대한 우리의 생각과 관점을 끊임없이 성찰하고, 객관화하고, 다듬으면서 그것들이 자신의 행동과 선택에 어떤 영향을 미치는지를 깨닫는 수련이 필요하다.

공유비전: 개인이나 소수 집단에 의해 제시되는 것이 아니라 구성원 개개인의 비전과 리더의 비전간에 계속적인 대화를 통해 얻어지고 모든 구성원이 공감대를 형성할 수 있는 공동의 비전을 의미한다. 조직구성원의 공유 비전을 도모하기 위해서는 모든 구성원을 동등하게 대우하고, 그들의 의견과 이견을 조율하고 수렴할 수 있는 참여적 조직문화의 정착이 필요하며, 또한 변혁적 지도성의 역량이 보다 필요하다.

팀 학습: 개별적으로 학습하는 것이 아니라 구성원들끼리 상호작용하여 개인학습으로는 형성하기 힘든 학습의 질을 이끌어내는 집단적 학습과정을 의미한다. 조직구성원의 팀 학습 훈련을 위해서는 타인의 관점이나 의견을 존중하면서 자신의 의견을 밝히는 가운데 서로의 생각들이 유연하게 교감할 수 있는 대화와 토론의 문화의 정착이 필요하며, 신속한 혁신의 결과를 가져오기 위해 다기능팀(cross-functional team)을 조성하여 학습능력을 증진시키는 것이 필요하다. 학교조직이 학습조직이 되기 위해서는 특히, 팀 학습이 중요하다.

05 학교문화 개선

2020학년도 중등 기출 오늘날과 같은 초연결 사회에서는 다수의 사람이 소통하면서 협력하는 것이 중요하다. 이러한 시대적 추이를 반영하여 ○○고등학교에서는 토의식 수업 활성화를 위한 교사협의회를 개최하였다. 다음은 여기에서 제안된 주요 의견을 정리한 것이다. 그 내용은 학교문화의 변화 방향에 관한 것이다. 이를 바탕으로 '토의식수업 활성화 방안'이라는 주제로 서론, 본론, 결론을 갖추어 논하시오.

구분	주요 의견
D 교사	• 학교문화 개선은 토의식 수업 활성화를 위한 토대가 됨 • 우리 학교의 경우, 교사가 학생의 명문대학 합격이라는 목표 달성에 필요한 수단으로 간주되는 학교문화가 형성되어 있어 우려스러움 • 이런 학교문화에서는 활발한 토의식 수업을 기대하기 어려움

배점

- 논술의 내용
  - 스타인호프와 오웬스(C. Steinhoff & R. Owens)가 분류한 학교문화 유형에 따를 때 D 교사가 우려하는 학교문화유형의 명칭과 학교 차원에서 그러한 학교문화를 개선하는 방안 2가지
- 논술의 구성 및 표현 [총 5점]
  - 논술의 내용과 '토의식 수업 활성화 방안'의 연계 및 논리적 형식 [3점]
  - 표현의 적절성 [2점]

1 논술문 작성 방향

스타인호프와 오웬스의 학교문화 유형에 근거할 때, D교사가 우려하는 학교문화 유형은 기계문화이다. 이러한 학교문화를 개선하기 위한 두 가지 방안은 다음과 같다. 첫째, 학생을 존중하는 풍토를 만들며 배움 중심 수업을 실천해야 한다. 둘째, 교사들 간의 전문적 학습 공동체를 구축해야 한다.

2 예시답안

서론 | 문제제기

오늘날의 초연결 사회에서 토의식 수업은 학생들의 다양한 참여를 통해 수업을 이끌어 가는 데 효과적인 수업방식이다. 토의는 과정을 중시하며, 다양한 의견들을 종합하여 최선의 해결방안을 모색한다는 점에서 민주적인 의사소통 방식이라고 할 수 있다. 다양한 교육방법에 대한 이론 중 토의를 주목해야 하는 이유가 여기에 있으며, 이러한 토의식 수업을 활성화하기 위해 교사는 지식관, 교육내용, 수업설계, 학교문화의 변화 방향에 대해 관심을 가질 필요가 있다.

> **본론** 스타인호프와 오웬스가 분류한 학교문화 유형에 따를 때 D교사가 우려하는 학교문화 유형의 명칭과 학교 차원에서 그러한 학교문화를 개선하는 방안 2가지

　스타인호프와 오웬스가 분류한 학교문화 유형에 따르면, D교사가 우려하는 학교문화 유형은 기계문화이다. 이러한 학교에서는 모든 것을 기계적인 관계로 파악한다. 학교의 원동력은 조직 자체의 구조로부터 나오고, 행정가는 자원을 획득하기 위하여 시시각각으로 변화하는 능력가로 묘사된다. 학교는 목표달성을 위해 교사들을 이용하는 하나의 기계인 것이다. 기계문화적인 학교문화를 개선하기 위한 두 가지 방안은 다음과 같다. 첫째, 새로운 학교 문화를 조성하기 위해서는 우선 학생을 존중하는 풍토를 만들어야 한다. 이를 위해 교사는 학생들의 문화를 인정하고 이를 반영하는 배움 중심 수업을 실천해야 한다. 둘째, 교사들 간의 전문적 학습 공동체를 구축해야 한다. 공동체적 학교문화를 혁신하고 배움 중심 수업을 이끄는 데 교사의 전문성이 중요한 요소이기 때문이다. 교사는 이와 같은 학교문화에 대한 교육학적 관점을 바탕으로 학교문화가 토의식 수업에 적절하게 개선될 수 있도록 최선의 노력을 기울여야 한다.

> **결론** 제언

　교사는 학교현장에서 토의식 수업을 활성화시키기 위한 매우 복잡하고 다양한 역할을 동시에 수행해야 한다. 이러한 교사의 역할은 지식관, 교육내용, 수업설계, 학교문화에 대한 폭넓은 교육학적 지식을 기반으로 수행될 수 있으며, 교사는 이러한 지식을 학교현장에 적절하게 적용하기 위한 전문성을 갖춰야 한다. 토의식 수업의 활성화를 위한 교사의 역할은 교사 개인의 차원을 넘어 동료교사, 학교, 지역사회 및 국가 간의 유기적이고 공동체적인 협력을 통해 더욱 효과적으로 수행될 수 있을 것이다.

3　더 알아보기

1　학교문화 개선

　학교문화 개선은 개방적이고 민주적인 학교 문화를 조성하여 학교교육력을 강화하는 것을 말한다. 새로운 학교 문화를 조성하기 위해서는 우선 학생 존중 풍토를 만들어야 한다. 학생들의 문화를 인정하고 배움 중심 수업을 실천해야 한다. 이를 위해 교사 직무 만족도 제고에 관심을 기울여야 한다. 우리나라의 교사의 질적 수준은 OECD 중 최고지만 만족도는 최하위이다.

　스타인 호프(Steinhoff)와 오웬스(Owens)의 학교문화 유형에 의하면 학교문화는 직원 친목 등 따뜻한 인간관계 측면에서 가족문화, 업무처리 과정의 기계문화, 교육활동 공개와 관련된 공연문화, 학교 평가와 사업추진 과정의 공포문화 등이 공존하고 있다고 한다. 이의 역기능을 줄이고 교육력을 제고하기 위해 교사의 전문적 학습 공동체를 구축하고 학부모와 지역사회 네트워크를 구축하는 것이 필요하다.

　슈타인호프와 오웬스는 학교문화 유형의 구체적인 내용을 살펴보면 다음과 같다. 이들은 공립학교에서 발견될 수 있는 네 가지의 특유한 문화형질을 통해 학교문화를 분류하였으며, 학교문화의 특질을 비유를 사용하여 설명하고 있다.

　가족문화: 이 학교는 가정이나 팀의 비유를 통해 설명된다. 이 학교에서는 교장이 부모나 코치로 묘사되며, 구성원들은 의무를 넘어 서로에 대한 관심을 가지고, 가족의 한 부분으로서 제 몫을 다하기로 요구받는다. 가족으로서의 학교는 애정어리고 우정적이며, 때로는 협동적이고 보호적이다.

기계문화: 학교는 기계의 비유로 설명된다. 비유로 사용되는 것은 잘 돌아가는 기계, 녹슨 기계, 벌집 등이며, 교장은 일벌레부터 느림보에 이르기까지 기계공으로 묘사된다. 이 학교에서는 모든 것을 기계적인 관계로 파악한다. 학교의 원동력은 조직 자체의 구조로부터 나오고, 행정가는 자원을 획득하기 위하여 시시각각으로 변화하는 능력가로 묘사된다. 학교는 목표달성을 위해 교사들을 이용하는 하나의 기계인 것이다.

공연문화: 이 학교는 서커스, 브로드웨이쇼, 연회 등을 시연하는 공연장으로 비유된다. 교장은 곡마단 단장, 공연의 사회자, 연기주임 등으로 간주된다. 이 문화에서는 공연과 함께 청중의 반응이 중시된다. 명지휘자에 의해 이루어지는 공연과 같이, 훌륭한 교장의 지도 아래 탁월하고 멋진 가르침을 추구하는 것이다.

공포문화: 이 학교는 전쟁터나 혁명 상황, 혹은 긴장으로 가득 찬 악몽으로 묘사될 수 있다. 교장은 자기 자리를 유지하기 위해 무엇이든지 희생의 제물로 삼을 준비가 되어 있다. 교사들은 자신의 학교를 밀폐된 상자 혹은 형무소라고 표현한다. 이러한 학교의 교사들은 고립된 생활을 하고, 사회적 활동이 거의 없다. 구성원들은 서로를 비난하며 적의를 가지고 있다. 이 문화는 냉랭하고 적대적이다.

06 교육기획

2017학년도 중등 기출 다음은 신문 기사의 일부이다. 이를 바탕으로 '2015 개정 교육과정의 실질적 구현 방안'이라는 주제로 서론, 본론, 결론의 형식을 갖추어 단위 학교 차원에서의 교육기획을 논하시오.

○○신문　　　　　　　　　　　　　　　2016년 ○○월 ○○일

교육부 『2015 개정 교육과정』 발표 이후, 학교 현장의 준비는?

교육부는 핵심역량을 갖춘 창의융합형 인재 양성을 위한 『2015 개정 교육과정』을 발표하였다. 개정 교육과정에 따르면, 학교 교육에서는 인문·사회·과학기술에 대한 기초 소양 함양을 위한 교육과정을 마련하고, 학생 참여 중심의 수업을 진행하며, 배움의 과정을 평가하는 방향으로 나아가야 한다는 것이다. 새 교육과정을 적용하기 위해 노력하고 있는 중·고등학교 현장의 목소리를 들어 보았다.

◆ **교육기획의 중요성 부각**
A 교장은 단위 학교에서 새 교육과정이 체계적으로 운영되도록 돕는 교육기획(educational planning)을 강조하였다.

"새 교육과정은 교육의 핵심인 교수·학습 활동의 중심을 교사에서 학생으로 이동시키는 근본적인 전환을 강조하고 있습니다. 저는 실질적 의미에서 학생 중심 교육이 우리 학교에 정착할 수 있도록 모든 교육활동에 앞서 철저하게 준비할 생각입니다."

◆ **학생 참여 중심 수업 운영**
C 교사는 학생 참여 중심의 교수·학습을 준비하기 위해서 교사 연수 프로그램에 참여하고 있다고 말했다.

"저는 구성주의 학습환경 설계에 관한 연수에 참여하고 있습니다. 문제 중심이나 프로젝트 중심의 학습 활동을 실행하기 위해서는 적합한 학습 지원 도구나 자원을 학생들에게 제공해야 한다는 것을 알게 되었고, 학습 활동 중에 교사가 수행해야 할 역할에 대해서도 이해하게 되었습니다."

◆ **교육과정 재구성 확대**
개정 교육과정의 취지에 따른 교과 내용 재구성에 대해, B 교사는 다음과 같이 말했다.

"교사는 내용 조직의 원리를 제대로 파악할 필요가 있습니다. 저는 몇 개의 교과를 결합해 교육과정을 편성·운영해 보려고 합니다. 각 교과의 내용이 구획화되지 않도록 교과 교사들 간 협력을 강화하고자 합니다. 이러한 시도는 교육과정 설계에서 교과 간의 단순한 연계성 이상을 의미합니다."

◆ **학생 평가의 타당도 확보**
학생 중심 수업에서의 평가와 관련하여 D 교사는 다음과 같이 말했다.

"학생 참여 중심 수업에서도 평가의 타당도는 여전히 중요합니다. 타당도에는 준거 타당도와 구인 타당도 등이 있습니다. 그러나 저는 이원분류표를 작성해 평가가 교육목표에 부합하는지를 확인하는 방법으로 타당도를 높이는 방안을 고려하고 있습니다."

학교 현장의 목소리

배점

- 논술의 내용
  - A교장이 강조하고 있는 교육기획의 개념과 그 효용성 2가지 제시
- 논술의 구성 및 표현(총 5점)
  - 논술의 내용과 '2015 개정 교육과정의 실질적 구현 방안'의 연계 및 논리적 형식(3점)
  - 표현의 적절성(2점)

1 논술문 작성 방향

교육기획은 미래의 교육활동에 대한 사전의 지적, 정의적 준비과정이라 할 수 있다. 교육기획은 교육발전을 촉진하고 교육목표 달성을 효율적으로 달성하게 하는 데 대단히 중요한 역할을 담당하고 있다. 교육기획은 교육정책 수행과 교육행정의 안정화에 기여하고, 효율성과 타당성을 제고할 수 있으며, 한정된 재원을 합리적으로 배분할 수 있도록 해준다. 또한 교육기획은 교육개혁과 교육적 변화를 촉진하는 역할을 수행하고, 합리적인 통제를 가능하게 한다.

2 예시답안

서론 문제 제기

2015 교육과정 개정은 '창의융합형 인재 양성'을 위한 방안을 모색하며, 우리 교육이 안고 있는 여러 문제점을 종합적으로 검토하여 그 개선 방안을 모색하는 것을 과제로 한다. 2015 개정 교육과정이 비전으로 삼고 있는 '미래사회가 요구하는 창의융합형 인재 양성'과 '학습경험의 질 개선을 통한 행복한 학습의 구현'이 단지 구호에 그치는 것이 아니라 현실화되기 위해서는 학교 운영과 교육과정의 조직, 교수학습을 위한 지원, 평가와 같은 교육 전반의 변화가 수반되어야 한다.

본론 A교장이 강조하고 있는 교육기획의 개념과 그 효용성 2가지

교육기획은 미래의 교육활동에 대한 사전의 지적·정의적 준비과정이라 할 수 있다. 즉, 미래의 교육활동에 대비하여 교육목표 달성을 위한 효과적인 수단과 방법을 제시함으로써 교육정책 결정의 효율성과 안정성을 보장해 주는 지적이고 합리적인 과정이다. 교육기획의 효용은 다음과 같다. 첫째, 교육기획은 교육행정 혹은 교육경영의 효율성과 타당성을 제고할 수 있다. 설정된 교육목표를 가장 효율적으로 달성할 수 있는 최적의 교육적 대안을 선택하는 과정을 통하여 경제적인 효율성을 높일 수 있으며, 교육목표와 그를 달성하기 위한 수단을 합리적으로 연결시킴으로써 교육행정 활동의 합목적성과 타당성을 제고할 수 있다. 둘째, 교육기획은 교육개혁과 교육적 변화를 촉진하는 역할을 수행한다. 단순히 여건의 변동에 따라 수동적으로 대응책을 강구하는 것이 아니라 상황과 여건의 변화를 미리 예견하여 그에 기민하게 대처하고, 나아가 개혁과 변화를 계획함으로써 교육발전을 촉진할 수 있다.

결론 제언

그동안 다양한 교육개혁 운동을 통하여 교육의 실제를 변혁시키려는 노력을 기울여 왔지만 뚜렷한 성과를 거두지 못하였다. 그 이유는 교육개혁을 위한 혁신적인 제안들에도 불구하고 학교교육 현장은 전통적인 교수학습 방법의 틀에서 크게 벗어나지 못하였기 때문이다. 교육 이론과 국가 정책, 학교 현장이 서로 별개의 것으로 존재하는 것이 아니라 일관성 있게 통합되고, 학교교육이 재구조화되는 변화가 현장에서부터 시작될 때 배움을 즐기는 행복 교육으로의 전환이 가능할 것이다.

3 더 알아보기

1 교육기획

교육기획은 미래의 교육활동에 대한 사전의 지적·정의적 준비과정이라 할 수 있다. 즉, 미래의 교육활동에 대비하여 교육목표 달성을 위한 효과적인 수단과 방법을 제시함으로써 교육정책 결정의 효율성과 안정성을 보장해 주는 지적이고 합리적인 과정인 것이다.

교육기획의 효용성: 교육기획은 교육발전을 촉진하고 교육목표 달성을 효율적으로 달성하게 하는 데 대단히 중요한 역할을 담당하고 있다. 교육기획의 효용, 즉 긍정적인 역할을 구체적으로 살펴보면 다음과 같다. 첫째, 교육기획은 교육정책 수행과 교육행정의 안정화에 기여한다. 교육행정 활동을 수행함에 있어 시행착오를 없애고 정책을 일관성있게 지속해 나가려면 장기적인 전망을 기초로 수립된 교육계획이 요청된다. 뚜렷한 목표와 방향을 설정하고 장기적인 교육계획에 따라 일관성있게 교육체제를 운영한다면 조령모개식의 정책 변경이나 방침 변경은 일어나지 않을 것이다. 둘째, 교육기획은 교육행정 혹은 교육경영의 효율성과 타당성을 제고할 수 있다. 설정된 교육목표를 가장 효율적으로 달성할 수 있는 최적의 교육적 대안을 선택하는 과정을 통하여 경제적인 효율성을 높일 수 있으며, 교육목표와 그를 달성하기 위한 수단을 합리적으로 연결시킴으로써 교육행정 활동의 합목적성과 타당성을 제고할 수 있다. 셋째, 교육기획은 한정된 재원을 합리적으로 배분할 수 있도록 해준다. 재정수요는 많은데 재원이 한정되어 있는 것은 국가나 단위조직을 막론하고 공통적으로 당면하고 있는 문제이다. 교육기획은 교육투자 지출의 우선순위를 합리적으로 설정하고 그 효과를 극대화하도록 배분함으로써 투자의 효율성을 제고할 수 있다. 넷째, 교육기획은 교육개혁과 교육적 변화를 촉진하는 역할을 수행한다. 단순히 여건의 변동에 따라 수동적으로 대응책을 강구하는 것이 아니라 상황과 여건의 변화를 미리 예견하여 그에 기민하게 대처하고, 나아가 개혁과 변화를 계획함으로써 교육발전을 촉진할 수 있다. 다섯째, 교육기획은 합리적인 통제를 가능하게 한다. 교육계획의 실천 후에는 반드시 평가 내지는 심사 분석이 수반된다. 그 결과를 토대로 목표를 수정할 수도 있고 진도를 조절할 수도 있다. 이러한 통제활동이 계획이 시행된 후뿐만 아니라 시행과정에서 계속적으로 행해져서 필요한 시정조치가 적시에 취하여 지도록 함으로써 긍정적인 의미에서의 통제가 가능해지는 것이다.

교육기획의 한계: 이러한 효용에도 불구하고 교육기획은 여러 가지 어려움으로 많은 한계를 가지고 있다. 일반적으로 지적되고 있는 교육기획의 난점을 열거해 보면 다음과 같다. 첫째, 미래예측의 어려움이 있다. 교육기획은 미래에 관한 정확한 예측을 기초로 하는데, 인간의 예측능력은 불완전하기 때문에 그 효용에 한계가 있다. 최근 컴퓨터 등 기기와 예측기법의 발달에 힘입어 상당한 정도로 예측의 정확성이 제고되고 있기는 하지만, 인간의 합리성에는 한계가 있기 때문에 근본적인 문제점은 여전히 남아 있다. 둘째, 정보 및 자료의 부족이다. 교육기획을 수립하기 위해서는 교육의 현황과 문제, 인적·물적 자원의 규모와 능력 등에 관한 많은 정보와 자료가 필요하다. 또한 그러한 정보와 자료는 정확성과 예측성 및 시의성을 가지고 있어야 한다. 그러나 정확한 예측을 위해 필요한 정보와 자료의 취득에는 항상 한계가 있기 때문에 합리적인 교육기획을 작성하는 데 어려움이 상존하고 있다. 특히 후발국에 있어서 기초연구와 통계의 미비는 좋은 교육기획을 저해하는 가장 큰 요인이 되고 있다. 셋째, 전제 설정에 있어서의 불확실성이다. 교육기획에서는 각종 예측과 추정을 함에 있어서 여러 가지 상황을 전제하고 있다. 예컨대 전쟁이 발발하지 않을 것이라든가, 혹은 경제성장이 지속되리라는 가정 등을 전제로 미래예측을 하고 그에 따라 교육기

획을 수립하게 된다. 그런데 급변하는 현대에 있어서는 이러한 전제 설정이 매우 어려운 일이고, 설정했다 하더라도 그 변화를 예상하기 어렵기 때문에 정확한 미래예측을 통한 교육기획에는 많은 한계가 있는 것이다. 넷째. 시간과 비용 및 노력의 제약이다. 교육기획의 수립에는 많은 시간과 경비, 전문적 역량이 계속적으로 필요하다. 그러나 그러한 것들은 항상 한정되어 있기 때문에 완전한 교육기획의 수립을 저해하게 된다. 다섯째, 정치적·사회적 압력이다. 교육기획은 중립성의 원리에 따라 합리적으로 이루어지는 것이 바람직하다. 그러나 교육전문가에 의해 합리적으로 수립된 교육계획의 경우도 정치적·사회적 압력에 의해 변경되거나 실현되지 못하는 경우가 많다. 모든 사람을 만족시킬 수 있는 변화와 개혁은 실재할 수 없기 때문에 완전한 교육기획은 대단히 어렵다. 여섯째, 목표 계량화의 곤란성이다. 교육계획의 목표는 명확하게 계량화하기가 곤란하기 때문에 목표설정 자체가 어렵고, 그 달성수단을 강구하거나 달성여부를 평가하기가 대단히 어렵다는 한계를 가지고 있다. 일곱째, 교육운영의 경직성으로 인한 개인의 창의성 위축이다. 교육은 자율적인 활동에 의존하므로 지나치게 세부적인 교육계획은 그러한 자율성의 침해를 가져오고 창의성을 위축시킬 수 있다는 것이다. 특히 교육계획은 교육발전을 최우선 목표로 하고 있기 때문에 자율성의 침해나 창의력의 위축은 중대한 문제인 것이다.

07 의사결정 모형

2021학년도 중등 기출 다음은 ○○ 고등학교에 재직하고 있는 김 교사가 대학 시절 친구 최 교사에게 쓴 이메일의 일부이다. 이 내용을 읽고 '학생의 선택과 결정의 기회를 확대하는 교육'이라는 주제로 학교의 의사결정을 구성요소로 하여 서론, 본론, 결론을 갖추어 논하시오.

> 보고 싶은 친구에게
>
> … (중략) …
>
> 교사 협의회에서는 학교 운영에 학생들의 요구를 반영하는 방안에 대해 논의했어. 다양한 의사결정 방식들이 제안되었는데 그중 A 안은 문제를 확인한 후에 목적과 세부 목표를 설정하고, 가능한 대안들을 모두 탐색하고, 각 대안에 따른 결과를 예측하고 비교해서 최적의 방안을 찾는 방식이었어. B 안은 현실적인 소수의 대안을 검토하고 부분적으로 수정해서 현재의 문제 상황을 조금씩 개선해 나가는 방식이었어. 많은 논의를 거친 끝에 B 안으로 결정했어. 나는 B 안에 따른 구체적인 방안을 다음 협의회 때 제안하기로 했어.
>
> … (하략) …

배점

- 논술의 내용
  - A 안과 B 안에 해당하는 의사결정 모형의 단점 각각 1가지, 김 교사가 B 안에 따라 학생들의 요구를 반영하기 위해 제안할 수 있는 구체적인 방안 1가지 [3점]
- 논술의 구성 및 표현 [총 5점]
  - 논술의 내용과 '학생의 선택과 결정의 기회를 확대하는 교육'의 연계 및 논리적 형식 [3점]
  - 표현의 적절성 [2점]

1 논술문 작성 방향

A안에 해당하는 의사결정 모형은 합리모형이다. 이는 인간을 너무 합리적인 동물로만 파악한 나머지 감정을 가진 심리적·사회적 동물이라는 점을 간과하고 있다는 단점을 갖는다. B에 해당하는 의사결정 모형은 점증모형이다. 이는 새로운 목표의 적극적인 추구보다는 드러난 문제나 불만의 해소에만 주력함으로써 적극적인 선의 추구보다는 소극적인 악의 제거에만 관심을 쏟는다는 단점이 있다. 김 교사는 B안에 따라 학생들의 요구를 반영하기 위해, 학급회 때 교칙에 대한 점진적인 개선 방안을 수렴하는 방법을 제안할 수 있다.

2 예시답안

서론 | 문제 제기

학생의 선택과 결정의 기회를 확대하는 교육은 학습자 중심 교육의 가장 중요한 조건이다. 학습자 개개인의 개인차에 부응하는 교육과정의 개별화를 실현하기 위해서는 그동안 한국 교육과정의 문제점으로 지적되어 온 지나친 교육과정 의사결정의 중앙집권화가 지양되어야 하기 때문이다. 그러므로 교사는 폭넓은 교육학적 지식을 바탕으로 학생들이 자발적으로 참여하며 스스로 선택하는 교육을 설계하고 실행해야 한다.

본론 | A안과 B안에 해당하는 의사결정 모형의 단점 각각 1가지, 김 교사가 B안에 따라 학생들의 요구를 반영하기 위해 제안할 수 있는 구체적인 방안 1가지

A안에 해당하는 의사결정 모형은 합리모형이다. 합리모형은 인간과 조직의 합리성과 지식 및 정보의 가용성을 전제로 한 이론 모형이다. 이는 인간을 너무 합리적인 동물로만 파악한 나머지 감정을 가진 심리적·사회적 동물이라는 점을 간과하고 있다는 단점을 갖는다. 즉, 인간은 전지전능하지 못하며, 문제분석능력에 한계를 가질 수밖에 없다는 것이다. B에 해당하는 의사결정 모형은 점증모형이다. 점증모형은 현재 추진되고 있는 기존의 정책 대안과 경험을 기초로 약간의 점진적인 개선을 도모하는 모형이다. 이는 새로운 목표의 적극적인 추구보다는 드러난 문제나 불만의 해소에만 주력함으로써 적극적인 선의 추구보다는 소극적인 악의 제거에만 관심을 쏟는다는 단점이 있다. 특히, 급격한 변화나 장기적 전망에 의거한 계획적인 변화를 거부하고 적당히 되는대로 해 나가는 점진적인 개선을 도모하기 때문에 지나치게 보수적이고 대중적인 정책결정모형이다. 김 교사는 B안에 따라 학생들의 요구를 반영하기 위해, 학급회의 때 교칙에 대한 점진적인 개선 방안을 수렴하는 방법을 제안할 수 있다. 이를 통해 학교는 첨예한 갈등이나 문제를 야기하지 않고 학생들의 요구를 반영하여, 학교가 가진 기존의 문제점을 안정적으로 수정할 수 있다.

결론 | 제언

학습자 중심의 교육에서는 배우는 사람, 즉 교육받는 대상자가 중심에 놓인다. 가르치는 사람의 일방적인 판단보다는 배우는 사람의 관심과 흥미 그리고 욕구가 존중되는 것이다. 다시 말해, 학습자 중심 교육이란 학생들이 각자가 가지고 있는 다양한 능력과 잠재 가능성을 실현하기 위해 스스로 선택하고 결정하는 교육이라고 할 수 있을 것이다. 따라서 교사는 교육과정, 교육평가, 수업설계, 학교의 의사결정에서 학생의 선택권과 결정권이 최대로 발현되도록 모든 전문적 역량과 노력을 기울여야 할 것이다.

3 더 알아보기

1 합리모형과 점증모형

합리모형: 인간과 조직의 합리성과 지식 및 정보의 가용성을 전제로 한 이론 모형이다. 정책결정시 정책결정자가 제기된 문제의 성격과 필요를 완벽하게 파악할 수 있고, 그것을 해결하기 위한 가장 합리적이

고 최선인 대안을 찾을 수 있다는 인간의 이성과 합리적 행동에 대한 믿음을 기초로 한 모형이다. 정책결정자의 전지전능함, 최적 대안의 합리적 선택, 목표의 극대화, 합리적 경제인을 전제로 하고 있다는 점에서 이상적·낙관적 모형이라고도 한다.

합리모형의 비판점은 다음과 같다. 인간을 너무 합리적인 동물로만 파악한 나머지 감정을 가진 심리적·사회적 동물이라는 점을 간과하고 있다. 인간은 전지전능하지 못하며, 문제분석능력에 한계를 가질 수밖에 없다. 대안의 과학적인 비교평가를 위해 필요한 정보를 충분히 구하지 못하는 경우가 많다. 합리모형에 따라 정책 결정을 하는 데 꼭 필요한 인적·물적 자원을 조달하지 못하는 경우가 많다. 합리모형은 가치와 사실을 구분할 것을 요구하고 있지만 실제 정책상황에서는 이 양자가 불가분의 관계에 있다.

점증모형: 린드블롬(Lindblom)에 의해 제안되었으며, 정책결정 과정에서 선택되는 대안은 대체로 기존 정책의 문제점을 개선해 나가는 것이라는 전제를 갖는다. 현재 추진되고 있는 기존의 정책 대안과 경험을 기초로 약간의 점진적인 개선을 도모할 수 있는 제한된 수의 대안만을 검토하여 현실성 있는 정책을 선택하려 한다는 특징을 가지고 있다. 첨예한 갈등이나 문제를 야기하지 않고 안정적인 정책결정과 집행을 할 수 있을 뿐만 아니라 정책에 대한 폭넓은 지지를 받기 쉽고 실현 가능성이 높은 대안을 선택할 수 있다는 장점이 있다. 그러나 선택된 대안이 얼마나 폭넓은 동의를 얻을 수 있느냐에만 관심이 많고, 새로운 목표의 적극적인 추구보다는 드러난 문제나 불만의 해소에만 주력함으로써 적극적인 선의 추구보다는 소극적인 악의 제거에만 관심을 쏟는다는 비판을 받고 있다. 특히, 급격한 변화나 장기적 전망에 의거한 계획적인 변화를 거부하고 적당히 되는대로 해 나가는 점진적인 개선을 도모하기 때문에 지나치게 보수적이고 대중적인 정책결정모형이라는 평가를 받고 있다.

08 교직문화와 동료장학

2018학년도 초등 기출 다음은 학교 교육과정에 관한 초등학교 교사들의 대화이다. 황 교사의 말에 내포된 교직문화 2가지와 이를 개선하는 데 필요한 교사상 2가지를 각각 제시한 다음, 이러한 교사상의 정립을 위해 활용할 수 있는 동료장학의 방법 2가지를 쓰시오.

박 교사: 요즘 인성 교육이 주목 받고 있죠. 2015 개정 교육과정 총론에도 인성 교육이 범교과 학습 주제 중의 하나로 제시되어 있고요.

김 교사: 맞아요. 그런데 인성 교육을 포함한 범교과 학습 주제는 교과와 창의적 체험활동 등 교육 활동 전반에 걸쳐 통합적으로 다루도록 하고, 지역사회 및 가정과 연계하여 지도해야 한다는 점에 유의할 필요가 있어요.

박 교사: 좋은 지적이네요. 「인성교육진흥법」에서 인성교육을 정의한 것을 보면, 인성은 '자신의 내면을 바르고 건전하게 가꾸고 타인·공동체·자연과 더불어 살아가는 데 필요한 인간다운 성품과 역량'이라 할 수 있는데, 인성의 이러한 의미는 인성교육에서 왜 통합과 연계가 필요한지를 잘 보여 주는 것 같아요.

김 교사: 그런데 통합과 연계를 위해서는 선생님들이 모여서 긴밀하게 협의하고 조정하는 과정이 필요한데, 그게 보통 어려운 문제가 아니에요.

황 교사: 그렇죠. 선생님들 중에는 자기 경험에 갇힌 나머지 각자의 의견을 허심탄회하게 드러내어 함께 검토하는 것 자체를 상대에 대한 불필요한 간섭으로 여겨 기피하는 분들이 있어요. 문제에 부딪혔을 때 스스로 궁리해 새로운 해결 방안을 찾기보다 과거의 경험이나 전통적 방식만을 답습하려는 경향도 없지 않고요.

박 교사: 참 어렵네요. '안전한 생활'이라는 교과서를 만들고 시간을 배당하여 안전 교육을 하도록 한 것처럼, 다른 주제도 다 그렇게 하면 좋을 텐데…….

강 교사: 중요한 주제라고 해서 모두 그렇게 할 수는 없죠. 그래서 학교 교육과정을 편성하고 운영하는 일이 더 어려운 것 같아요. 여러 주제 중 일부만 학교 교육과정에 포함되고, 어떤 주제는 포함되었다 하더라도 실제로는 지도가 이루어지지 않는 경우도 있잖아요?

1 논술문 작성 방향

황교사의 말에 내포된 교직문화 2가지, 이를 개선하는 데 필요한 교사상 2가지, 이러한 교사상의 정립을 위해 활용할 수 있는 동료장학 방법 2가지를 묻고 있다. 학교에서 교사들은 독립적으로 직무를 수행하며, 자신의 일을 타인과 공동으로 협동하여 해결하는 경우가 많지 않다. 그리고 적극적으로 새로운 일, 조언, 결정 등을 하려고 하지 않고 선례에 따르는 소극적 행동을 보인다. 이러한 교직 문화를 개선하기 위해 교사 상호간의 소통이 이루어져야 하며, 개혁을 존중하고 공동의 연구를 통해 새로운 교수학습방법이나 아이디어를 개발하는 문화를 형성하는 교사상을 정립할 수 있다. 이러한 교사상의 정립을 위한 동료장학의 방법으로 동 학년 협의회, 동 교과 협의회, 동 부서 협의회 등을 통해 동료교사들 간에 정보, 아이디어, 도움, 충고, 조언 등을 공유해야 하며, 문제점의 개선을 위해 동료교사 상호간에 수업을 공개·관찰하고 이에 대한 의견을 교환하여 현재의 문제점의 개선을 위해 서로 도와 협력해야 한다.

2 예시답안

서론 | 문제 제기

교사에게는 학생 개개인을 깊이 있게 이해하고, 효과적인 교육과정 편성·운영을 통해 학생들을 가르치기 위한 지식이 필요하다. 그리고 학교 현장에서 만나게 되는 학생뿐만 아니라 동료 교사, 학교 조직의 구성원들과의 관계에서 발생하는 문제들을 깊이 있게 진단하고 이에 대한 해결방안을 모색하는데 도움을 줄 수 있는 실제적인 지식과 능력이 필요하다. 이때 체계적으로 정립된 교육학적 이론은 교사가 현장에서 교육실천을 해 나갈 때 필요한 지식의 준거와 방향을 제공해 줄 수 있다.

본론 | 교직문화 2가지와 이를 개선하는 데 필요한 교사상 2가지, 동료장학의 방법 2가지

황 교사의 말에 내포된 교직문화는 다음과 같다. 첫째, 교사들은 교사 자신의 교육활동에 관해 경계를 유지하고, 그것을 침해받지 않으려는 경계 유지 성향의 문화적 특성이 있다. 교사들 간의 관계는 상호 간 무관심을 특징으로 하며 특히 교육활동에 대해 더욱 그러하다. 둘째, 교사들은 적극적으로 새로운 일, 조언, 결정 등을 하려고 하지 않고 선례에 따르거나 상관의 지시에 무조건 영합하는 소극적 행동을 보인다.

이러한 교직문화를 개선하는데 필요한 교사상은 다음과 같다. 첫째, 교사는 구성원 간에 비전 및 가치를 공유해야 한다. 교사들은 학생과 교사의 역할, 학생의 학습능력, 교수학습활동 개선에 대해 공통적인 신념과 가치를 가지며, 교수학습활동 개선을 위해 새로운 아이디어나 교수방법에 대한 가치를 공유해야 한다. 둘째, 교사는 전문적 탐구를 지향하는 학교문화를 형성해야한다. 교사들의 교수학습에 대한 공동의 연구를 통해 새로운 교수학습방법이나 아이디어를 개발하는 문화를 존중해야하며, 새로운 시도를 존중하고 전문적 탐구를 지향하는 학교문화를 형성해야한다.

이러한 교사상의 정립을 위해 활용할 수 있는 동료장학의 방법은 다음과 같다. 첫째, 동 학년 협의회, 동 교과 협의회, 동 부서 협의회 등을 통해 동료교사들이 어떤 주제에 관해 서로 경험, 정보, 아이디어, 도움, 충고, 조언 등을 교환하거나 공동과업을 추진해야 한다. 둘째, 동료교사 상호간에 수업을 공개·관찰하고 이에 대한 의견을 교환함으로써 수업 연구 과제를 해결하고, 수업 방법 및 그 외 문제점을 개선하기 위해 서로 의견을 교환하여 문제점의 개선을 도모하고 서로 도와 협력해야 한다.

결론 | 제언

교사들은 학급과 학교에서 다양한 교육적 역할을 수행하고 있다. 교사들이 각각의 상황을 적절하게 해석하고 더 나은 방향으로 개선하기 위해서는 교육학적 안목을 계발할 필요가 있다. 교육현장의 사례들을 통해 학교 상황을 진단하고 설명해 보며, 교육학 이론을 통한 사고를 시도해 보는 것은 교육학적 안목을 키우기 위한 좋은 방법이다. 또한 교사가 학습을 극대화하기 위한 교육과정과 수업이 되기 위한 방안들을 탐색하며, 교육에 영향을 주는 다양한 요인들에 대한 지속적인 탐구를 이어갈 때 더욱 효과적인 교육활동이 이루어질 수 있을 것이다.

2018학년도 중등 기출 다음은 A중학교 학생들의 학업 특성 조사 결과에 관해 두 교사가 나눈 대화 중 일부이다. 대화의 내용은 장학에 관한 것이다. 이를 활용하여 '학생의 다양한 특성을 고려하는 교육'이라는 주제로 논하시오.

박 교사: 선생님, 우리 학교 학생의 학업 특성을 보면 학습흥미와 수업참여 수준이 전반적으로 낮아요. 그리고 학업성취, 학습흥미, 수업참여의 개인차가 크다는 것이 눈에 띄네요.

김 교사: 학생의 개인별 특성이 그만큼 다양하다는 것을 의미하겠죠. 우리 학교 교육과정도 이를 반영해야 하지 않을까요? 그런데 저 혼자서 학생의 다양한 특성을 고려해서 교육과정을 개발하고 수업을 설계하고 평가하는 것은 힘들어요. 선생님과 저에게 이 문제가 공동 관심사이니, 여러 선생님과 경험을 공유하고 협력해서 피드백을 주고받는 것이 좋겠어요.

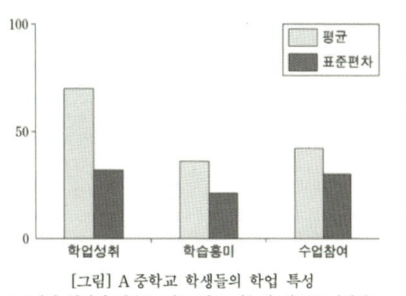

[그림] A 중학교 학생들의 학업 특성
(*3가지 변인의 점수는 서로 비교 가능한 것으로 가정함)

배점

- 논술의 내용
  - 김 교사가 언급하는 교내장학 유형의 명칭과 개념, 그 활성화 방안 2가지 (3점)
- 논술의 구성과 표현 (총 5점)
  - 논술은 서론, 본론, 결론으로 구성하고(1점), 주어진 주제와 연계할 것 (2점)
  - 표현이 적절할 것 (2점)

1 논술문 작성 방향

장학은 장학 행위의 주체에 따라 중앙장학(교육부), 지방장학(교육청), 지구별 자율장학(지구별 자율장학협의회), 교내자율장학(단위학교), 자기장학(교사 자신) 등으로 구분할 수 있다. 교내장학은 장학의 방법에 따라 임상장학, 동료장학, 약식장학으로 구분된다. 이 중 김 교사가 언급하는 교내장학의 유형은 동료장학이다. 동료장학은 수업의 개선을 위해 교사들이 서로 협동하는 장학의 형태다. 교사 간에 서로의 전문성과 경험을 공유함으로써 교수능력의 향상을 도모할 수 있을 뿐만 아니라 협동적 인간관계의 수립을 통해 동료 간의 유대와 공동성취감 등을 향상시킬 수 있다는 특징을 갖는다.

2 예시답안

서론 문제제기

교사가 교실에서 수업을 할 때 마주하는 가장 어려운 문제는 상이한 선행지식, 기술, 동기수준, 학습정도, 특성을 가진 학생들이 한 교실에 모여 있다는 사실이다. 수업이 모든 학생에게 효과적이기 위해 교사는 다양한 학생의 특성과 요구에 부합하도록 수업을 바꿀 수 있어야 한다. 교사는 수업에서 학생 간의 차이를 극복하기 위해 학생에게 동기를 부여하고, 수업을 위해 집단을 조직하고, 교육 과정을 개발하며, 학생을 평가하는 방법에 대한 체계적인 지식을 갖추어야 한다.

본론 김 교사가 언급하는 교내장학 유형의 명칭과 개념, 활성화 방안 2가지

김 교사가 언급하고 있는 교내장학은 동료장학이다. 동료장학은 공식적이든 비공식적으로든 교사들 상호간에 교사의 전문성 발달과 개인적 발달을 꾀하기 위하여 둘 이상의 교사가 서로 수업을 관찰하고 관찰사항에 관하여 상호 조언하고 공동과제와 관심사를 협의, 연구 추진, 정보와 의견 교환, 조언을 구하면서 공동으로 노력하는 활동 전반을 의미한다. 즉 동료장학은 수업의 개선을 위해 교사들이 서로 협동하는 장학의 형태다. 교사 간에 서로의 경험을 공유함으로써 교수능력의 향상을 도모할 수 있을 뿐만 아니라 협동적 인간관계의 수립을 통해 동료 간의 유대와 공동성취감 등을 향상시킬 수 있는 특징이 있다.

동료장학을 활성화하기 위해 다음과 같은 점들을 제안할 수 있다. 첫째, 수업개선을 위한 행·재정적 지원이 필요하다. 체계적인 수업개선을 위해 경험이 풍부한 교사를 장학전담요원으로 배치하여 수업모형 제공뿐 아니라 자료제작 또는 교수학습 과정안 자문역할 등을 하도록 할 수 있다. 교사들의 전문성 향상과 수업기술 발전을 도모할 수 있는 연수 및 수업 사례담이나 시범수업 등을 활성화시키고, 교내수업 연구와 각 협의회 회의 시 예산을 최대한 지원하며, 연수기회 확대와 소규모 교과연구실의 확충으로 연구 분위기를 조성하는 등 교사의 전문성 제고를 위한 지원이 필요하다. 둘째, 과중한 수업부담을 해결해야 한다. 현실적으로 단위학교의 현실에서 수업일수는 거의 그대로인데 모든 과목의 교사가 자신의 수업을 한 학기당 1·2회 이상 공개하고 협의회를 거치는 일련의 과정은 수업시수와 학교행정 업무 등을 감안할 때 교사에게 과도한 시간과 노력을 요한다. 교사들이 본인에게 배당된 수업시수에 충실하기 위해서 동교과 교사의 수업에 참관하는 것 또한 어렵다. 따라서 수업자와 참관자 모두에게 유의미한 동료장학이 이루어질 수 있도록 수업시수와 업무분장시 현실적으로 교사들에게 도움이 될 정책과 지원을 해야 한다.

결론 제언

훌륭한 교사가 가지고 있는 특징은 의도성이다. 의도성은 목적을 가지고 의도적으로 행동하는 것으로, 의도성이 있는 교사는 성취하고자 하는 목표를 정하고 계획적인 행동을 한다. 즉 의도적 교사는 다양한 특성과 수준을 가진 학생들이 원하는 것이 무엇인지 그리고 각 의사결정이 학생들에게 어떤 영향을 미칠지에 대해 끊임없이 생각한다. 학생을 정말 변화시키기 위해, 학생들이 최대한의 노력을 하도록 하기 위해, 그리고 학생들의 사고력을 향상시키고 새로운 지식을 조직하고 보유하도록 돕기 위해 교사는 계획적이고 사려 깊으며 융통성 있게 모든 학생들에게 관심을 가져야 한다.

3 더 알아보기

1 교사상

바람직한 교사상은 교사들이 함께 그들의 실천을 비판적으로 반성하고 개선하며, 그들의 지식, 경험, 실천 등을 공유하고, 협력적으로 학습하며 학생들의 학습 증진을 위해 협력적으로 실천하는 것이라고 할 수 있고, 더 나아가 학교개선을 위해 구성원들의 협력 문화를 형성하는 것이라고 할 수 있다. 구체적으로 첫째, 구성원 간에 비전 및 가치를 공유할 수 있는 교사이다. 교사들은 학생과 교사의 역할, 학생의 학습능력, 교수학습활동 개선에 대해 공통적인 신념과 가치를 가지며, 교수학습활동 개선을 위해 새로운 아이디어나 교수방법에 대한 시도를 중요시 여기는 가치를 공유해야 한다. 둘째, 학생의 학습기회 증진과 학업성취를 향상시키는데 중점을 두고, 상호간에 교수학습활동에 대해 노력을 기울이며 학습목표와 방법에 대해 공유하는 교사이다. 셋째, 교사 간에는 업무와 교육활동에 있어서 협력할 수 있어야 한다. 교사 간 단순한 친밀감 형성이 아닌 효과적인 교수학습활동을 위한 집단적 토론과 반성적 사고를 통해 교사 간 상호지원과 공동의 책임감을 향상시킬 수 있도록 해야 한다. 넷째, 전문적 탐구를 지향하는 학교문화를 형성할 수 있는 교사이다. 교사들의 교수학습에 대한 공동의 연구를 통해 새로운 교수학습방법이나 아이디어를 개발하는 문화를 존중해야하며, 새로운 시도를 존중하고 전문적 탐구를 지향하는 학교문화를 형성해야한다.

2 동료장학

동료장학은 수업의 개선을 위해 교사들이 서로 협동하는 장학의 형태다. 이는 교사 간에 서로의 전문성과 경험을 공유함으로써 교수능력의 향상을 도모할 수 있을 뿐만 아니라 협동적 인간관계의 수립을 통해 동료 간의 유대와 공동성취감 등을 향상시킬 수 있다는 점에서 그 중요성이 부각되고 있다. 사실 장학사를 비롯한 상급기관의 장학담당자에 대한 교사의 신뢰가 높지 않을 뿐만 아니라 방문평가에 대한 교사들의 거부감이 상존하고 있고 현장교사들의 교수행위 개선을 위한 장학담당자의 수가 많지 않은 상황에서 전통적 방식은 한계를 가지고 있다. 실제로도 장학관들은 그들의 직함과는 달리 장학활동보다는 관리·행정 업무에 더 많은 시간을 보내고 있다. 따라서 장학활동이 수업의 관찰과 분석, 그리고 피드백을 통한 교수기술의 향상을 목표로 한다는 점을 고려하면, 실제로 최선의 장학담당자는 교사들일 것이다. 동료 교사들은 대상 교사 및 대상 학생들의 장단점을 잘 알고 실제적 경험을 바탕으로 지도·조언할 수 있다는 점에서 그 효과를 배가시킬 수 있는 가능성을 가지고 있다. 교사들이 격리된 교실에서 독립적으로 수업활동을 전개해 나가던 형태에서 벗어나 교사들이 친밀한 동료적 조력 관계를 형성하여 서로에게 필요한 조력을 제공해 주는 것은 수업 개선 효과뿐만 아니라 동료애, 애교심, 사명감과 아울러 전문적 신장과 교직 성취감을 증진시키는 데에도 크게 기여할 수 있다.

세르조반니(Sergiovanni)는 동료장학을 둘 이상의 교사가 서로 수업을 관찰하고 관찰한 내용에 대해 서로가 피드백을 제공하며, 서로의 전문적 관심사에 대해서 토의함으로써 자신들의 전문적 성장을 함께 추구하는 비교적 공식화된 과정으로 정의하였다. 글래선(Glatthorn)은 동료장학은 교사들이 그들의 전문성 성장 발달을 위하여 같이 일해 나가기로 동의하고, 서로 관찰하고, 조언하고, 전문적 관심사를 토의해 나가는 협동적 과정이라고 하였다.

일반적으로 동료장학은 공식적이든 비공식적으로든 교사들 상호간에 교사의 전문성 발달과 개인적 발달을 꾀하기 위하여 둘 이상의 교사가 서로 수업을 관찰하고 관찰사항에 관하여 상호 조언하고 공동과제와 관심사를 협의, 연구 추진, 정보와 의견 교환, 조언을 구하면서 공동으로 노력하는 활동 전반을 의미한다. 따라서 동료장학은 단위학교 내에서 교사가 주체가 되어 장학담당자와 교사가 서로의 다양성을 인정하고 협력하면서 계속적으로 교육활동의 개선을 목적으로 하는 공식적 혹은 비공식적 과정이라고 할 수 있다.

동학년 교사들 또는 동교과 교사들이 수업연구 과제의 해결이나 수업 방법의 개선을 도모하기 위해 수업연구, 수업공개 활동을 하거나 교과지도와 생활지도 방법을 개선하기 위하여 상호 좋은 경험이나 생각을 교환하거나, 동학년 교사, 동교과(교과연구회) 교사 동부서 교사 또는 관심 분야가 같은 동료교사들이 협의회, 소모임, 연구 모임 등을 통해 공동 과제나 공동 관심사를 협의, 연구, 추진하기 위하여 함께 활동해 나가는 것 등이 동료장학의 전형적인 형태이다. 그 밖에도 교직생활이나 개인생활 및 사회생활에 도움이 될 수 있는 건전한 동호인 활동도 교사의 개인적 발달과 학교의 조직적 발달을 도모할 수 있다는 점에서 동료장학의 범주에 넣을 수 있다.

동료장학은 교사들이 가장 선호하는 장학 유형이다 그러나 교사들이 선호하더라도 운영이 제대로 이루어지지 않는다면, 수업의 질을 개선하는 데 기여하지 못하고 유명무실해질 가능성이 있다. 따라서 동료장학을 활성화하기 위해 다음과 같은 점들을 제안할 수 있다.

첫째, 수업연구중심 동료장학은 형식적이고 강제성을 띠고 있기 때문에 공개수업에 대한 심적 부담을 줄이고 형식적이기보다는 교사의 필요에 의한 자율적이며 비공식적인 동료장학이 더 효과적이다. 그리고 평가받는다는 개념에서 벗어나 서로 유용한 정보를 공유할 수 있도록 계획되어야 한다. 장학활동이 형식적이거나 학교활동 등을 과시하는 것이 되지 않을 수 있도록 비공식 조직을 지원하고 권장해 줘야 한다.

둘째, 동료장학의 활성화를 위해 동료장학에 대한 교사들의 적극적인 수용자세와 동료 교사들 간의 친밀한 인간관계, 학교관리자의 민주적이고 개방적인 학교풍토 조성이 필요하다. 동료장학은 교육에 관련된 모든 사람들의 신뢰감이 형성되었을 때 그 효율성이 높아진다. 그러므로 비판이나 의견제시가 가능한 민주적인 학교 분위기와 협동하는 교직 사회 풍토가 조성되도록 힘써야 한다.

셋째, 수업개선을 위한 행·재정적 지원이 필요하다. 체계적인 수업개선을 위해 경험이 풍부한 교사를 장학전담요원으로 배치하여 수업모형 제공뿐 아니라 자료제작 또는 교수학습 과정안 자문역할 등을 하도록 할 수 있다. 교사들의 전문성 향상과 수업기술 발전을 도모할 수 있는 연수 및 수업 사례담이나 시범수업 등을 활성화시키고, 교내수업 연구와 각 협의회 회의 시 예산을 최대한 지원하며, 연수기회 확대와 소규모 교과연구실의 확충으로 연구 분위기를 조성하는 등 교사의 전문성 제고를 위한 지원이 필요하다.

넷째, 과중한 수업부담을 해결해야 한다. 현실적으로 단위학교의 현실에서 수업일수는 거의 그대로인데 모든 과목의 교사가 자신의 수업을 한 학기 당 1·2회 이상 공개하고 협의회를 거치는 일련의 과정은 수업시수와 학교행정 업무 등을 감안할 때 교사에게 과도한 시간과 노력을 요한다. 교사들이 본인에게 배당된 수업시수에 충실하기 위해서 동교과 교사의 수업에 참관하는 것 또한 어렵다. 따라서 수업자와 참관자 모두에게 유의미한 동료장학이 이루어질 수 있도록 수업시수와 업무분장 시 현실적으로 교사들에게 도움이 될 정책과 지원이 필요하다.

■ 자율장학 비교 ■

장학유형	대상	장학방법	발달영역	장학 담당자
임상장학	초임교사 (교육경력 5년 미만)	1:1 대면 수업연구, 지도조언 등	교사 전문적 발달	관리자
동료장학	동학년 교사, 교과연구회, 동호회 교사 등	동학년, 동교과 수업 연구, 동학년 협의회, 교과연구회, 동호회 활동 등	교사 전문적 개인적 발달, 학교 조직적 발달	부장교사, 교과특기교사
약식장학	교사	학급순시, 수업참관(2~3일전 통보)	교사 전문적 발달	관리자

학교에서 실시하는 동료장학의 방법은 다음과 같이 세 가지로 분류할 수 있다.

첫째, 수업연구중심 동료장학이다. 경력교사와 초임교사가 짝을 이루거나 뜻을 같이하는 동료교사끼리 상호간에 수업을 공개·관찰하고 이에 대한 의견을 교환함으로써 수업 연구 과제를 해결하고, 수업 방법 및 그 외 문제점을 개선하기 위해 서로 의견을 교환하여 문제점의 개선을 도모하거나, 팀티칭을 위해 서로 도와 협력하는 것이다. 교사들이 형식이고 통제적인 것에서 벗어나 동료교사들과 부담 없이 자료 및 수업에 대한 다양한 의견을 공유하는 장학의 방법이다.

둘째, 협의중심 동료장학이다. 협의중심 동료장학은 동료교사들 간에 공식이거나 비공식적인 일련의 협의를 통하여 어떤 주제에 관해 서로 경험, 정보, 아이디어, 도움, 충고, 조언 등을 교환하거나, 서로 공동과제와 공동심사를 의하거나, 공동과업을 추진하는 활동을 의미한다. 학교장에서 흔히 볼 수 있는 동 학년 협의회, 동 교과 협의회, 동부서 협의회 등이 대표적인 형태이다. 수업연구중심의 동료장학이 교사와 전문적 발달 영역 중 교과지도에 초점이 주어져 있다고 본다면 협의중심의 동료장학은 교과지도 이외에 학교교육계획, 생활지도, 특별지도, 행사지도, 시청각기자재 활용 등 그 협의주제가 매우 다양하다.

셋째, 연수중심 동료장학이다. 연수중심 동료장학이란 교과별·학년별·교육영역별 소집단 연수, 연구·시범·실험영역연수, 당면 연구과제별 연수 등 각종 자체연수를 계획, 추진, 평가함에 있어 공동 연구자로서 서로 경험, 정보, 아이디어를 교환하며, 때로는 강사를 지원함으로써 공동으로 협력하는 동료장학을 말한다. 그리고 자기 장학의 결과로 얻어진 수업개선 및 수업과제해결을 위한 좋은 정보나 아이디어를 다른 교사들과 함께 공유하고 일반화하는 것 또한 연수중심 동료장학의 한 방법이다.

이 외에도 교사의 이야기 쓰기, 반성적 저널쓰기, 학생 관찰하기, 멘토링과 같은 세부적인 방법들이 효과적인 동료장학을 위해 함께 사용되고 있다. 교사의 발달을 돕기 위해 이루어지는 이러한 장학의 여러 방법은 교사의 관심사나 그 분야에 대한 발달수준을 고려하여 각 교사에게 적절한 방법을 활용하는 것이 중요하며, 교사의 역할이나 위치, 교사가 속한 기관의 상황에 적합한지를 고려하여 활용해야 한다.

09 교원행정업무경감

2020학년도 초등 기출 다음은 ○○초등학교가 학교를 성공적으로 변화시키기 위해 외부 전문가에게 의뢰한 학교조직진단 결과 보고서의 일부이다. (다)에서 제시한 권고를 바탕으로 이 학교 교사들이 교육 활동에 전념하기 위해 필요한 학교 차원의 구체적인 지원 방안 3가지를 제시하고, 그 이유를 각각 논하시오.

(다) 이 학교는 상대적으로 작은 규모의 학교이다. 소규모 학교이기에 교사들과 학생들 사이의 친밀도가 높은 반면에, 교사 개인별로 수행해야 할 업무량은 대규모 학교에 비해 많은 편이다. 교사들은 수업의 재구성과 같은 교육과정 개선에 관심이 많지만, 여러 가지 잡무로 인해 교육 활동에 전념하는 데 어려움이 있다. 최근 교육청이 실시하고 있는 '공문 없는 날'에 맞춰 이 학교도 '공문처리 없는 날'을 실시한 바 있고 학교장의 주도 하에 '학교업무경감위원회'도 운영해 보았지만, 행정 업무 경감에 대한 교사들의 만족도는 그다지 높지 않다. 따라서 이 학교는 현행 제도 내에서 교사들과의 협의 과정을 통해 학교 행정 업무 경감을 위한 구체적인 방안 마련이 요구된다.

1 논술문 작성방향

이 문제는 교원행정업무경감에 대한 문제이다. 교사들이 교육활동에 전념하게 하기 위한 학교 차원의 교원행정업무경감 방안은 다음과 같다. 첫째, 학교는 기존의 행정 업무 중심 학교 조직을 교육활동 및 교육과정 운영 중심으로 조직을 재편성해야 한다. 둘째, 업무처리 문화와 방식을 개선해야 한다. 셋째, 교육행정직의 역량 강화 및 지원 마인드를 제고해야 한다.

2 예시답안

서론 문제제기

교사는 학교교육의 중추적인 역할을 담당하는 교육의 핵심 주체이다. 교육을 인간행동을 계획적으로 변화시키는 과정으로 정의한다면, 이 과정에서 가장 핵심적인 역할을 하는 것이 바로 교사이기 때문이다. 그러므로 교사는 자신의 역할에 대한 책무성을 인식하고, 학습공동체적인 관점에서 더 나은 학교교육을 만들어가기 위한 역량을 갖추어야 한다.

본론 교사들이 교육활동에 전념하기 위해 필요한 학교 차원의 지원방안 3가지와 그 이유

제시문 (다)는 교원 업무 경감에 대한 내용이다. 학교업무 정상화와 행복교육 실현을 위해서는 교사가 교육활동에 전념할 수 있도록 교원 업무를 경감하는 것이 기본 전제이며 이는 교육활동 중심의 교사 전문성 신장을 가능하게 한다. 교사의 교원 업무 경감을 위한 학교 차원의 지원 방안과 그 이유는 각각 다음과 같다. 첫째, 학교는 기존의 행정 업무 중심 학교 조직을 교육활동 및 교육과정 운영 중심으로 조직을 재편성해야 한다. 이렇게 교육업무, 교무업무, 행정업무로 구분하여 교육활동 중심으로 사무분장을 편성하여 학교 실정에 맞게 교무행정팀을 구성하되 교무행정시에게 고유한 업무와 그에 따른 권한과 책임을 부여하고 명확한 업무 분장 체계와 매뉴얼을 구축한다면 학교 인력을 효율적으로 운용하고 업무의 효율성을 높일 수 있을 것이다. 둘째, 업무처리 문화와 방식을 개선해야 한다. 형식을 중시하던 업무처리 관행을 개선하고 결재라인을 축소하고 형식적 행사를 폐지함으로서 교사들이 행정업무가 아닌 법률에 규정된 교사 본연의 임무인 학생 교육에 집중할 수 있도록 할 수 있을 것이다. 마지막으로 교육행정직의 역량 강화 및 지원 마인드를 제고해야 한다. 교무행정팀과 행정실의 유기적 협력 마인드를 제고하고 행정실 직원들의 의식이 변화된다면 교원의 행정업무 경감을 이뤄낼 수 있을 뿐더러 추진하는 과정에서 나타나는 다양한 형태의 갈등을 해소하기 위해 필요한 절차와 협의기구를 마련하는 과정 속에서 구성원 사이의 의사소통 확대를 통한 민주적 학교 공동체를 구축할 수 있는 효과도 얻을 수 있다.

결론 | 제언

교사는 학교교육의 실제적 문제를 진단해야 할 뿐만 아니라 그에 대한 대안을 만들어내야 할 교육의 전문가이다. 그러므로 교사는 동료교사와의 협력적 관계를 바탕으로 전문적 학습공동체를 구축하여, 공교육의 효과성을 높이기 위한 모든 노력을 아끼지 말아야 한다. 또한 교육의 본질적인 목표인 학생의 성장과 발달에 대한 깊은 관심을 가지고 자신의 역할을 충실히 수행해야 한다. 이러한 교사의 전문성은 교사 개인의 차원을 넘어 학교, 학부모, 지역사회 및 국가 간의 유기적인 연결을 통해 더욱 효과적으로 발현될 수 있을 것이다.

3 더 알아보기

1 교원행정업무경감 매뉴얼

영역	하위영역	세부 내용
1. 교육활동 중심의 학교조직 재편성	1-1 교무행정팀 구성	- 교무행정팀 편성 운영
	1-2 학교업무 재편성 (교육활동 중심 사무분장 표준화)	- 교육활동 중심 사무분장 편성(교육업무, 교무업무, 행정업무로 구분) - 사무분장에 직원 업무 명시 - 학교 홈페이지 교직원 소개 방식 개선 - 모델학교 운영 피드백
	1-3 지원인력 업무 명료화	- 지원인력 직무 권한 부여(NEIS, 에듀파인 등) 및 직무 명료화 - 사적인 업무 부담 금지
	1-4 교장(교감)의 역할 강화	- 교감 중심 교무행정팀 운영
	1-5 비담임교사 교무행정부서 배치	- 교무행정 부서 배치
	1-6 담임교사 학년부(교과부) 배치	- 담임교사 학년부(교과부) 배치 - 각 학교급 고학년부터 단계적 시행 가능

2. 업무처리 시스템 개선	2-1 공문서 총량 관리	- 공문발송 담당자 분석(개인별 형평성 고려) - 내부결재 감축(연도별 일정 비율 감소) - 교내 불필요사업 일몰제
	2-2 공문서 처리 시간 관리	- 공문서 발송 없는 날 시행 - 공문처리 집중시간대 지정 - 오전은 교육활동 집중 시간
	2-3 업무처리 문화 및 방식 개선	- 교육활동 중심의 조직문화 - 업무처리 관행 개선 - 결재라인 축소 - 형식적 행사 폐지 - 업무 떠넘기기 문화 개선
	2-4 각종 정책사업의 효율적 운영	- 단위학교별 자율평가 - 연구학교의 합리적 운영
	2-5 업무처리 시스템 개선 지원	- 매뉴얼 연수 - 학교 컨설팅 및 우수사례 발굴
3. 인적 자원 관리	3-1 모든 구성원의 마인드 변화	- 학교업무정상화의 관점에서 접근 - 교원, 교무행정사, 행정실 직군별 고유의 직무 정체성 확립
	3-2 교장·교감 등 관리자 역량 강화	- 학교조직 재편성 모델의 자발적 적용 - 관리자의 정책 의지
	3-3 교육행정직 역량 강화 및 지원 마인드 제고	- 교무행정팀과 행정실의 유기적 협력 마인드 제고 - 행정실 직원의 의식변화
	3-4 지원인력 직무분류 및 전문성 강화	- 자체 연수
	3-5 지원인력 근무환경 개선 및 협의체 구성	- 근무 장소, 호칭 등 정비 - 관련자 대표(교감, 교사, 행정실 직원, 지원인력 대표 등) 협의회 구성
	3-6 정책에 대한 관련 구성원의 저항 관리(갈등관리)	- 교무실, 교무행정팀, 행정실 구성원간 갈등관리
4. 성과평가	4-1 교원 행정 업무 경감도 점검 및 분석	- 현황보고(교무행정팀 구성 등) - 교원 행정 업무 경감 자체 점검(체크리스트) - 만족도 결과 활용
	4-2 직원 업무수행 효능감 점검 및 분석	- 자체 직원 업무수행 효능감 조사
	4-3 공문서 총량 관리	- 학교 감축도 조사
	4-4 실효성 조사 및 종합분석	
	4-5 기대효과	- 학교 구성원의 효능감, 직무만족도 제고 - 교원의 학습공동체, 전문공동체 발전

MEMO

Chapter 6

교수학습이론

Chapter 6 교수학습이론

01 학생 행동 관리의 필요성

> **2016학년도 초등 기출** 다음은 ○○초등학교의 교사 협의회에서 수업 중 학생 행동 관리에 대해 교사들이 나눈 대화의 일부이다. 수업 상황에서 학생 행동 관리가 필요한 이유를 2가지 제시하시오.
>
> **강 교사**: 오늘은 교단생활의 경험을 이야기하고 고민을 나눔으로써 수업 상황에서 학생 행동 관리를 어떻게 하면 잘 할 수 있는지 논의하기 위해 모였습니다.
> **신 교사**: 수업을 잘 하려면 평소 구체적 학습이론에 기반하여 학생들의 행동을 잘 관리하는 것이 중요하다고 생각해요. 그래서 저는 학기 초에 아이들과 함께 수업 행동 규칙을 4~5가지 정하고 엄격하게 지키려고 노력하죠. 이를 위하여 상벌 기준을 명확히 제시하고 일관성 있게 적용하고 있어요. 규칙을 지킨 아이에게는 스티커를 주어 10개를 모을 때마다 상을 주고, 규칙을 어기는 아이에게는 벌점을 주고 일정 점수를 넘으면 정해진 벌칙을 적용합니다.
> **김 교사**: 저는 좀 생각이 달라요. 무엇보다 교사인 제가 솔선수범하다 보면 아이들은 따라오기 마련이죠. 그래서 저는 수업 중에 지켜야 할 행동을 설명하고 아이들 앞에서 적극적으로 실천하고, 모범적인 학생을 발굴하려고 적극적으로 노력해요. 예를 들면, 수업 시작 전에 먼저 인사를 나누고 수업 중에 요구나 질문 사항이 있으면 어떻게 해야 하는지를 이야기하고 시범을 보인 후, 귀감이 되는 학생을 찾아서 '모범 어린이'로 정해요.
> **정 교사**: 저도 신 선생님이나 김 선생님처럼 해 보았는데 수업 중 학생 행동 관리가 항상 잘 되는 것은 아니더라고요. 그래서 저는 아이들과 함께 수업하면서 내 자신이 어떻게 행동하고 무엇을 느끼는지 교단 일지를 쓰면서 자주 되돌아보곤 합니다. 특히, 수업 중에 아이들이 힘들어하는 것이 무엇인지 생각해 보고 그들의 마음을 읽고 공감하려고 노력해요. 이렇게 하다 보면 아이들도 제 마음을 잘 이해하고 수업도 더 재미있어 하는 것 같아요.
> **강 교사**: 어려운 가운데에서도 다양한 방법을 적용하려고 노력하고 계시네요. 모두 장단점이 있는 것 같습니다. 수업 중 학생 행동 관리에 대한 각각의 방법을 좀 더 논의해 볼까요?
> …… (하략) ……

1 논술문 작성방향

학생을 제대로 가르치지 않고 학급을 질서 있게 유지하기란 실제로 불가능하며 그 반대도 마찬가지이다. 교사들이 문제행동 중재에 시간을 적게 보낼수록 학습에 더 많은 시간을 사용할 수 있고, 학생들의 행동이 심각한 문제행동으로 발전하는 것을 미연에 방지할 수 있으며, 학생의 동기를 증진시킬 수 있기 때문에 수업 상황에서 학생 행동을 관리할 필요가 있다.

2 예시답안

서론 학습의 중요성

인간은 학습을 통해 비로소 한 사람의 인간으로 성장한다. 학습이라고 하면 대부분의 사람들은 흔히 학교공부를 연상하는 경향이 있다. 학교공부가 학습의 중요한 부분을 차지하는 것은 분명하나, 학습의 전부는 아니다. 학습의 범주에 포함되는 것은 매우 다양하다. 인사하는 방법을 배우는 것, 요리방법을 배우는 것 등도 모두 학습에 해당된다. 대부분의 인간행동은 학습을 통해 습득되므로 학습이 어떻게 이루어지는가를 이해하는 것은 인간행동을 이해하기 위한 관건이다.

본론 수업 상황에서 학생 행동 관리의 필요성 2가지

수업상황에서 학생 행동을 관리하는 것은 여러 가지 면으로 중요하다. 첫째, 효과적인 학생 행동 관리는 학생의 학업성취를 높인다. 학생들의 참여를 증진하고 수업 방해 행동을 감소시키며, 학생들이 수업시간을 효과적으로 사용하도록 한다. 또한 교사들이 수업 방해 행동에 대한 행동중재에 시간을 적게 보낼수록 학습에 더 많은 시간을 사용할 수 있다. 둘째, 효과적인 학생 행동 관리는 학습자의 동기를 증진시킨다. 학생들이 학습동기를 갖기 위해서는 질서와 안전이 필수적이고, 학생들은 질서 있는 환경에서 더 많은 자율감과 통제감을 느낀다.

결론 제언

교사는 학생들이 학습활동에 보다 많은 주의를 기울일 수 있도록 교실환경을 효과적으로 구성하는 방법을 알고 있어야만 한다. 이때 모든 조건에서 모든 학생들에게 효과적일 유일한 전략은 없고, 모든 상황을 완벽하게 설명하고 예측하는 이론은 없다. 어떤 한 이론이 모든 해답을 제공하는 것이 아니기 때문에, 학생들을 효과적으로 교육하기 위해서는 다양한 이론 및 방법론적 관점에 대해 정확히 알고, 열린 마음으로 심사숙고하여 결정할 수 있는 태도를 가져야 한다.

3 더 알아보기

1 수업 상황에서 학생 행동 관리의 필요성

앞으로 교사가 되기 위하여 공부를 하고 있는 예비교사들은 '학교가 행복하고 생산적이며 학생들은 학습에 매우 흥미가 있고 토론이나 교육활동에 적극적으로 참여할 것'이라는 생각을 가지고 있다. 이러한 예비교사들은 학생들이 숙제를 하지 않고, 수업에 관심도 없고, 교사에게 말대답하거나 반항하고, 친구와 잘 지내지도 못하고, 다른 학생들을 욕하거나 비웃고, 말을 많이 하거나 수업 중에 마구 돌아다니고, 어려운 가정환경에서 자라고 있다는 사실을 상상하지 못한다. 그러나 이러한 행동들은 학교에서 매우 흔한 일이며, 모든 교사들이 이러한 행동에 직면하게 된다. 이러한 행동들을 예측하고 잘 준비하지 못하면, 교사들은 실제 교실환경에서 발생하는 문제행동에 대해 효과적으로 대처하지 못하게 된다.

교실에서 학생 행동을 관리하는 것은 여러 가지 면으로 중요하다. 첫째, 교사들이 행동중재에 시간을 적게 보낼수록 학습에 더 많은 시간을 사용할 수 있다. 학생을 제대로 가르치지 않고 학급을 질서 있게 유지하기란 실제로 불가능하며 그 반대도 마찬가지이다. 효과적인 학급 경영은 학생 참여를 증진하고 수업 방해 행동을 감소시키며, 학생들이 수업시간을 효과적으로 사용하도록 함으로써, 결과적으로 학생의 학업 성취를 높인다. 둘째, 훈육과 관련된 사소한 문제행동을 방치하면 때로는 심각한 문제행동으로 발전할 수 있다. 청소년기의 심각한 반사회적 행동은 일반적으로 처음에는 규칙을 어기는 것과 같은 작은 문제행동에서부터 시작한다. 그러나 이러한 작은 문제행동을 방치하거나 중재하더라도 효과적으로 하지 않으면, 시간이 갈수록 점점 심각한 문제행동으로 발전하게 된다. 셋째, 효과적인 학급 경영은 학습자의 동기를 증진시킨다. 학생들이 학습동기를 갖기 위해서는 질서와 안전이 필수적이고, 학생들은 질서 있는 환경에서 더 많은 자율감과 통제감을 느낀다.

02 STAD

2017학년도 초등 기출 다음은 2015 개정 교육과정에 대한 초등학교 교사들의 대화이다. 대화에 근거하여 모둠성취분담(STAD) 모형의 보상 방식을 구체적으로 설명한 후 그것이 협동학습의 촉진에 어떻게 기여하는지 쓰시오.

김 교사: 이번 2015 개정 교육과정에서는 특별히 교수·학습의 질 개선을 강조하는 것 같더군요.
박 교사: 네, 저도 그렇게 느꼈어요. 교과의 핵심 개념을 중심으로 학습 내용을 구조화하는 데 교육과정 구성의 중점을 둔 것도 그것 때문이라 생각해요.
김 교사: 맞아요. 진도를 나가야 한다는 부담감에 단편적 지식의 암기에 치중하거나, 학생의 수준을 고려하지 않은 채 교과서 내용을 단원 순서에 따라 기계적으로 가르치는 것을 지양해야 할 것 같아요. 교과 울타리에 갇힌 수업 관행도 개선해야 하고요.
박 교사: 이런 측면에서 협동학습의 중요성도 강조한 것 같은데, 김 선생님 반에서는 예전부터 협동학습 자주 하셨죠?
김 교사: 네, 저는 주로 과제분담학습(Jigsaw, 직소) 모형을 활용했어요. 처음에는 이른바 '직소 I' 모형을 활용했는데, 개별 보상만 하다 보니까 협동학습의 취지가 약해지더라고요. 그래서 모둠성취분담(STAD) 모형의 보상 방식을 적용해 보았더니 협동학습이 훨씬 잘 이루어졌어요.
박 교사: 오, 그러셨군요. 저도 그렇게 해 봐야겠네요.

1 논술문 작성방향

STAD 모형은 집단 보상, 개별적 책무성, 성취결과의 균등 배분이라는 특징을 지니고 있다. 수업절차보다는 평가방식이 독특한 모형으로, 개인의 성취에 대해 팀 점수가 가산되고 팀에게 주어지는 집단보상이 추가된 구조이다. 개별적으로 시험을 보고 개인의 점수를 받지만 자신의 이전까지 시험의 평균점수를 초과한 점수만큼은 팀 점수에 기여하게 되고 집단 보상을 받는다. 공동목표를 도달해 나가는데 있어서 다른 사람의 성과는 나에게 도움이 되고 나의 성과는 다른 사람에게 도움이 되기 때문에 각자가 서로 의지하는 관계를 형성하게 된다.

2 예시답안

서론 문제제기

미래 사회는 지식과 정보의 양이 폭발적으로 증가하고 정보통신 기술의 발달로 인해 변화의 속도가 매우 빠를 것으로 전망된다. 급속한 사회변화가 이루어지는 시대를 살아갈 학생들에게는 전통적 학교 교육에서 강조하였던 단편적인 지식의 습득이 아니라 지식을 발견하고 적용하며 새롭게 창조할 수 있는 능력이 중요한 영향을 미칠 것이다. 시대적 변화에 따라 요구되는 능력과 인재상이 개인의 창조성, 상상력, 사회성을 강조하는 것으로 변화하고 있고, 학교 교육도 이러한 변화에 발맞춰 많은 전환이 일어나고 있다.

본론 모둠성취분담(STAD) 모형의 보상 방식과 그 보상 방식이 협동학습 촉진에 기여하는 점

STAD 모형은 공동 학습을 기반으로 하면서 개인별 성취에 대해서도 보상하는 구조를 가지고 있다. 또한 개인별 성취에 대해 팀 점수가 올라가므로 팀에게는 집단 보상이 추가된다. 다시 말해 개인의 성취에 대해 팀 점수가 가산되고 팀에게 주어지는 집단 보상이 추가된 구조이다. 개별적으로 시험을 보고 개인의 점수를 받지만 자신의 이전까지 시험의 평균점수를 초과한 점수만큼은 팀 점수에 기여하게 되고 집단 보상을 받는다. 즉 STAD 모형은 집단 보상, 개별적 책무성, 성취결과의 균등 배분이라는 특징을 지니고 있다. 이러한 특징으로 인해 집단의 성공을 위해서는 자신뿐만 아니라 동료들도 함께 성취해야 하므로 서로 도움을 주는 관계가 형성된다. 집단 목표 및 그에 따른 집단 보상이 있기 때문에 구성원들이 서로에게 질문하고 도움을 주는 등 긍정적인 상호의존성을 높일 수 있고, 공동목표를 도달해 나가는데 있어서 다른 사람의 성과는 나에게 도움이 되고 나의 성과는 다른 사람에게 도움이 되기 때문에 각자가 서로 의지하는 관계를 형성하게 되는 것이다. 그리고 집단의 구성원으로서 학생들 개개인의 수행에 대한 평가 결과가 그 학생이 속해 있는 집단과 자신에게 적용되기 때문에 과제를 수행해야 하는 책임이 각 학생들에게 있게 된다. 이러한 보상체계는 과거 자신의 점수에서 그 점수를 넘어서려는 노력을 유도하고, 개인의 능력에 관계없이 모든 구성원이 모둠에 기여할 수 있는 기회를 동등하게 준다. 따라서 타인과의 경쟁이 아니라 자신과의 경쟁에 집중 하게 한다. 마지막으로 단원의 수업이 끝나면 즉시 팀 점수와 뛰어난 개인의 성과를 게시하고 우수한 개인이나 팀을 시상하기 때문에 팀 간의 경쟁이 유발되어 팀 내 구성원들의 결속이 다져질 수 있다.

결론 제언

세계화, 정보화 및 다문화 사회로 일컬어지는 미래 사회는 다양한 사고, 문화적 가치가 서로 공존하는 시대이다. 이러한 다양성이 공존하는 사회를 수용하고 발전시켜 나가기 위해서는 더불어 공동체 안에서 함께 목표를 추구해 나가고 자신의 삶을 조절하며 타인과 원만한 사회적 관계를 유지하면서 창조적이고 유능한 삶을 영위할 수 있는 인간상이 그 어느 때보다 중요하다. 함께 어울리며 즐거운 마음으로 전인적 성장을 이루어가는 행복한 교육현장을 만들기 위한 교사의 고민과 연구가 요청된다.

3 더 알아보기

1 STAD

STAD는 공동 학습을 기반으로 하면서 개인별 성취에 대해서도 보상하는 구조를 가지고 있다. 또한 개인별 성취에 대해 팀 점수가 올라가므로 팀에게는 집단 보상이 추가된다. 다시 말해 개인의 성취에 대해 팀 점수가 가산되고 팀에게 주어지는 집단 보상이 추가된 구조이다. 집단보상, 개별적 책무성, 성공 기회의 균등이라는 세 가지 중심 개념이 내재되어 있다. STAD 모형은 구성원 각자의 목표뿐만 아니라 집단의 목표가 있어 서로 돕고, 도움을 받으려 한다. 집단의 성공을 위해서는 자신뿐만 아니라 동료들도 함께 성취해야 하므로 서로 도움을 주는 관계가 형성되는 것이다. 그리고 집단에 대한 책무성과 과제에 대한 분업이 이루어져 개별적 책무성이 강조됨으로써 개인의 능력을 최대로 발휘할 수 있다. 집단의 구성원으로서 학생들 개개인의 수행에 대한 평가 결과가 그 학생이 속해 있는 집단과 자신에게 적용되기 때문에 과제를 수행해야 하는 책임이 각 학생들에게 있다. 또한 개인의 능력에 관계없이 집단에 기여할 수 있는 성공의 기회가 균등하게 주어져 스스로 노력하게 된다. 이 모형의 수업 흐름은 다음과 같다.

수업의 소개: 수업이 시작되면 교사는 강의나 토론으로 새 단원을 소개한다. 여기에서 선수학습내용과 기능의 복습, 학습목표와 관련된 주요 학습내용과 기능의 강조 및 이해 여부의 질문, 이해가 부족할 때에는 구체적 예의 제시가 있어야 하고, 해당 단원을 학습하는 이유를 명확히 파악하게 해주어야 한다.

소집단 활동: 소집단은 학업능력, 성별 등을 고려하여 4-6명의 이질적 집단으로 구성한다. 각 팀은 전체 학급의 축소판처럼 학습 능력이 높은 학습자, 중간인 학습자, 낮은 학습자의 이질적인 학습자들로 구성된다. 학생들은 주어진 교재로 1-2시간 동안 팀 동료 간의 상호작용을 활발히 하면서 학습한다. 이때 구성원들은 실험, 과제 학습지 등의 교재를 이용하여 학습 과제내용을 해결하게 되며 서로 가르치고 배우는 일이 진행된다. 연습문제지를 짝을 지어 풀기도 하고, 서로 질문하고 토의하면서 그 단원을 학습한다. 연습 문제에 대한 해답도 주어지므로, 학생들은 단순히 문제지를 채우는 것이 아니라 개념을 이해하는 것이 목적임을 명백히 알게 된다. 구성원 모두가 학습 내용을 완전히 이해할 때까지 팀 학습이 계속된다. 집단 내의 신뢰감을 위하여 특히 팀 구성 초기에 팀 이름과 팀 구호를 제정, 사용하여 단결과 팀 협동정신을 형성케 하고 4-5주 정도 지난 후에는 팀을 재구성하도록 한다.

퀴즈 문제: 소집단활동이 완성된 후에 학생들이 얻은 지식을 퀴즈문제를 통해 개별적으로 형성평가를 받게 된다. 이때에는 학생들에게 개별적인 문제를 풀게 하므로 팀 구성원 간에 서로 돕지 못하며 개인 점수로 계산된다. 이렇게 하여 학습의 책임성을 강화시킨다. 교사는 약 20-30분 정도 실시할 간단한 문제를 만들어 사용하거나 교재에 나오는 퀴즈문제나 검사지를 사용할 수 있다.

개별·팀 향상 점수: 개별 향상 점수는 각각의 학생마다 기본 점수를 정하고 학생들이 공부한 것을 퀴즈문제 풀이를 통해 얼마만큼 향상되었나를 측정 평가하는 것이다. 개인은 각자 자기 자신의 시험 점수를 받지만 자신의 이전까지 시험의 평균 점수를 초과한 점수만큼은 팀 점수에 기여하게 된다. 팀 향상 점수는 팀원의 개별 향상 점수 총합의 평균 점수를 말한다. STAD의 점수 계산방법은 다음과 같다. 기본점수는 이전에 치른 여러 번의 퀴즈 점수의 평균이다. 향상점수는 기본점수와 비교하여 이번 수업의 퀴즈 점수가 어느 정도 향상되었는가에 따라 부여되는 점수이다. 팀 점수는 구성원들의 향상점수의 합을 산술 평균한 값이다. 즉 구성원들의 향상점수의 총합에 팀 구성원 수를 나눈 점수이다. 이때 향상 점수의 계산방법을 학습자들에게 충분히 설명해 주어 팀 점수 향상에 기여토록 한다.

소집단 점수의 게시와 보상: 단원의 수업이 끝나면 즉시 팀 점수와 뛰어난 개인의 성과를 게시하고 우수한 개인이나 소집단을 시상한다. 팀 점수와 개인 점수는 정기 고사의 태도 점수에 반영할 수 있다. 학생들에게 간단한 보상을 제공하거나 이를 성적에 반영하게 되면 성적이 낮은 학생들은 보다 적극적으로 참여하도록 유도할 수 있고 성적이 높은 학생들이 팀의 향상 점수를 높이기 위해서 다른 구성원들을 돕도록 동기부여 할 수 있다. 즉 모둠에 대한 기여도와 모둠 간 경쟁을 유도할 수 있다.

03 ARCS 모형

2015학년도 중등 기출 다음은 A 중학교의 학교교육계획서 작성을 위한 워크숍에서 교사들의 분임 토의 결과의 일부를 교감이 발표한 내용이다. 이 내용을 바탕으로 A중학교가 내년에 중점을 두고자 하는 학습 동기 향상을 위한 학습 과제 제시 방안을 3가지 설명하시오.

> 이번 워크숍은 우리 학교의 교육에서 드러난 몇 가지 문제점을 확인하고, 개선 방안을 제시하는 방식으로 진행되었습니다. 주요 내용을 말씀드리면 다음과 같습니다.
> 교육과정 수업 전략에 관한 문제점과 개선 방안입니다. 수업 전략 측면에서 볼 때, 수업에 흥미를 잃어 가는 학생들이 있음에도 불구하고 교사는 학생들의 학습 동기를 높일 수 있는 전략을 적극적으로 사용하는 데 소홀했습니다. 수업 상황에서 학생들이 배워야 할 학습 과제 그 자체는 학생들에게 흥미로울 수도 있고 그렇지 않을 수도 있습니다. 교사가 수업에 흥미를 잃은 학생들에게 학습 과제를 어떻게 제시하느냐에 따라 학습 동기를 높일 수 있습니다. 내년에는 이들의 학습 동기를 향상할 수 있는 학습 과제 제시 방안을 마련하는 데 관심을 기울이고자 합니다.

1 논술문 작성방향

학습 동기 향상을 위한 학습 과제 제시 방안은 다양한 동기 이론을 통해 논할 수 있다. 여기서는 켈러의 ARCS 이론을 활용하고자 한다. 켈러의 ARCS 이론은 동기에 관한 기존의 각종 이론 및 연구들을 체계화시킨 것으로, 교수학습에서 학습을 유발하고 유지시키기 위한 구체적이고 처방적인 동기설계 전략들을 제공한다. 이 이론에서는 학습동기 유발의 핵심 요소로 주의집중(A), 관련성(R), 자신감(C), 만족감(S)을 제시한다. 이 중 만족감은 학습의 초기에 학습자의 동기를 유발시키는 요소라기보다는 일단 유발된 동기를 계속 유지시키는 역할을 하기 때문에 주의집중, 관련성, 자신감의 하위요소 중 한 가지씩을 선택하여 서술하면 된다.

2 예시답안

서론 제시문 분석

교육 전문가로서 교사는 교육에 대한 깊은 이해와 폭 넓은 안목을 바탕으로 교육현장에서 마주하는 여러 가지 교육현상에 대해 비판적으로 이해할 수 있어야 한다. 교사는 주어진 교육내용을 지침에 따라 효율적으로 전달하는 기술자로서만 기능하는 것이 아니라 교육목표나 내용, 교수학습 방법이 적합한 것인지에 대해 파악하고 끊임없이 반문하고 할 수 있어야 하기 때문이다. 제시문은 교사가 실제 학교 내에서 교육의 방향을 결정하고, 교과 과정을 설계하며, 가르치는 것과 관련하여 접할 수 있는 상황과 이를 지원하기 위한 학교조직에 대하여 질문하고 있다.

본론 학습 동기 향상을 위한 학습과제 제시 방안 3가지

　학습 동기 향상을 위해 켈러의 ARCS 이론을 활용하여 학습 과제를 제시 할 수 있다. 켈러의 ARCS 이론은 동기에 관한 기존의 각종 이론 및 연구들을 체계화시킨 것으로, 교수학습에서 학습을 유발하고 유지시키기 위한 구체적이고 처방적인 동기설계 전략들을 제공한다. 이 이론에서는 학습동기 유발의 핵심 요소로 주의집중(A), 관련성(R), 자신감(C), 만족감(S)을 제시한다. 이 중 만족감은 학습의 초기에 학습자의 동기를 유발시키는 요소라기보다는 일단 유발된 동기를 계속 유지시키는 역할을 하기 때문에 주의집중, 관련성, 자신감의 요소를 중심으로 논하겠다. 첫째, 주의집중을 높이기 위해 지각적 주의 환기 전략을 활용할 수 있다. 학생들의 호기심을 불러일으키고 새롭고 놀라우면서 기존의 것과 다른 무엇인가를 제시함으로써 학생들의 주의를 끄는 것이다. 이를 위해 시청각 효과로써 각종 애니메이션과 삽화나 도표 및 그래프, 다양한 글자체, 소리나 반짝거림 등을 사용할 수 있다. 또한 일상적이지 않은 내용이나 사건들을 활용하는 것으로, 패러독스나 학생의 경험과는 전혀 다른 사실을 제시한다든지, 괴상한 사실, 믿기 어려운 통계들을 제시하여 학습자의 주의를 끌 수 있다. 둘째, 관련성을 높이기 위한 전략 중 친밀성 전략을 활용할 수 있다. 친밀성이란 학습자의 경험과 가치에 연관되는 예문이나 구체적인 용어, 개념 등을 사용함으로써 얻어질 수 있다. 인지주의적 관점에서 보면 사람들은 이미 알고 있거나 가지고 있는 지식, 정보, 기술, 가치 및 경험에 바탕을 두고 새로운 과제가 제시될 때 그들의 기존의 인지 구조와 새로운 인지 구조의 관계를 더 잘 이해할 수 있으며 구체적 이미지를 구상할 수 있다. 그러므로 교수 자료에 친밀한 사람이 포함되는 그림이나 친밀한 이름을 사용하거나, 학생들에게 친숙한 그림, 친밀한 예문이나 배경 지식을 사용하여 새로운 정보를 구체화시킴으로써 학습 과제의 친밀도를 높인다. 셋째, 자신감을 높이기 위한 전략 중 성공의 기회를 제시하는 전략을 활용할 수 있다. 학생에게 유의미한 성공을 경험할 기회를 제공함으로써 성공하기 위한 능력에 대해 긍정적 기대감을 형성하게 한다. 사람들은 자신에게 어떤 일을 성공시키기 위한 능력이 있다고 느낄 때 그 일을 하면서 높은 동기를 가질 수 있다. 이를 위해 단순하고 쉬운 과제를 먼저 제시하고 점진적으로 복잡하고 어려운 과제를 제시하거나 다양한 수준의 난이도를 제공하고 다양한 수준의 시작점을 제공할 수 있다.

결론 제언

　교육의 질을 높이고자 할 때 핵심 변인은 교사이다. 교사의 자질과 역할은 그런 의미에서 가장 중요하다고 할 수 있다. 효과적으로 교육 목표를 설정하고 교육 과정을 구성하며 교육할 수 있는 것은 교사의 가장 기본적인 역할이다. 학습자에 대한 충분한 이해를 바탕으로 교수계획이 설계되고 이를 토대로 교수활동이 이루어질 때 교육의 효과는 배가될 수 있다. 명심해야 할 것은 이 같은 교사의 수업행동과 기술이 타고 나는 것이 아니라 배우고 익히지 않으면 안 되는 것이라는 점이다. 교사들은 교육전문가로서의 자질을 계속하여 개선하여 적절하고 효과적인 교육을 위해 계속적인 노력을 기울이고, 학교 조직 차원에서 교원의 전문성을 돕기 위한 지원 체계를 마련해야 할 필요가 있다.

3 더 알아보기

1 켈러의 ARCS 모형

켈러는 개인의 동기를 설명하기 위하여 네 가지 개념적 요소로 구성된 ARCS 이론을 개발하였다. ARCS 이론은 동기에 관한 기존의 각종 이론 및 연구들을 종합하여 체계화시킨 것으로 교수학습 상황에서 학습동기를 유발하고 유지시키기 위한 동기 설계의 전략들을 제공하고자 하였다. ARCS 이론에서는 학습동기 유발의 핵심 요소로 주의집중(A), 관련성(R), 자신감(C), 만족감(S)을 제시한다.

1) 주의집중(A)

학습 동기에 있어서 첫 번째 요소는 주의이다. 학습이 일어나기 위해서는 적어도 학습자가 학습 자극에 흥미를 가지고 주의를 기울여야 한다. 학습 동기가 유발·유지되기 위한 필수 조건으로서 학습자의 주의는 주어진 학습 자극에 기울어져야 하고 일단 기울어진 주의는 유지되어야 한다.

지각적 주의 환기의 전략: 이 전략은 새롭고 놀라우면서 기존의 것과 모순되거나 불확실한 사건 또는 정보를 교수 상황에서 사용함으로써 학습자의 주의를 유발·유지시킨다는 전략이다. 이 전략의 기본 가정은 학습자들은 기대하지 않고 있던 외부의 자극에 쉽사리 반응하게 된다는 것으로, 켈러는 이 전략에 포함되는 구체적, 처방적 동기 유발 및 유지의 방법들로 다음의 세 가지를 제시한다. 첫째, 시청각 효과로써 각종 애니메이션과 삽화나 도표 및 그래프, 흰 공백, 다양한 글자체, 소리나 반짝거림, 역상 문자 등을 사용할 수 있다. 둘째, 일상적이지 않은 내용이나 사건들을 활용하는 것으로, 패러독스나 학습자의 경험과는 전혀 다른 사실을 제시한다든지, 괴상한 사실 등을 사용하거나, 믿기 어려운 통계들을 제시하는 것이 학습자의 주의를 끄는 효과적인 방법이다. 셋째, 앞의 두 가지 방법을 남용하면 비효과적일 수 있으므로 너무 많은 지각적 자극이나 주의를 분산시키는 자극은 피해야 한다.

탐구적 주의 환기의 전략: 학습자에게 스스로 문제나 질문 등을 만들어 보도록 함으로써 정보 탐색 활동을 자극하는 것이다. 일단 지각적 주의 환기 전략을 사용하여 학습자의 주의를 끈 후에는 더욱 심화된 수준의 호기심을 유발·유지하도록 하여야 하는데, 이는 학습자를 보다 탐구적인 과정에 몰입하도록 함으로써 가능해진다. 이 전략에 속하는 구체적, 처방적 동기 유발 및 유지의 방법들로 다음의 세 가지를 제시하고 있다. 첫째, 학습자의 능동적 반응을 유도해 내는 것으로, 학습자에게 흔치 않은 비유를 해 보라고 요구한다든지, 내용과 관련된 연상을 스스로 만들어 보라고 함으로써 학습자의 탐구적 주의 환기를 돕는 것이다. 또한 질문 피드백의 상호 작용을 통해 적극적인 사고를 유도할 수도 있다. 둘째, 문제해결 활동을 구상하게 함으로써 학습자의 탐구적 주의 환기를 돕는 것이다. 이는 학습자 스스로 문제를 내고 풀어 보게 한 후 적절한 피드백을 제공하여 결과를 제시하여 줌으로써 학습자가 자신의 지적 호기심을 계속적으로 유지하도록 도와주는 방법이다. 또한 학습자에게 그들의 호기심을 충족시키는 학습 과제나 숙제, 프로젝트 등을 선택하게 하는 것도 좋은 방법의 하나라고 지적한다. 셋째, 학습자에게 신비감을 주는 방법으로, 이는 탐색 과정에서 문제 상황을 제시하면서 필요한 지식은 부분적으로만 제공하여 줄 때 가능하다.

다양성의 전략: 이 전략은 교수의 요소들을 변화시킴으로써 학습자의 흥미를 유지시키기 위한 것이다. 켈러는 다양성의 전략과 주의 환기 전략을 구분시킨다. 주의 환기 전략이 무언가 새로운 것이기 때문에 주의를 끄는 것, 혹은 유행하는 것까지를 암시하고 있다면 다양성은 교수 사태의 전개 순서상의 변화를 의미하거나 정보가 조직되고 제시되는 방식의 또 다른 측면을 의미한다. 켈러는 이러한 다양성의 전략으로

다음의 네 가지 방법을 제시한다. 첫째, 교수의 한 단위를 간결하고 짧게 잡되 학습자의 주의 집중 시간에 따라 정보 제시, 연습, 시험 등의 다양한 형태를 적절히 사용하는 방법이다. 이러한 다양한 교수 형태의 사용은 학습자의 주의를 집중·유지시키고 흥미를 유발시킬 수 있다는 점에서 좋지만, 어느 정도의 일관성은 유지 되어야 한다고 지적한다. 교수 내용을 해치고 주의를 산만하게 할 소지가 있는 것은 다양성의 원리를 사용함에 있어 특히 주의해야 한다. 둘째, 강의 형태로 이루어지는 일방적인 정보 제시와 토론식 수업에서와 같은 상호 작용식 교수학습 기회를 적절히 혼합하는 것으로, 이는 교수자와 학습자 간의 상호 작용 기회와 학습자간의 상호 작용 기회도 적절히 혼합되어야 한다는 원리까지도 포함되고 있다. 셋째, 교수 자료의 형태와 관계 있는 것으로, 켈러는 각 페이지 혹은 각 화면 마다의 형태는 일관성이 있어야 하되 흰 공백, 그림, 표, 다른 글자 형태 등을 사용하여 적절한 변화를 주어야 한다고 주장한다. 넷째, 기능적 통합을 강조한 것으로, 어떤 다양성의 방식을 사용하든지 그 방식은 교수 목표와 수업의 주안점을 가르치는 것과 기능적으로 통합되어져야 한다는 것이다. 예를 들어 교수에 사용된 그림이 독립적으로 있을 때에는 별 의미가 없으나 교수의 목표와 연결되어 수업의 중요 부분에 주의를 집중시키도록 도와준다면 그림의 사용은 교수와 기능적으로 통합되었다고 말할 수 있는 것이다.

2) 관련성(R)

일단 주의가 기울여지고 나면 학습자들은 '왜 이 과제를 공부해야 하는가'에 의문을 갖게 되고, 학습 상황에서 볼 수 있는 중요한 개인적 필요를 지각하려고 할 것이다. 개인적 필요, 즉 관련성이 지각되어야만 학습 동기는 계속적으로 유지될 것이라는 것이 켈러의 가정이다. 관련성의 원리란 '이 과제가 나의 개인적 흥미나 삶의 목적과 어떻게 관련되는가'에 대한 긍정적인 해답을 제시하고자 하는 노력으로 해석된다.

켈러의 관련성에는 결과와 과정이라는 두 가지 측면이 있다고 본다. 결과의 측면은 학습자가 교수의 내용을 자신의 장래에 어떤 중요한 목적을 달성하는 데 도움이 된다고 인지할 때 더욱 높은 학습 동기를 유지하게 될 것이라는 주장이다. 그러나 켈러는 결과 측면에서의 관련성이 반드시 미래에 초점을 맞출 필요는 없다는 것도 역설한다. 현재의 교수 내용이 학습자의 '현재'의 흥미와 목적, 과거의 경험 등과 연결되어 그 중요성이 부각된다면 관련성은 증가할 것이라고 주장한다. 과정의 측면에서 본 관련성은 학습자의 필요 충족을 추구하는 교수 방법에서 찾아볼 수 있다.

켈러는 동기 유발·유지의 방법으로 학습자의 성취 욕구를 들고 있다. 성취 욕구란 학습자가 주어진 과제를 빨리 잘 하고자 하는 욕구와 과제 성취를 방해하는 요인을 극복하여 보다 어려운 과제를 잘 풀려고 하는 욕구를 지칭한다. 학습의 과정이 성취 욕구를 충족시켜 준다는 가정 하에 연구자들은 현 학습의 학습자에 대한 "관련성", "충동 이론" 등의 각종 동기 이론 및 교수 이론 등을 통하여 사람들의 욕구 및 필요를 분류하려는 노력을 해 왔다. 그 결과 인정을 받으려는 욕구, 성공의 욕구, 소속감의 욕구, 참여의 욕구 등이 학습의 과정에서 관련성을 증가시키기 위해서 고려되어야 할 것으로 지적되고 있다. 이러한 결과 및 과정의 측면에서 본 관련성을 높이기 위한 전략으로 친밀성, 목적 지향성, 필요 또는 동기와의 부합성을 지적한다.

친밀성의 전략: 친밀성이란 학습자의 경험과 가치에 연관되는 예문이나 구체적인 용어, 개념 등을 사용함으로써 얻어질 수 있는 전략이다. 인지주의적 관점에서 보면 사람들은 이미 알고 있거나 가지고 있는 지식, 정보, 기술, 가치 및 경험에 바탕을 두고 새로운 과제가 세시될 때 그들의 기존의 인지 구조와 새로운 인지 구조의 관계를 더 잘 이해할 수 있으며 구체적 이미지를 구상할 수 있다. 예를 들어 사람들은 그들과 전혀 관계없는 사건보다는 그들이 알고 있는 사람이나 사건이 포함된 이야기를 좋아한다. 켈러는 친밀성의 전략을 구체화하는 방법으로 다음의 세 가지를 제시하고 있다. 첫째, 개인적으로 친밀한 이름이나 인물,

그림 등을 사용하여 학습의 친밀도를 높일 수 있다. 수업에서 학습자의 이름을 불러주거나, 교수 자료에 친밀한 사람이 포함되는 그림을 제시하는 방법 등이 도움이 될 것이다. 둘째, 구체적인 그림을 사용하여 추상적이고 새로운 개념 등을 가르칠 수 있는 방법을 사용한다. 학습자에게 친숙한 그림을 사용하여 새로운 정보를 구체화시킴으로써 학습 과제의 친밀도를 높일 수 있다. 셋째, 학습자들에게 친밀한 예문이나 배경 지식을 사용하는 것이다. 예를 들어, 대학생들에게 통계의 개념 및 방법을 가르칠 때 그들이 전공하는 과목과 연결시켜 가르친다면 동기 유발 및 유지에 더욱 도움이 될 것이다.

목적 지향성의 전략: 목적 지향성 전략은 결과 측면의 관련성을 높일 수 있는 구체적인 방법을 제시해 주기 위해서 교수의 목표나 실용성을 나타내는 진술이나 예문을 포함시킬 것을 강조한다. 또한 성취 목적을 제시해 주거나 학습자 스스로에게 성취 목적과 기준을 세우게 할 수도 있다. 켈러는 이 전략의 구체적 방법으로 다음의 세 가지를 제시하고 있다. 첫째, 학습 과제의 중요성이나 실용성에 중점을 둔 목표를 분명히 제시한다. 사람들은 그들이 지금 어디로 가고 있고 왜 그 곳에 가야 하는지를 분명히 알 때 그 곳에 가려는 노력을 기울이게 될 것이다. 특히 학습 목표가 미래의 실용성 및 중요성과 연관되어 분명히 인식된다면 목적 지향성의 전략은 쉽게 성취될 수 있다. 둘째, 목적이나 실용성들을 분명히 제시하기 어려운 학습 과제일 경우는 학습자에게 학습 활동 자체의 목적을 제시해 주기에 용이한 게임, 시뮬레이션 등의 학습 형태를 이용하는 것이 좋다. 이는 게임, 시뮬레이션 등이 그 자체로 어떤 목적을 지향하는 학습 형태이기 때문이다. 특히 반복 연습이 필요한 과제일 경우 이러한 내재된 목적을 가진 학습 형태가 유리하다. 이때 시뮬레이션의 경우는 친밀감 있는 상황을 이용함으로써 관련성을 높일 수 있는 장점도 있다. 셋째, 목적 지향성을 높이는 방법은 학습자에게 다양하게 제시된 목적 중에서 스스로에게 적합한 목적을 선택하도록 하는 것이다. 특히 어떤 목적을 달성하기 위한 학습 방법 및 순서 등을 학습자 스스로 선택하게끔 도움을 주는 방법도 유용하다. 이 방법은 학습자가 학습 목적, 방법, 순서 등을 선택할 때 자신의 경험, 지식이나 필요에 맞는 것을 선택하리라는 가정하에서 효과적으로 사용될 수 있을 것이다.

필요 또는 동기와의 부합성 강조의 전략: 이 전략은 학습자가 필요나 동기와 부합되는 수업 전략을 사용할 것이다. 켈러는 학습자가 가진 필요 중 성취 욕구와 소속감의 욕구를 중시하면서 이들을 충족시킬 수 있는 네 가지 구체적인 방법을 제시하고 있다. 첫째, 학습의 목적을 다양한 난이도로 제시하여 학습자가 본인의 능력이나 특성에 따라 적절한 수준을 선택하도록 하는 것이다. 이는 학습자의 성취 욕구를 자극하기 위한 방법으로, 학습자에게 책임감 및 학습에의 권리 등을 제공할 수 있다. 둘째, 첫 번째 방법과 연관지어 생각할 수 있는데, 이는 학습자가 자신에게 적절한 수준의 학습 과제를 해 나가는 과정에서 필요한 피드백을 제공해 주는 것이다. 학습자의 학업성취 여부를 계속적으로 기록하고 그에 따라 적절한 피드백을 제공함으로써 학습자의 성취 욕구를 만족시키면서 새로운 과제에 대한 성취 욕구를 자극할 수 있으리라 보여진다. 셋째, 높은 수준의 과제를 성취할 때 위험이 적고 치열한 경쟁이 없는 안전한 학습 상황을 선택할 수 있는 기회를 주는 방법이다. 학습자에 따라서는 학업 성취의 수준을 도전할 만한 것으로 정하되 경쟁적 학습 환경은 피하고 싶을 수도 있다. 이러한 학습자는 높은 소속감의 욕구를 갖고 비경쟁적이고 협력적인 관계 속에서 학습하기를 즐긴다고 한다. 비경쟁적 학습 환경을 선택할 수 있게 수업을 설계함으로써 특정 학습자의 필요나 동기에 부합되어 수업의 관련성을 높일 수 있을 것이다. 넷째, 비경쟁적 학습 상황을 선택하게 하는 방법과 연관지어 학습자에게 전혀 위험이 없다고 믿고 학습 과정에 몰두하게 하는 협동적 상호 학습 상황을 제시한다면 소속감의 욕구가 충족될 수 있을 것이다.

3) 자신감(C)

동기 유발 및 유지를 위해서 학습자는 학습에 재미와 필요를 느껴야 하는데 이에 덧붙여 성공의 기회가 있다는 것을 인식할 수 있어야 한다. 즉 학습에 대한 자신감을 가져야 한다. 항상 100%의 성공이 보장되지는 않더라도 적정 수준의 도전감을 주면서 노력에 따라 성공할 수 있다는 자신감을 심어 주는 것이 높은 동기 유발 및 유지의 요소가 된다.

켈러는 자신감에는 여러 측면이 있음을 밝히고 그 중 중요한 것으로 능력에 대한 지각, 통제 가능성에 대한 지각, 성공에 대한 기대를 들었다. 첫째, 능력에 대한 지각을 통한 동기 유발을 시켜야 한다. 사람들은 자신에게 어떤 일을 성공시키기 위한 "능력"이 있다고 느낄 때 그 일을 하면서 높은 동기를 가질 수 있다. 학습의 과정에서 일어나는 시행착오들은 능력이 없음을 뜻하는 것이 아님을 인식시켜 주어야 한다. 학습이 끝난 후에는 적절한 수준의 도전감을 줄 필요가 있으며, 학습 과정을 거쳐 가지게 된 능력을 최대로 발휘했을 때 성공할 수 있도록 수업이 구성되어져야 한다. 둘째, 통제 가능성에 대한 지각을 통해 동기 유발을 시켜야 한다. 사람들은 그들이 내린 선택이나 기울인 노력이 행동의 결과에 직접적으로 영향이 있다고 믿을 때 그들의 행동에 대하여 보다 자신감을 갖는다. 반면 어쩔 수 없다는 무력감이나 다른 외부 요인이 인생에서 우선적인 영향력이 있다고 느끼는 것은 사람들을 실망하게 만들고 지속적으로 일을 추진하는 것을 방해하는 경향이 있다. 결과에 대하여 개개 학습자가 통제할 수 있다는 느낌을 주는 교수의 요소는 학습자의 자신감과 지속성을 개발시키는 데 도움이 될 것이다. 셋째, 성공에 대한 기대감을 높여 동기를 유발시켜야 한다. 사람들이 어떤 일을 할 때 그 일에 대한 성공에의 확신이 있으면 더욱 그 일을 위해 노력하고 그럼으로써 실제 성공률도 높아진다.

켈러가 주장하는 자신감의 세 가지 측면은 다음의 자신감을 높이기 위한 세 가지 전략에 잘 반영되어 있다.

학습의 필요조건 제시의 전략: 이 전략은 학습자에게 수행의 필요조건과 평가 기준을 제시해 줌으로써 학습자가 성공의 가능성 여부를 짐작하도록 도와주려는 것이다. 만약 교수 목표와 학습 효과의 평가 간에 일관성이 있다면, 학습자에게 교수 목표를 제시하는 것은 불안을 감소시켜 주고, 성공에 대한 기대감을 증가시킬 것이다. 이를 위해 구체적으로 다음의 네 가지 방법이 사용될 수 있다. ① 학습의 목표, 수업의 전반적 구조가 분명하게 제시되어야 한다. ② 평가 기준을 분명히 제시하면서 또한 수업 목표를 달성할 수 있도록 연습 기회를 제공하는 것도 도움이 된다. ③ 학습자의 성공을 돕기 위해 미리 선수 지식, 기술이나 태도 등을 진술해 주는 방법이다. ④ 학습자에게 시험의 조건들을 미리 말해 줌으로써 학습자가 학업 수행의 필수 요건이 무엇인지를 인식하도록 도와주어야 한다.

성공의 기회 제시의 전략: 만약 어떤 사람이 성공에 대해 일반적으로 낮은 기대감이나 주어진 영역에서 실패에 대한 특별한 전력을 갖고 있다면, 그 영역에서의 '일련의 유의미한 성공'은 성공에 대한 그 사람의 기대감을 개선시킬 수 있을 것이다. 이러한 방략의 목표는 학생에게 긍정적 기대감을 증가시켜 줌으로써 정상적인 수업 조건에서 더욱 성공적이게 하려는 것이다. 결과적으로, 긍정적 기대감을 형성하게 하는 성공 경험은 '전이 상황'에서의 성공 경험과 유사하다. 일련의 사소하고 쉬운 일에서의 성공은 적절하거나 지극히 어려운 것으로 지각된 과제에 직면하고 있는 학생에게는 도움을 줄 수 없다. 성공의 기회는 학습 과정과 수행의 조건에서 적절한 수준의 도전감을 제공하는가와 관계가 있다. 켈러가 말하는 수준의 도전감이란 학생들에게 의미 있는 성공의 경험을 제공하는 것으로, 학습자가 재미있어 하면서도 너무 위험하다고 즉, 성공의 기회가 선혀 없다고 느끼지 않는 수준의 도전감이다. 켈러는 성공의 기회를 높일 수 있는 방법으로 다섯 가지를 제시하고 있다. ① 학습의 과정에서 성공의 기회를 높이는 한 방법으로는 쉬운 내용에서 어려운 내용으로 수업을 조직하고 강화를 자주 또는 매번 사용하는 계획을 짜야 한다. 성공의 기회를 최대로 부여하기 위해 수업 내용이나 연습은 쉬운 것부터 시작해야 한다. ② 학습의 필요조건과 선수 지식,

기술을 부합시켜 너무 지나친 도전과 권태를 방지하고 적절한 수준의 난이도를 유지하기 위한 수업 관리 전략의 하나로 제시되었다. ③ 학습자들의 수준을 알아보기 위하여 준비 시험을 제시하고 학습 순서상 각기 다른 능력 수준의 학습자들이 자기에게 맞는 수업을 시작하도록 구성하는 방법이다. ④ 초기 학습이 어느 정도 이루어진 후에 효과적인 방법으로 연습이나 적용의 과정에서 무작위로 다양한 사태들을 제시하여 학습자 본인이 조절할 수 없는 도전감을 첨가한다. ⑤ 다양한 수준의 난이도를 제공하는 방법으로 시간 조절, 자극 조절, 상황의 복합성 조절 등으로 이루어질 수 있다. 이 방법은 학습자 스스로가 개인적으로 의미 있는 도전의 수준을 정하고 자신감을 높일 수 있는 기회를 제공한다.

개인적 조절감 증대의 전략: 학업에서의 성공이 개인의 노력이나 능력에 기인한다는 피드백과 조절의 기회를 제공함으로써 얻어질 수 있는 것이 개인적 조절감이다. 이러한 방략은 학습된 무기력감과 같이 학생이 자신의 노력과 결과 사이의 연결을 인식하지 못할 때 특히 중요하다. 이러한 방략을 실행하기 위한 직접적인 접근의 하나는 적절한 시점에서 교사가 직접적인 개입을 하는 것이다. 켈러는 성공이 반드시 자신감을 높이는 것은 아니라고 지적하면서, 처음에는 쉽지만 점점 어려워지는 문제의 계열성을 개발할 것과 성공할 때마다 계속 노력하라고 격려를 해 주고, 좀 더 어려운 문제를 풀었을 경우 내부적 요인을 부각시키는 피드백을 제공하는 것이 학습자의 자신감을 높이는데 도움을 준다고 본다. 다음은 개인적 조절감을 주는 구체적인 방법들이다. ① 학습자들이 언제든지 학습 상황에서 빠져 나갈 수 있고 돌아오고 싶을 때는 다시 돌아올 수 있으며 학습의 전 상황으로 가서 복습도 할 수 있게 하는 방법으로, 컴퓨터나 다양한 시청각 매체를 이용할 수 있다. ② 학습자 스스로 다음 내용으로 진행하도록 하는 조절의 기회를 주어야 한다. ③ 학습자에게 그가 원하는 부분으로 쉽사리 가도록 허락하는 것이다. 교수자나 기타 매체에 의해 필요 없는 부분을 반복하도록 할 때는 동기가 저하될 우려가 있다. ④ 학습자가 여러 가지의 다양한 학습 과제와 난이도에 따라 자신에게 맞는 것을 선택하도록 교수를 조직하는 방법이다. 교수자에 의해 고정된 학습 과제와 난이도 수준은 학습자에게 개인적 조절감을 박탈하여 학습에 대한 자신감을 저하시킬 우려가 있다.

4) 만족감(S)

동기의 한 요소로 만족감이 강조되는 이유는 학습자의 노력의 결과가 그의 기대와 일치하고 학습자가 그 결과에 대하여 만족한다면 학습 동기는 계속 유지될 것이며, 이는 학습자의 학업 수행에도 영향을 미치기 때문이다. 만족감은 학습의 초기에 학습자의 동기를 유발시키는 요소라기보다는 일단 유발된 동기를 계속 유지시키는 역할을 하는 것으로 지적되었다. 켈러가 제시한 만족감의 구체적 전략은 다음과 같다.

자연적 결과 강조의 전략: 이 전략은 학습자의 내재적 동기를 유지시키려는 것으로, 학습자가 새로 습득한 지식이나 기술을 실제 또는 모의 상황에 적용해 보는 기회를 제공하는 것을 말한다. 자연적 결과를 구체화시키는 방법에는 다음과 같은 것이 있다. 첫째, 적용하는 연습 문제를 제시해 주는 방법으로, 이것은 새로 습득한 지식 및 기술을 적용해 볼 수 있도록 구성되어야 한다. 둘째, 수업은 새로 습득한 지식이나 기술을 다음 후속 상황에서 적용할 수 있도록 설계되어야 한다. 셋째, 학습된 기술이나 지식을 적용해 볼 수 있는 모의 상황이나 게임 등을 수업 끝에 첨가시켜 적용의 기회를 증가시켜야 한다.

긍정적 결과 강조의 전략: 이 전략은 바람직한 행동을 계속 유지시키기 위하여 성공적인 학습 결과에 대하여 긍정적 피드백이나 보상을 제공하는 것을 의미한다. 이 전략은 행동주의의 원리를 반영한 것으로 외적 보상을 강조하고 있다. 구체적인 방법들은 다음과 같다. 첫째, 새로운 지식이나 기술을 배우는 단계에서 학습자의 반응 뒤에는 매번 긍정적 피드백이나 다른 보상을 해 주고 학습자가 배운 지식이나 기술을 적용해 보는 연습 단계에는 간헐적인 강화계획을 사용하는 것이 좋다. 둘째, 학습자 수준에 맞는 의미 있는 강화를 주어야 한다는 것으로, 쉬운 문제와 과제에 대하여 긍정적 보상을 자주 하는 것은 피드백의 긍정적 동기 효과를 저하시킬 우려가 있다. 셋째, 옳은 반응 뒤에만 긍정적인 외부 보상을 하고 틀린 반응 뒤에는 보상을 주지 않는다. 넷째, 외적 보상을 사려 깊게 사용하여 보상이 실제 수업 상황보다 더 흥미를 끌지 않도록 구성하여야 한다. 다섯째, 학습자에게 선택할 수 있는 보상의 종류를 제공하는 방법이다.

공정성 강조의 전략: 공정성의 전략이란 학습자의 학업 성취에 대한 기준과 결과가 일관성 있게 유지되어야 한다는 것으로, 학습자의 학업 수행에 대한 판단을 공정하게 함과 동시에 성공에 대한 보상이나 기타의 강화가 기대한 대로 주어져야 함을 암시한다. 만약 학습자가 공정성이 없다고 지각한다면 학습 상황에 대한 만족도는 떨어질 것이다. 이러한 공정성의 원리는 다음과 같은 방법으로 구체화될 수 있다. 첫째, 수업의 내용과 구조를 제시된 수업 목표와 일관성 있게 맞추어야 한다. 둘째, 학습 도중에 연습한 내용과 시험의 내용을 일치시키는 것이다.

04 문제중심학습

2018학년도 중등 기출 다음은 A중학교 학생들의 학업 특성 조사 결과에 관해 두 교사가 나눈 대화 중 일부이다. 대화의 내용은 수업에 관한 것이다. 이를 활용하여 '학생의 다양한 특성을 고려하는 교육'이라는 주제로 논하시오.

김 교사: 학생의 다양한 특성을 반영하기 위한 수업 방법으로 어떤 것이 있을까요?

박 교사: 우리 학교 학생에게는 학습흥미와 수업참여를 높이는 수업이 필요할 것 같아요. 제가 지난번 연구수업에서 문제를 활용한 수업을 했는데, 수업 중에 학생들이 무엇을 해야 하는지 모르는 것 같았어요. 게다가 제가 문제를 잘 구성하지 못했는지 별로 흥미를 보이지 않더라고요. 문제를 활용하는 수업에서는 학생의 역할을 안내하고 좋은 문제를 개발하는 것이 중요하다는 것을 알게 되었어요.

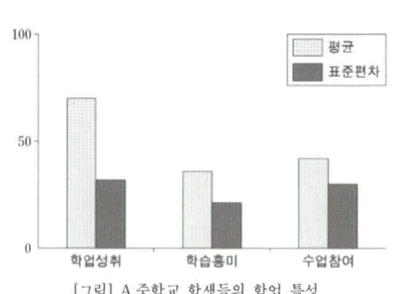

[그림] A 중학교 학생들의 학업 특성
(*3가지 변인의 점수는 서로 비교 가능한 것으로 가정함)

배점

- 논술의 내용
  - 박 교사가 언급하는 PBL(문제중심학습)에서 학습자의 역할 2가지, PBL에 적합한 문제의 특성과 그 특성이 주는 학습효과 1가지 (4점)
- 논술의 구성과 표현 (총 5점)
  - 논술은 서론, 본론, 결론으로 구성하고(1점), 주어진 주제와 연계할 것 (2점)
  - 표현이 적절할 것 (2점)

1 논술문 작성방향

문제중심학습은 실생활과 긴밀하게 관련된 문제를 해결하도록 하는 수업방법이다. 학습자는 자기주도 학습자와 협동학습자로서의 역할을 수행해야 한다. 문제중심학습에서 제시되는 학습과제는 비구조화, 실제성, 관련성, 복잡성의 특성을 가지고 있다. 이러한 문제는 비판적 사고력, 반성적 사고력, 문제해결력, 메타인지기능과 같은 고등정신능력을 기르는데 효과가 있다.

2 예시답안

서론 문제제기

교사가 교실에서 수업을 할 때 마주하는 가장 어려운 문제는 상이한 선행지식, 기술, 동기수준, 학습정도, 특성을 가진 학생들이 한 교실에 모여 있다는 사실이다. 수업이 모든 학생에게 효과적이기 위해 교사는 다양한 학생의 특성과 요구에 부합하도록 수업을 바꿀 수 있어야 한다. 교사는 수업에서 학생 간의 차이를 극복하기 위해 학생에게 동기를 부여하고, 수업을 위해 집단을 조직하고, 교육 과정을 개발하며, 학생을 평가하는 방법에 대한 체계적인 지식을 갖추어야 한다.

본론 PBL에서 학습자의 역할 2가지, PBL에 적합한 문제의 특성과 학습효과 1가지

박 교사가 언급하는 문제중심학습에서 학습자는 자기주도학습을 지향한다. 학습자는 학습과정에서 주인의식을 갖고 학습활동을 능동적으로 주도해야 한다. 다시 말해 학습자는 학습목표를 설정하고, 학습속도를 조절하며, 학습이 제대로 되고 있는지를 수시로 점검하는 역할을 수행한다. 또한 문제중심학습은 협동학습을 중시한다. 학생은 다른 사람과 함께 문제를 해결할 수 있는 방안을 수립하고 실행해야 한다. 실제적이고, 비구조화된 문제를 해결하기 위해 협동학습을 하는 과정에서 학습자는 아이디어를 공유하고, 다양한 견해를 경험하며, 자신의 사고를 명료화하고, 자신의 사고를 수정할 수 있다. 문제중심학습에서 제시되는 학습과제는 비구조화, 실제성, 관련성, 복잡성의 특성을 가지고 있다. 비구조화란 문제의 요소가 제대로 정의되지 않고 문제해결에 필요한 정보가 부족해서 다양한 해결책이 가능한 것, 실제성이란 인위적인 문제가 아니라 현실 생활과 긴밀하게 관련된 것, 관련성은 자신이 체험했거나, 체험할 수 있는 문제라고 느끼게 하는 것, 복잡성이란 충분히 길고 복잡하여 학습자들로 하여금 혼자서 하거나 단순한 역할분담만으로는 문제를 효과적으로 풀 수 없고 모든 구성원들이 협동을 해야만 문제를 해결할 수 있는 것을 말한다. 단순한 지식이나 기능을 습득하는 것과는 다른 이러한 문제의 특성으로 인해 학습동기를 높이고 고차적 사고능력과 비판적 사고능력을 기르는데 효과가 있다.

결론 제언

훌륭한 교사가 가지고 있는 특징은 의도성이다. 의도성은 목적을 가지고 의도적으로 행동하는 것으로, 의도성이 있는 교사는 성취하고자 하는 목표를 정하고 계획적인 행동을 한다. 즉 의도적 교사는 다양한 특성과 수준을 가진 학생들이 원하는 것이 무엇인지 그리고 각 의사결정이 학생들에게 어떤 영향을 미칠지에 대해 끊임없이 생각한다. 학생을 정말 변화시키기 위해, 학생들이 최대한의 노력을 하도록 하기 위해, 그리고 학생들의 사고력을 향상시키고 새로운 지식을 조직하고 보유하도록 돕기 위해 교사는 계획적이고 사려 깊으며 융통성 있게 모든 학생들에게 관심을 가져야 한다.

3 더 알아보기

1 문제중심학습

실생활과 긴밀하게 관련된 문제를 해결하도록 하는 학습자주도의 수업방법을 지칭한다. 학습자로 하여금 실생활 문제를 해결하도록 하는 수업방법이다. 의학교육과 경영교육 분야에 근원을 두고 있는 문제중심학습은 원래 구성주의와 관련 없이 독자적으로 창안된 교육방법이지만, 구성주의에 접목되어 현재와 같은 위상을 차지하게 되었고 최근 다양한 분야와 학교교육에 활발하게 도입되고 있다.

구성주의 견해를 가장 충실하게 반영하고 있는 것으로 평가받고 있는 문제중심학습의 특징은 다음과 같다. 첫째, 문제중심학습은 학습자중심의 자기주도학습을 지향한다. 학습자는 학습과정에서 주인의식을 갖고 학습활동을 능동적으로 주도해야 한다. 학습자는 학습목표를 설정하고, 학습속도를 조절하며, 학습이 제대로 되고 있는지를 수시로 점검하는 역할을 수행해야 한다. 둘째, 단순한 지식이나 기능을 습득하는 것이 아니라 비판적 사고력, 반성적 사고력, 문제해결력, 메타인지기능과 같은 고등정신능력을 함양하는 데 관심이 있다. 셋째, 교사는 지식을 일방적으로 전달하는 역할이 아니라 학생을 지원하고 조력하는 안내자·지원자·촉진자의 역할을 수행한다. 넷째, 문제중심학습은 협동학습을 중시한다. 학생은 다른 사람과 함께 문제를 해결할 수 있는 방안을 수립하고 실행해야 한다. 실제적이고 비구조화된 문제를 해결하기 위해 협동학습을 하는 과정에서 학생들은 아이디어를 공유하고, 다양한 견해를 경험하며, 자신의 사고를 명료화하고, 자신의 사고를 수정할 수 있다. 다섯째, 문제중심학습은 학습의 결과에 대한 평가는 물론 학습과정에 대한 평가도 중시한다. 또 교사의 평가는 물론 학생 자신의 평가와 동료학생들의 평가도 포함한다.

PBL 문제를 설계할 때는 그 특성들 즉 비구조화, 실제성, 관련성, 복잡성을 충분히 고려해야 한다.

비구조화: PBL에서 사용되는 문제는 비구조화된 문제여야 한다. 구조화된 문제해결의 경우는 대부분 정형화된 답이 있지만, 비구조화된 문제해결의 경우는 정형화된 답을 찾기 어렵다. 문제의 해결책은 문제의 상황과 맥락, 문제해결자의 문제에 대한 태도와 해석 등에 따라서 달라질 수 있다. 따라서 비구조화된 문제해결에서는 다양한 해결책들이 존재할 수 있으며, 최선의 해결책은 있을 수 있으나 정답은 있을 수 없다. 문제해결자는 최선의 해결책을 선택하고, 그 해결책이 다른 대안들보다 뛰어난 점을 증명하고 설득할 수 있어야 한다. PBL에서 다루고자 하는 문제는 바로 이러한 비구조화된 문제들이다.

실제성: 좋은 PBL 문제는 학습자의 흥미와 동기를 유발해서 학습내용에 대한 더 깊은 이해를 촉진해야 한다. 학습자의 흥미를 유발하는 한 가지 방법은 실제적인 문제를 사용하는 것이다. 실제적인 문제는 실세계에서의 문제이며, 학생들이 문제를 이해할 수 있음에 그치지 않고 문제를 해결하기 위해 관련된 지식과 기능을 사용하도록 유도해야 한다.

관련성: 좋은 PBL 문제는 학습자가 관련성을 느끼게 해야 한다. 즉 자신이 체험했거나, 체험할 수 있는 문제라고 느끼게 해야 하는 것이다. 이를 위해 문제 속에 학습자로 하여금 관련성을 느끼게 하는 상황을 제시해야 한다.

복잡성: PBL에서 활용하는 문제는 그 복잡성으로 인하여 조로 편성된 그룹의 모든 구성원들이 문제를 해결하는 데 기여할 수 있도록 해야 한다. 즉, 문제가 충분히 길고 복잡하여 학습자들로 하여금 혼자서 하거나 단순한 역할분담만으로는 문제를 효과적으로 풀 수 없다는 것을 깨달을 수 있도록 해야 한다. 단순히 과제를 나누어서는 해결할 수 없고, 모든 구성원들이 협동을 해야만 문제를 해결할 수 있도록 해야 한

다. 학습자들은 협동 학습을 통해 자신이 학습한 것과 새로운 정보를 연결할 수 있어야 하고, 이를 종합할 수 있어야 한다. PBL에서 추구하는 문제는 이러한 협동학습이 유기적으로 발생할 수 있는 정도의 복잡성을 지닌 문제다.

■ 바람직하지 않은 PBL 문제와 바람직한 PBL 문제의 비교 ■

바람직하지 않은 PBL 문제	바람직한 PBL 문제
한 가지 해결방안만 있는 경우	다양한 해결방안이나 대처방안이 가능한 경우
교과서상에서만 존재할 수 있는 문제	실세계에서 발생 가능한 문제
학습할 사항 내지 논점들을 교수자가 제시하는 경우	학습할 사항 내지 논점들을 학습자가 생성하는 경우
학습자의 경험이 전혀 불가능한 문제	학습자의 경험이 가능했거나 가능한 문제
혼자서 또는 조원들 간의 단순한 역할분담만으로 해결방안을 찾을 수 있는 문제	해결방안을 위해 협동학습이 필요한 문제

05 정착수업

2020학년도 중등 기출 오늘날과 같은 초연결 사회에서는 다수의 사람이 소통하면서 협력하는 것이 중요하다. 이러한 시대적 추이를 반영하여 ○○고등학교에서는 토의식 수업 활성화를 위한 교사협의회를 개최하였다. 다음은 여기에서 제안된 주요 의견을 정리한 것이다. 그 내용은 수업설계의 변화 방향에 관한 것이다. 이를 바탕으로 '토의식수업 활성화 방안'이라는 주제로 서론, 본론, 결론을 갖추어 논하시오.

구분	주요 의견
C 교사	• 토의식 수업이 활발하게 이루어지기 위해서는 수업방법과 학습도구가 달라져야 함 • 수업방법 측면에서는 학생이 함께 다양한 관점에서 문제를 탐색하며 해답을 찾아가는 데 있어서 정착수업(Anchored Instruction)을 활용할 수 있음 • 학습도구 측면에서는 학생이 상호 협력하여 지식을 생성하기 위해 인터넷에서 수집한 정보를 공유하고, 공동으로 수정, 추가, 편집하는 데 위키(Wiki)를 이용할 수 있음 (예 : 위키피디아 등) - 단 위키를 활용할 때 발생할 수 있는 문제점에 유의해야 함

배점

- 논술의 내용
  - C 교사의 의견에서 제시된 토의식 수업을 설계할 때 활용할 수 있는 정착수업의 원리 2가지, 위키를 활용할 때 발생할 수 있는 문제점 2가지 [4점]
- 논술의 구성 및 표현 [총 5점]
  - 논술의 내용과 '토의식 수업 활성화 방안'의 연계 및 논리적 형식 [3점]
  - 표현의 적절성 [2점]

1 논술문 작성방향

제시문에 언급된 정착수업의 원리는 실제적인 문제를 제공해야 한다는 것이다. 또한 그 실제적인 문제를 매체를 통해 제공해야 한다는 점이 있다. 위키를 활용한 수업에서는 위키를 통해 오히려 잘못된 정보를 받아들일 수 있고, 위키 속에는 너무나도 많은 양의 정보가 존재하기 때문에 인지적 과부하, 방향감 상실의 문제가 발생할 수 있다.

2 예시답안

서론 문제제기

오늘날의 초연결 사회에서 토의식 수업은 학생들의 다양한 참여를 통해 수업을 이끌어 가는 데 효과적인 수업방식이다. 토의는 과정을 중시하며, 다양한 의견들을 종합하여 최선의 해결방안을 모색한다는 점에서 민주적인 의사소통 방식이라고 할 수 있다. 다양한 교육방법에 대한 이론 중 토의를 주목해야 하는 이유가 여기 있으며, 이러한 토의식 수업을 활성화하기 위해 교사는 지식관, 교육내용, 수업설계, 학교문화의 변화 방향에 대해 관심을 가질 필요가 있다.

본론 C 교사의 의견에서 제시된 토의식 수업을 설계할 때 활용할 수 있는 정착수업의 원리 2가지, 위키를 활용할 때 발생할 수 있는 문제점 2가지

C 교사는 정착수업모형을 활용하여 토의식 수업을 설계하고자 한다. 이때 활용할 수 있는 정착수업의 원리는 다음과 같다. 정착수업은 실제의 상황에서, 또는 실제적인 문제를 학습자에게 제공하는 환경에서 학습이 이루어지는 문화 적응의 과정이다. 또한 정착수업모형에서는 테크놀로지를 이용하여 학생들에게 실제 상황과 유사한 상황을 제시함으로써 현실에 적용할 수 있는 문제해결능력을 길러 주고자 한다. 즉, 수업을 실제 문제해결 상황에 정착시켜 학생들이 적극적으로 학습에 참여하도록 하는 방법이다. 토의식 수업에 있어 위키를 활용할 때 생길 수 있는 문제점은 다음과 같다. 첫째, 위키 내에는 정확한 정보만 존재하는 게 아니라 잘못된 정보, 가치 없는 정보 또한 상당히 존재한다. 학생들은 이 자료들의 정확성을 명확히 판단하여 구분하지 못해 잘못된 정보를 받아들일 수 있다. 둘째, 위키에는 지나치게 많은 양의 정보가 존재한다. 이로 인해 학생들에게 인지적 과부하가 나타나거나 방향감을 상실하는 문제가 있을 수 있다. 즉, 지나치게 많은 정보의 유입이나 자신이 어디에 위치해 있는지 갈피를 못 잡는 경우 학습의 효과는 떨어진다. 교사는 이러한 점을 염두에 두고 토의식 수업을 위한 수업을 효과적으로 설계해야 한다.

결론 제언

교사는 학교현장에서 토의식 수업을 활성화시키기 위한 매우 복잡하고 다양한 역할을 동시에 수행해야 한다. 이러한 교사의 역할은 지식관, 교육내용, 수업설계, 학교문화에 대한 폭넓은 교육학적 지식을 기반으로 수행될 수 있으며, 교사는 이러한 지식을 학교현장에 적절하게 적용하기 위한 전문성을 갖춰야 한다. 토의식 수업의 활성화를 위한 교사의 역할은 교사 개인의 차원을 넘어 동료교사, 학교, 지역사회 및 국가 간의 유기적이고 공동체적인 협력을 통해 더욱 효과적으로 수행될 수 있을 것이다.

3 더 알아보기

1 상황정착수업이론(앵커드 수업모형)

전통적인 학교 교육의 문제점 중의 하나는 학교에서 배운 지식이 실제 생활에는 거의 쓰여 지지 않는다는 것이다. 상황정착 수업이론가들은 학교 학습이 효과적이지 못하고 학교에서 배운 지식이 실생활에 활용되지 않는 이유를 지식이 실제 사용되는 맥락과 분리되어 가르쳐진 결과라고 말한다. 예를 들면, 미분이나 적분은 과학자나 수학자들이 기본적으로 사용하는 중요한 원리이다. 하지만 학교 교육에서는 그것이 사용되는 맥락에 대한 정보 없이 맥락과 독립된 추상적인 개념으로 가르친다. 이렇게 고도로 탈 맥락화 되고 단순한 지식은 불완전하고, 미숙한 이해를 초래한다. 따라서 학생들은 시험에는 통과할지라도 그 지식을 일상생활에는 적용하지 못하게 되는 것이다. 이렇게 시험에는 통과할 수 있어도, 실제 문제 상황에서는 적용되지 못하는 지식을 비활성화된 지식이라고 한다. 머리 속에는 들어있지만 필요할 때 쓸 수 없는 지식, 즉 쓸모없는 지식이라는 뜻이다.

기본적으로 인간의 사고는 그 사고가 발생하는 맥락에 의해 제한되므로, 모든 지식은 그 지식이 사용되는 맥락 속에서 가르쳐져야 한다. 그러므로 학교에서 학습한 지식을 실제 문제에 적용함에 있어 어려움을 해결하기 위한 대안적 방법이 필요하며, 그 대안적 방법이 상황정착수업이론이다. 즉, 상황정착수업이론이란 실제의 상황에서, 또는 실제적인 문제를 학습자에게 제공하는 환경에서 학습이 이루어지는 문화 적응의 과정이다. 테크놀로지를 이용하여 실제 상황과 유사한 상황을 제시함으로써 현실에 적용할 수 있는 문제해결능력을 길러 주고자 한다. 즉, 수업을 실제 문제해결 상황에 정착시켜 학생들이 적극적으로 학습에 참여하도록 하는 방법이다.

정리하면 상황정착수업의 첫 번째 특징은 실제적인 맥락을 중시한다는 점이다. 상황정착수업에서는 실제 상황에서 문제를 해결하는 과정을 통해 지식을 획득하도록 한다. 따라서 상황정착수업 이론에서는 여러 상황이 함축되어 있는 학제 간 지식의 활용을 필요로 하는 복잡한 문제를 다룬다. 다양한 지식간의 연결을 통해 해결할 수 있는 복잡하고 실제적인 문제를 뜻한다. 두 번째 특징은 실제 맥락이나 상황을 실감나게 제시하기 위해 비디오 테크놀로지를 활용한다는 점이다. 상황정착수업에서는 공학을 이용하여 실제 상황과 유사한 상황을 제공해 준 다음 문제를 해결하도록 하여 유용한 지식을 학습하도록 한다. 상황정착수업의 대표적인 사례는 '재스퍼의 모험'을 들 수 있다. 이것은 주인공이 모험을 통해 수학문제를 해결하도록 한 프로그램으로 비디오테이프와 비디오디스크로 제작되어 있어 사실적인 상황과 맥락을 제공한다.

상황정착수업 이론에서 실제적 과제란 협의적 성격을 띠며 어떤 특정 상황을 전제로 한 문제해결을 위해 그 특정 상황을 둘러싼 모든 자료와 물체 등을 가능한 자세하게 사실성을 포함하여 담고 있는 것이라고 볼 수 있다. 여기서는 미리 구조화된 틀 안에서 제공되는 학습 환경과 대비되어 상대적으로 덜 구조화되어 복잡하고, 탐구적 접근을 허용할 수 있는 학습 환경을 제시하며, 그런 학습 환경에서 학생들과 교사들이 활발하고 적극적으로 인지적 활동을 수행할 것이 강조된다. 즉, 문제 해결에 필요한 자료가 사실적 정확성에 기인하여 자세하고 확실하게 그 프로그램 속에 내재되어 있어야 한다는 의미와 특정 상황을 전제로 문제를 풀어갈 때, 학생들 스스로가 자신들이 풀어야 할 문제가 무엇인지를 밝히고, 거기서 발생되는 하부 과제까지도 스스로 만들어가고, 이들 문제들을 풀어 가는 과정 역시 스스로 평가하는 이 일련의 작업 자체를 모두 포함한 의미로 규정된다.

상황정착수업 이론의 경우는 학생과 교사로 구성된 지식탐구 팀 간의 협동적 노력을 통해 문제 해결의 전 과정, 즉, 문제 자체를 형상화하고 문제의 해결책을 제시하기까지의 전 과정이 학생들 주도로 이루어지는 형성학습을 강조하고 있다. 상황정착수업 이론에서 말하는 협동학습이란 어떤 한 상황 혹은 어떤 일련의 사건이 있을 때 그것에 대한 학생들의 각기 다양한 해석과 접근방법을 이런 협동적 노력을 통해 접하게 되고, 그리하여 그들의 개인적 견해와 사고의 틀을 넓히는 결과를 갖고 오도록 하는 전략이라고 할 수 있다. 뿐만 아니라 이렇게 서로 다른 견해와 사고에 노출되고 그 안에서 어떤 해결 방안이나 공통적 이해에 도달하려고 하는 과정을 통해 다른 사람들에게 자신의 견해를 설득력 있게 밝힐 수 있는 기술이나 다른 사람들과의 토론을 이끌어 가는 기술을 익히게 된다는 점도 중요한 의미를 갖는다.

교사의 경우 촉매자 역할과 더불어 같이 배우는 자로서의 역할을 강조한다. 즉 교사는 충분한 학습의 여유를 제공해 주고 학생 주도의 문제형성과 해결 학습을 강조한다. 또한 교사의 역할은 학생들이 주체가 되어 문제해결을 할 수 있도록 기본 인지적 틀을 제시해주며 교수적 도움을 주는 것 외에도 학생들의 문제해결 과정에 참여하여 같이 배우는 자로서의 역할도 강조된다.

2 인터넷 교육

테크놀로지가 발달하고 브라우저를 이용한 월드와이드웹이 급속히 보급되기 시작한 1995년부터 웹기반 수업의 설계·개발·활용에 대한 관심과 연구과 활발해졌다. 이와 함께 전자학습이라는 의미에서 이러닝이라는 말이 유행하게 되었다. 이러닝은 '교실 내외에서 이루어지는 인터넷 등 첨단 테크놀로지를 기반으로 한 학습'이라 할 수 있다. 기존의 수업을 인터넷을 비롯한 여러 테크놀로지의 지원을 받아 보다 다양하고 효과적으로 실시하는 것을 의미하기도 하고, 전통적인 면대면 수업이 아닌 교실 밖에서 테크놀로지와 교육자료에 의존해 학습자 혼자 학습하는 것 모두를 의미한다.

인터넷교육의 장점은 다음과 같다. 첫째, 인터넷은 거대한 정보의 데이터베이스이다. 고로 개인, 공인 기관, 학습단체, 학교 등에서 올리는 문서나 자료 등을 참고하거나 교육자료로 활용할 수 있다. 둘째, 하이퍼텍스트를 활용하게 됨으로써 학습자의 자기주도학습을 촉진시킬 수 있다. 셋째, 자신에게 필요한 정보를 찾아가는 과정을 배울 수 있다. 즉, 학습자 스스로 방향을 설정, 정보의 가치판단 및 조직하는 방법을 익히는 구성주의적 교육에 적합하다. 넷째, 협동학습을 가능하게 한다. 이는 도시와 시골 간의 문화적·정보적 격차를 줄이는 데 일익을 담당할 것이다. 다섯째, 시공을 초월하여 융통성 있는 교육을 가능하게 한다. 여섯째, 창의성과 종합적인 사고를 길러준다. 일곱째, 교실과 세계를 잇는 역할로 학생들은 이를 통해 실생활에서의 문제해결방법을 배울 수 있다.

인터넷교육의 한계점은 다음과 같다. 첫째, 정보접근의 기회가 균등하게 이루어져야 한다. 둘째, 누구나 인터넷에 올라오는 정보들 중에서 동영상이나 큰 그래픽 정보들을 받을 때면 오랜 시간이 걸린다. 이는 주의산만, 시간적·심리적 피해를 받게 된다. 셋째, 외국과의 정보교류를 위해서는 언어적 소통이 문제가 된다. 넷째, 가치 없는 정보가 많이 있으며 가치를 평가할 수 없는 단계에서 잘못된 정보를 받아들일 수 있다. 다섯째, 하이퍼텍스트에서 나타날 수 있는 인지적 과부하나 방향감 상실의 문제가 있을 수 있다. 즉, 지나치게 많은 정보의 유입이나 자신이 어디에 위치해 있는지 갈피를 못 잡는 경우 학습의 효과는 떨어진다.

Why to How
기출문제 분석집

Chapter 7

교육공학

Chapter 7 교육공학

01 ADDIE 모형

2015학년도 상반기 중등 기출 다음은 A 고등학교 초임 교사들을 대상으로 진행한 학교장의 특강 내용 중 일부를 발췌한 부분이다. 발췌한 특강 부분은 학교에 대한 이해 차원에서 수업 설계에 대한 내용이다. 이를 바탕으로 '다양한 요구에 직면한 학교 교육에서의 교사의 과제'라는 주제로 서론, 본론, 결론의 형식을 갖춰 논하시오.

> 여러분들도 잘 아시겠지만 최근 우리 사회는 학교가 다양한 역할을 수행하도록 요구하고 있습니다. 이에 따라 선생님들께서는 학교 및 수업에 대한 기본적인 이해가 필요하다고 생각합니다.
>
> 한편, 사회가 학생들에게 새로운 역량을 요구하고 있고, 이를 키우기 위해 교사는 다양한 수업을 설계할 수 있어야 합니다. 제가 경험했던 많은 교사들은 다양한 수업을 시도해 보고자 하는 열정은 높았지만 새로운 수업 방법이나 모형을 활용하여 수업을 설계하거나 수업 상황에 맞게 기존의 교수·학습지도안을 적용하는 데 어려움을 느꼈습니다. 다양한 교수체제설계 이론과 모형이 있지만 분석, 설계, 개발, 실행, 평가의 과정은 일반적이라고 생각합니다. 이 중 분석과 설계는 다른 과정의 기초가 되기 때문에 중요합니다. 수업 요소들이 서로 어떻게 관련되어 있는지 파악하여 여러분의 수업에 적용해 보시기 바랍니다.

배점

- 논술의 내용
  - 일반적 교수체제설계에서 분석 및 설계 과정의 주요 활동 각각 2가지만 제시
- 논술의 구성 및 표현(총 5점)
  - 논술의 내용과 '학교 교육에서의 교사의 과제'와의 연계 및 논리적 형식(3점)
  - 표현의 적절성(2점)

1 논술문 작성 방향

교수체제설계의 기본과정은 분석, 설계, 개발, 실행, 평가로 나누어지며, 이 다섯 가지 기본 과정의 두음자를 따서 교수체제설계의 기본모형인 ADDIE 모형으로 부르고 있다. ADDIE 모형에 포함된 다섯 가지 과정과 절차는 어떠한 교수체제설계 모형에서도 발견되는 핵심적인 내용으로서, 다양한 교수체제설계 모형의 기초가 된다. 분석 단계는 학습내용을 정의하는 과정으로 요구분석, 학습자분석, 환경분석, 직무 및 과제분석이 포함된다. 설계 단계는 교수방법을 구체화하는 과정으로 수행목표의 명세화, 평가도구의 설계, 프로그램의 구조화 및 계열화, 교수전략과 매체의 선정이 포함된다.

2 예시답안

서론 | 제시문 분석

잘 가르치는 유능한 교사가 되기 위해서는 흔히 교과 내용에 대한 지식을 많이 알고 있어야 한다고 생각하기 쉽지만, 실제로 '잘' 교육하기 위해서는 단순히 전달할 지식에 대한 이해뿐만이 아니라 한 사회 속에서 학교가 행하는 교육을 이해하는 것이 필요하다. 학교 현장에서 교사는 진공상태에 존재하는 것이 아니라 한 사회의 구성원으로서, 전체 사회의 일부로서, 학교라는 조직의 구성원으로서 존재하고 학업지도는 수업과 평가를 계획하고 운영하는 방식과 불가분의 관계에 있다. 교육은 이러한 것들의 영향 하에서 이루어진다. 제시문은 교장의 특강 내용을 통해 초임 교사가 좋은 교사가 되기 위해 고민해 볼 필요가 있는 학교와 수업에 대한 문제 상황들을 보여주고, 이에 대한 교육학적 견해를 요구하고 있다.

본론 | 일반적 교수체제설계에서 분석 과정의 주요 활동 2가지, 설계 과정의 주요 활동 2가지

체제적 교수설계절차의 주요한 단계들은 분석(analysis), 설계(design), 개발(development), 실행(implementation) 그리고 평가(evaluation)로 구성되어 있어서 ADDIE모형 이라고도 한다. 이러한 다섯 가지의 구성요소들은 대부분의 체제적 교수설계모형에서 찾아볼 수 있는 기본적인 활동들이다. 먼저 분석단계는 교수체제 설계 과정의 초기 단계로서 설계 상황에서 절대적인 중요성을 지닌 요소들을 분석하는 단계이다. 분석 과정에서는 요구분석과 학습자분석을 한다. 요구분석에서는 성취해야 할 바람직한 목표수준과 현재 학습자들이 지니고 있는 능력수준간의 차이를 분석하고, 그 결과에 기초하여 적정한 학습목표를 설정한다. 학습자분석에서는 학습자의 지적·정의적 특성, 사회문화적 배경, 출발점 능력, 학습양식 등을 분석한다. 다음으로 설계단계는 앞 단계의 분석결과를 토대로 구체적인 청사진을 개발하는 단계이다. 설계 과정에서는 효과적이고 효율적인 교육프로그램을 개발하기 위하여 수행목표의 명세화, 평가도구의 설계를 한다. 학습자들이 학습을 마친 후에 획득하게 될 학습목표를 구체적이고 명세적인 수행목표로 진술하는 것이다. 분석단계에서 수행한 요구분석의 최종 산물인 일반 목표를 수행하는 데 필요한 직무와 과제를 분석한 결과를 바탕으로 보다 명세적인 수업목표를 작성한다. 수행목표의 진술은 학습자를 포함해야 하고, 성공적인 수행의 판단준거 등을 포함하여 진술해야 한다. 그리고 학습한 결과 또는 수행결과를 확인하기 위한 평가도구를 개발한다. 평가도구는 요구하는 목표의 성격에 맞게 타당하고 신뢰할 만한 유형으로 개발되어야 한다. 평가도구로는 지필검사, 관찰 및 실기검사, 역할연기 등 다양한 방법이 사용되나, 인지적 영역의 목표는 주로 지필검사를 활용한다.

결론 | 제언

좋은 교육을 하는 교사가 되기 위해서는 학습과 직접적으로 관련되는 심리나 발달, 교과 내용에 대한 지식 이외에도 교육이 이루어지는 수업이나, 학교 조직, 더 넓게는 학교의 기능과 역할에 대한 이해가 필요하다. 학교 현장에서 이루어지고 있는 교육활동을 해석하고 개선하기 위해서는 좀 더 넓은 시야에서 교육학적 안목을 계발하고 실천을 준비할 필요가 있다. 제시문과 같이 '교실 내의 미시적인 상호작용' 외의 좀 더 체제적이고 거시적인 현상에 대하여 교육학 이론을 통해 진단하고 설명해 보며, 문제 해결을 시도해 보는 것은 교육학적 안목을 키우기 위한 좋은 시도이다. 교육학 이론에 대한 폭넓은 이해를 통해 교사로서 전문성을 갖추기 위해 노력해야 한다.

3 더 알아보기

1 ADDIE 모형

실즈와 리치가 제안하고 있는 체제적 교수설계절차의 주요한 단계들은 분석(analysis), 설계(design), 개발(development), 실행(implementation) 그리고 평가(evaluation)로 구성되어 있어서 'ADDIE모형'이라고도 한다. 이러한 다섯 가지의 구성요소들은 대부분의 체제적 교수설계모형에서 찾아볼 수 있는 기본적인 활동들이다.

A	D	D	I	E
분석	설계	개발	실행	평가
• 요구분석 • 학습자분석 • 환경분석 • 직무 및 과제분석	• 수행목표 명세화 • 평가도구개발 • 계열화 • 교수전략 및 매체선정	• 교수자료개발 • 형성평가 및 수정 • 개발·제작	• 사용 및 설치 • 유지 및 관리	• 총괄평가 (교육훈련 성과평가)
학습내용을 정의하는 과정	교수방법을 구체화하는 과정	교수자료를 제작하는 과정	프로그램을 실제 상황에 적용하는 과정	프로그램의 효과성과 효율성 및 적절성을 결정하는 과정

분석단계: 분석단계는 교수체제 설계 과정의 초기 단계로서 설계 상황에서 절대적인 중요성을 지닌 요소들을 분석하는 단계이다. 즉, 현재의 학습자들에게 어떤 문제가 있고, 어떤 점이 부족한지를 밝혀서 전체 과정을 수행하는 타당한 근거를 확보하고, 그 문제가 해결된 상태의 진술인 일반 수준의 목표를 도출한다. 계속해서 현재 학습자의 인지적·정의적·심동적 상태를 밝히고, 교수학습과정이 이루어지는 전반적인 환경을 분석하고, 도출된 일반 목표를 달성하기 위한 하위 역량으로서 필요한 직무와 과제를 적절한 수준의 난이도와 최적이 수행 순서를 고려하여 분석한다. 이 같은 분석의 결과는 다음 단계인 설계 단계를 수행하는 투입요소로서 기능을 한다. 분석단계에는 요구분석, 학습자분석, 환경분석 그리고 직무 및 과제분석이 포함된다. 첫째, 요구분석에서는 성취해야 할 바람직한 목표수준과 현재 학습자들이 지니고 있는 능력수준 간의 차이를 분석하고, 그 결과에 기초하여 적정한 학습목표를 설정하게 된다. 둘째, 학습자분석에서는 학습자의 지적·정의적 특성, 사회문화적 배경, 출발점 능력, 학습양식 등을 분석한다. 셋째, 환경분석에서는 새로운 지식·기능·태도를 획득하게 되는 학습환경을 분석하고, 또한 획득한 지식·기능·태도를 활용하게 되는 수행환경을 분석한다. 교수설계 과정에 참여할 인적자원·기자재·시설·장비 등의 물적 자원·개발기간 등과 함께, 교실·실험실 등 교수학습의 공간과 교수매체를 포함한다. 넷째, 직무 및 과제분석은 교육의 목적을 성공적으로 수행하기 위해 필요한 지식·기능·태도가 무엇인지를 파악하고, 이들 간의 계열성을 확인하는 과정이다.

설계단계: 앞 단계의 분석결과를 토대로 구체적인 청사진을 개발하는 단계이다. 실제로 교수전략 등이 반영된다는 점에서 교수체제설계의 핵심적인 활동이라고 볼 수 있다. 설계단계에서는 효과적이고 효율적인 교육프로그램을 개발하기 위하여 수행목표의 명세화, 평가도구의 설계, 프로그램의 구조화 및 계열화,

교수전략과 매체의 선정이 포함된다. 첫째, 학생들이 학습을 마친 후에 획득하게 될 학습목표를 구체적이고 명세적인 수행목표로 진술한다. 분석단계에서 수행한 요구분석의 최종 산물인 일반 목표를 수행하는 데 필요한 직무와 과제를 분석한 결과를 바탕으로 보다 명세적인 수업목표를 작성한다. 학습목표의 영역은 인지적 영역, 정의적 영역, 신체적 영역으로 구분되며, 특히 인지적 영역에 관하여 블룸(Bloom)은 지식, 이해력, 적용력, 분석력, 평가력 등으로 세분화하고 있고, 가네는 언어 정보의 학습, 지적 기능의 학습, 인지 전략의 학습 등으로 구분하고 있다. 그리고 수행목표의 진술은 학습자를 포함해야 하고, 성공적인 수행의 판단준거 등을 포함하여 진술해야 한다. 둘째, 학습한 결과 또는 수행결과를 확인하기 위한 평가도구를 개발한다. 평가도구는 요구하는 목표의 성격에 맞게 타당하고 신뢰할 만한 유형으로 개발되어야 한다. 평가도구로는 지필검사, 관찰 및 실기검사, 역할연기 등 다양한 방법이 사용되나, 인지적 영역의 목표는 주로 지필검사가 활용된다. 셋째, 수행목표와 평가도구를 개발하고 나면 학습내용이나 학습활동의 제시 순서를 계열화한다. 계열화는 학습내용의 논리적 관계나 실질적 필요에 따라 학습효과를 극대화시킬 수 있도록 학습과제의 구성요소들을 배열하는 것을 말한다. 이때 교수설계자와 교과내용전문가의 협력은 필수적이다. 대표적인 계열화 이론으로는 가네의 학습위계구조이론과 라이겔루스의 정교화 교수이론을 들 수 있다. 넷째, 수행목표와 학습내용이 결정되고 나면 이를 가장 효과적으로 성취할 수 있는 교수전략과 매체를 선정하는 일이 특히 중요하다. 교수전략과 매체를 선정할 때 고려해야 할 점은 학습목표, 학습집단의 특성, 교수학습통제의 주체자, 학습환경, 교수기법 등이며, 또한 교수매체의 교수전달기능과 특정한 교수활동(예를 들면 시연, 규칙제시, 연습, 피드백 제공 등)간의 관련성도 검토해야 한다.

개발단계: 설계단계에서 구안된 청사진에 기초하여 수업에 사용하게 될 교수자료를 개발하는 단계로서, 교수자료의 초안을 개발하여 그 초안의 적절성을 확인하기 위한 일대일평가, 소집단평가, 현장적용평가 등의 형성평가를 실시하고, 형성평가의 결과에 따라 프로그램을 수정한 후에 실제로 사용하게 될 프로그램을 제작한다. 마치 건물의 설계도에 따라 건물을 실제로 짓는 활동을 하는 단계와 같다. 최종의 완성된 자료를 개발하기 위해서는 불가피하게 시행착오를 거치게 되어 있다. 이 단계를 통해 개발된 여러 가지 초안들은 몇 차례의 수정, 보완 과정을 거치게 된다. 첫째, 설계단계에서 명세화된 학습목표를 성취시키는 데 필요한 모든 교수학습자료를 개발한다. 특히 수행목표의 진술, 규칙이나 원리, 예, 연습활동, 수행에 대한 피드백 및 교사와 학습자에게 필요한 모든 지시사항 등이 주요 학습원리에 따라 구안되어야 한다. 교수매체는 수행목표와 학습내용을 가장 효과적이고 효율적으로 성취시킬 수 있도록 개발하여야 한다. 교사용 지침서에는 전체 교수체제와 그 목적이 기술되어야 하며, 또한 평가도구도 포함되어야 한다. 둘째, 형성평가를 실시하여 개발단계에서 제작된 교수자료를 종합적으로 점검하여 문제점을 확인하고 난 후에 수정·보완한다. 그러므로 형성평가는 프로그램의 질관리를 위하여 반드시 실시하여야 한다. 셋째, 형성평가결과에 기초하여 수정된 교수자료들은 학습자들이 활용하는 데 불편이 없고 학습효과를 극대화시킬 수 있도록 제작되어야 한다. 교수설계전문가들은 교수자료 제작을 위한 계획 수립, 제작과정 검토, 최종 프로그램 검토 등을 해야 하고, 아울러 교수자료 제작요원들은 교수자료전문가들의 계획을 충실히 반영하여 교수자료를 개발하여야 한다.

실행단계: 실행단계에서는 개발된 프로그램을 현장에 적용하고, 계속적으로 교수자료의 질관리를 해야 한다. 실행단계는 단순히 개발, 완료된 내용을 현장에서 실행해 보는 것으로 끝나는 것이 아니라, 그 자료들이 현장에서 유지, 변화, 관리되도록 다양한 노력을 경주하는 활동도 포함된다. 예를 들어 제도와 규정을 정하여 개발된 프로그램을 일정량 또는 일정기간 활용하도록 권장하는 방법을 도입한다. 이때 새롭게 개발된 프로그램이 현장에서 채택되기 위해서는 자료와 매체가 가진 장점도 중요한 요인이 되지만, 새로운 것

에 대한 수용 의지와 정서 또한 중요한 요인으로 작용한다. 이상의 요인들을 적절히 고려하는 과정이 실행단계에서 이루어지는 활동이다. 첫째, 기존의 교수체제에 새롭게 개발된 프로그램을 적용하기 위해 교사의 연수가 이루어져야 프로그램의 목적을 살릴 수 있다. 둘째, 새롭게 개발된 프로그램의 효과적인 적용을 위하여 계속적인 질관리를 해야 하며, 이러한 질관리를 위하여 요구되는 행정적·제도적·재정적 지원체제를 강구해야 한다.

평가단계: 새로운 교수자료를 개발하여 적용하고 나면 그 효과를 확인하기 위한 평가를 실시하여야 한다. 마지막 단계로서 최종 산출물이 의도한 목적을 충실히 달성하였는지 판단하는 과정이다. 교수설계 과정의 효율성을 평가하고 교수내용이 효과적으로 전달되느냐를 평가한다. 이 과정의 결과에 따라 최종 산출물은 계속해서 사용되기도 하고, 폐기되기도 한다. 일반적으로 외부의 전문가를 통하여 개발된 프로그램의 전반에 대한 가치를 판단하는 평가보고서를 작성하게 하고 그 결과에 따라 프로그램의 채택과 폐기 여부를 결정한다. 첫째, 프로그램의 효과성을 확인하기 위해서는 총괄평가를 실시해야 하며, 이때는 일반적으로 준거지향평가를 실시한다. 이러한 평가를 통하여 목표영역별 성취수준과 학습결손영역을 확인할 수 있다. 둘째, 새롭게 개발된 교육프로그램의 성취도를 확인하기 위해서는 프로그램에 대한 만족도, 학습자의 지식·기능·태도 등의 변화 정도, 학습된 능력을 실제의 문제사태에 전이하거나 적용하는 정도를 확인한다.

02 조나센의 구성주의 학습환경 설계모형

2017학년도 중등 기출 다음은 신문 기사의 일부이다. 이를 바탕으로 '2015 개정 교육과정의 실질적 구현 방안'이라는 주제로 서론, 본론, 결론의 형식을 갖추어 단위 학교 차원에서의 학생 참여 중심 수업을 논하시오.

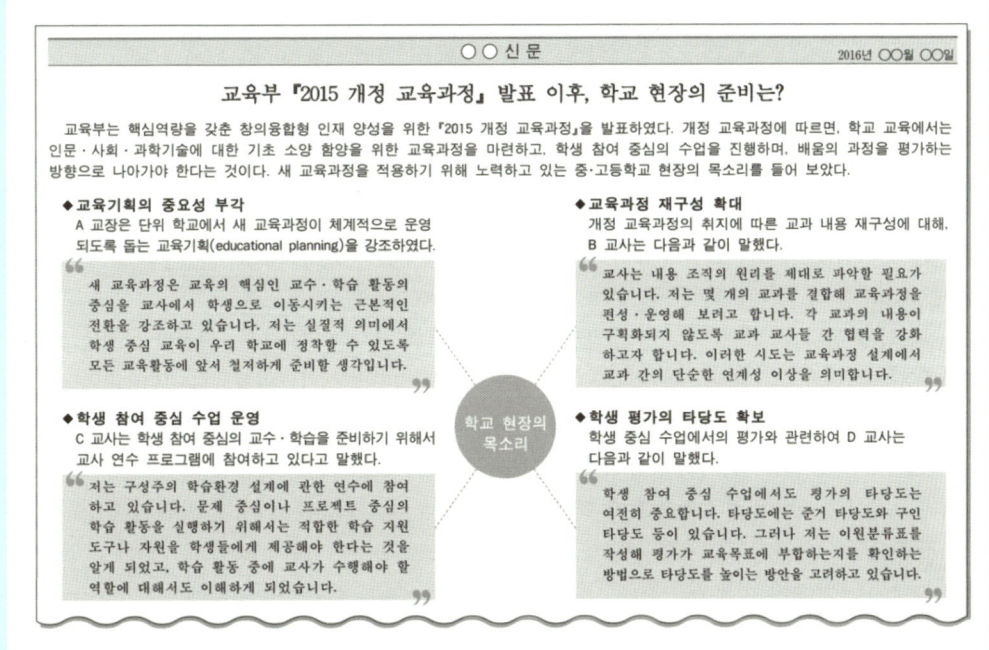

배점
- 논술의 내용
  - C교사가 실행하려는 구성주의 학습 활동을 위한 학습 지원 도구·자원과 교수 활동 각각 2가지 제시(4점)
- 논술의 구성 및 표현(총 5점)
  - 논술의 내용과 '2015 개정 교육과정의 실질적 구현 방안'의 연계 및 논리적 형식(3점)
  - 표현의 적절성(2점)

1 논술문 작성 방향

조나센은 구성주의 인식론의 입장에서 학습환경을 설계하는 구성주의 학습환경 설계 모형을 제안하였다. 조나센이 구성주의 학습환경을 설계할 때 고려할 요소들로 제안한 것은 문제/프로젝트, 관련사례, 정보자원, 인지도구, 대화/협력도구, 사회적/맥락적 자원의 여섯 가지이다. 또한 조나센은 교수자의 교수 활동으로 모형 제시하기, 지도하기, 발판 제공하기를 제시한다. 네 번째 문제는 타당도에 대해 묻고 있다.

2 예시답안

서론 문제제기

2015 교육과정 개정은 '창의융합형 인재 양성'을 위한 방안을 모색하며, 우리 교육이 안고 있는 여러 문제점을 종합적으로 검토하여 그 개선 방안을 모색하는 것을 과제로 한다. 2015 개정 교육과정이 비전으로 삼고 있는 '미래사회가 요구하는 창의융합형 인재 양성'과 '학습경험의 질 개선을 통한 행복한 학습의 구현'이 단지 구호에 그치는 것이 아니라 현실화되기 위해서는 학교 운영과 교육과정의 조직, 교수학습을 위한 지원, 평가와 같은 교육 전반의 변화가 수반되어야 한다.

본론 C교사가 실행하려는 구성주의 학습 활동을 위한 학습 지원 도구·자원 2가지, 교수 활동 2가지

C교사는 구성주의 학습 활동을 실행하려고 한다. 이를 위해서 구성주의 인식론의 입장에서 학습환경을 설계하는 조나센의 구성주의 학습환경 설계 모형을 활용할 수 있다. 이 모형에 따르면 교사는 먼저 관련 사례를 제공해야 한다. 구성주의에서는 개념과 원리의 직접적인 암기/이해보다는 다양한 사례를 접함으로써 지식구조를 점진적으로 확장하고 정교화 해나가는 과정을 의미있는 학습과정으로 본다. 그러므로 구성주의 학습환경에서는 제시된 문제와 직·간접적으로 관련이 있는 사례들을 충분히 제공함으로써 학습자의 기억을 촉진할 뿐만 아니라 인지적 융통성을 높이는 등 학습과정을 지원해야 한다. 또한 관련사례는 학습자의 지적 모형이나 경험이 부족할 경우에 학습자를 도와준다. 즉 학습자는 제공된 관련 사례들을 통하여, 제시된 문제에 포함된 쟁점들을 보다 명확히 파악하게 되므로 교사는 관련 사례를 풍부하게 제공해야 한다. 다음으로 정보 자원을 지원해야 한다. 구성주의 학습환경에서는 학습자들이 문제를 해결하는 데 필요한 충분한 정보를 제공하여야 한다. 학습자들은 정보를 활용하여 문제해결을 위한 가설을 세우고 가설을 검증하는 동시에 자신들의 지식구조를 정교화 해나간다. 이처럼 정보는 학습자가 문제를 규정하고 가설을 설정하기 위해서 매우 중요한 기능을 하기 때문에, 학습자가 어떤 종류의 정보를 필요로 할 것인지를 미리 예상하고, 풍부한 정보를 준비함으로써 학습자가 필요할 때는 언제든지 활용할 수 있도록 해 주어야 한다.

교수 활동으로는 모형 제시하기와 지도하기가 있다. 모형 제시하기는 크게 두 가지로 나누어진다. 하나는 학습자에게 기대되는 수행의 사례를 보여주는 것이다. 다른 하나는 각 문제해결 활동에서 학습자가 보여주는 인지적 추론과정을 분명히 하는 것이다. 가령 학습자에게 학습활동을 할 때 겪는 생각이나 사고과정을 말로 표현하게 한 후에, 그것을 기록하여 왜 그러한 생각과 판단을 했는지를 나중에 분석하는 것이다. 다음으로 지도하기는 학습자의 동기를 유발하고, 학습자의 수행 수준을 분석하여, 그에 대한 피드백을 제공하고, 학습한 내용에 대하여 반추할 것을 요구하는 것이다. 모형 제시하기가 전문가의 수행에 초점을 맞추고 있다면 지도하기는 학습자의 수행에 초점을 맞추는 것이다.

결론 제언

그동안 다양한 교육개혁 운동을 통하여 교육의 실제를 변혁시키려는 노력을 기울여 왔지만 뚜렷한 성과를 거두지 못하였다. 그 이유는 교육개혁을 위한 혁신적인 제안들에도 불구하고 학교교육 현장은 전통적인 교수학습 방법의 틀에서 크게 벗어나지 못하였기 때문이다. 교육 이론과 국가 정책, 학교 현장이 서로 별개의 것으로 존재하는 것이 아니라 일관성 있게 통합되고, 학교교육이 재구조화되는 변화가 현장에서부터 시작될 때 배움을 즐기는 행복 교육으로의 전환이 가능할 것이다.

3 더 알아보기

1 조나센의 구성주의 학습환경 설계모형

구성주의 학습환경 설계모형: 조나센은 구성주의 인식론의 입장에서 학습환경을 설계하는 구성주의 학습환경 설계 모형을 제안하였다. 조나센은 구성주의 학습환경을 설계할 때 고려할 요소들을 문제/프로젝트, 관련사례, 정보자원, 인지도구, 대화/협력도구, 사회적/맥락적 자원 등 여섯 가지로 설명했다.

문제/프로젝트: 구성주의 학습환경의 가장 큰 특성은 '문제'가 학습을 주도한다는 점이다. 학습자들은 학습한 내용을 적용하기 위해 문제를 해결하는 것이 아니라 문제를 해결하기 위해서 영역내용을 학습하며, 문제해결과정에서 통합적으로 맥락적인 지식을 구성하게 된다. 즉, 학생들은 문제를 해결하는 과정에서 그 문제와 관련된 영역의 지식을 새로 학습하게 되는 것이다. 따라서 제시되는 문제는 대체로 쉽게 풀리거나 확인되지 않으며, 다양한 관점을 도출할 수 있는 것이 바람직하다.

관련사례: 구성주의에서는 개념과 원리의 직접적인 암기/이해보다는 다양한 사례를 접함으로써 지식구조를 점진적으로 확장하고 정교화 해나가는 과정을 의미있는 학습과정으로 본다. 그러므로 구성주의 학습환경에서는 제시된 문제와 직·간접적으로 관련이 있는 사례들을 충분히 제공함으로써 학습자의 기억을 촉진할 뿐만 아니라 인지적 융통성을 높이는 등 학습과정을 지원하도록 한다. 또한 관련사례는 학습자의 지적 모형이나 경험이 부족할 경우에 학습자를 도와준다. 즉 학습자는 제공된 관련 사례들을 통하여, 제시된 문제에 포함된 쟁점들을 보다 명확히 파악하게 된다.

정보자원: 구성주의 학습환경에서는 학습자들이 문제를 해결하는 데 필요한 충분한 정보를 제공하여야 한다. 학습자들은 정보를 활용하여 문제해결을 위한 가설을 세우고 가설을 검증하는 동시에 자신들의 지식구조를 정교화 해나간다. 정보는 학습자가 문제를 규정하고 가설을 설정하기 위해서 매우 중요한 기능을 하기 때문에, 학습자가 어떤 종류의 정보를 필요로 할 것인지를 미리 예상하고, 풍부한 정보를 준비함으로써 학습자가 필요할 때는 언제든지 활용할 수 있도록 해 주어야 한다.

인지도구: 구성주의 학습환경에서는 학습자들이 주어진 문제를 원활하게 해결할 수 있도록 학습자의 인지활동을 지원하는 인지적 도구를 제시해야 한다. 가령 컴퓨터 소프트웨어의 경우 사고를 시각화하거나 조직화하거나 자동화하는 기능을 통해 학습자의 인지 활동을 도와줄 수 있다. 시각화 도구, 지식 모델링 도구, 정보수집도구 등이 유용한 인지도구로 제공될 수 있다.

대화/협력도구: 구성주의 학습환경은 학습자간 대화와 협력을 위한 학습 커뮤니티를 포함한다. 컴퓨터 매개 통신과 같이 학습자 상호 간에 이루어지는 학습 활동을 지원하는 수단이다. 학습자들은 다양한 유형의 컴퓨터 매개 통신 수단을 통해서 각자의 지식과 정보를 서로 교환하고 협동적인 활동을 통해 동료 학습자나 교수자로부터 모델링, 코칭, 촉진/지원 등을 제공받으며 지식 구성 과정을 촉진하게 된다.

사회/맥락적 자원: 구성주의 학습환경에서 가장 강조되고 있는 것은 학습의 사회/맥락적 요소이다. 그러나 지금까지의 많은 구성주의 학습 프로젝트들은 사회/맥락적 요인들이 적절히 다루어지지 않아 좋은 성과를 얻지 못해 왔다. 사회/맥락적 자원은 구성주의 학습환경을 성공적으로 실행하려고 할 때 고려해야 할 요소로서, 참여 교사들에 대한 지원체제나 학생들에 대한 안내 체제 등이 해당된다.

구성주의 학습환경에서의 교수활동: 조나센은 구성주의 학습환경설계에서 고려되어야 할 요소들과 학습환경을 정교화하는 방안을 포괄적으로 제시하였다. 조나센의 구성주의 학습환경은 기본적으로 학습자가 수행하는 학습활동과 이를 지원하는 교수활동으로 이루어진다. 학습자의 학습활동은 문제 해결의 단계별로 탐색, 명료화, 반추하기이며, 각 단계에서 학습활동을 촉진하는 교수활동은 각각 모형 제시하기, 지도하기, 발판 제공하기로 나타난다.

먼저 학습자는 학습대상의 목적을 분명히 하기 위해 다양한 탐색 활동을 하게 된다. 주로 원인과 결과에 대한 가설의 설정, 자료 수집, 잠정적인 결론의 도출 등을 한다. 이때 학습자의 탐색활동을 지원하는 교수활동은 모형 제시하기가 있다. 모형 제시하기는 크게 두 가지로 나누어진다. 하나는 학습자에게 기대되는 수행의 사례를 보여주는 것이다. 다른 하나는 각 문제해결 활동에서 학습자가 보여주는 인지적 추론 과정을 분명히 하는 것이다. 가령 학습자에게 학습활동을 할 때 겪는 생각이나 사고과정을 말로 표현하게 한 후에, 그것을 기록하여 왜 그러한 생각과 판단을 했는지를 나중에 분석하는 것이다. 다음으로 학습자의 명료화 활동이란 자신이 이미 알고 있는 것이나 알게 된 것을 분명히 하는 것을 말한다. 이 단계에서는 학습자가 스스로 설정한 이론이나 모형을 검토하기 위하여 실제로 적용해 보기도 한다. 교수자의 입장에서 학습자의 명료화 활동을 도와주기 위한 것은 지도하기이다. 지도하기는 학습자의 동기를 유발하고, 학습자의 수행 수준을 분석하여, 그에 대한 피드백을 제공하고, 학습한 내용에 대하여 반추할 것을 요구하는 것이 해당된다. 모형 제시하기가 전문가의 수행에 초점을 맞추고 있다면 지도하기는 학습자의 수행에 초점을 맞추는 것이다. 마지막으로 발판 제공하기는 학습자의 현재 상태의 지적 수준을 넘어서는 학습과제를 지원하기 위한 임시 지지대 역할을 하는 것이다. 원래 발판 제공하기는 성인과 아동이 인지적 과제를 같이 수행할 때 성인에 의하여 제공되는 인지적인 지원활동을 의미하는데, 학습자의 학습활동 중에 발판 제공하기를 함으로써 학습자의 흥미를 유지할 수 있고, 과제를 단순하게 하며, 적절한 수행을 나타낼 수 있게 된다. 발판 제공하기에는 크게 세 가지 유형이 있다. 첫째 유형은 학습자의 수준에 맞는 과제를 제시한 후에 점점 어려운 과제를 제시하여 결국 해결하기 힘든 상태에 이르게 하는 것이다. 둘째 유형은 학습자의 부족한 부분을 고려하여 과제를 조정하는 것으로서, 간혹 학습자에게 필요한 인지적 도구의 사용을 제안하기도 한다. 마지막 유형은 대체적인 평가를 실시하는 것이다. 이는 교사가 기대하는 수행을 학습자가 그대로 모방해서 보여주는 것을 평가하는 대신 문제 은행이나 잘 정리된 노트를 검사하는 것과 같이 다른 평가 방법을 활용하는 것이다.

03 ASSURE 모형과 토론 게시판 운영

2021학년도 중등 기출 다음은 ○○ 고등학교에 재직하고 있는 김 교사가 대학 시절 친구 최 교사에게 쓴 이메일의 일부이다. 이 내용을 읽고 '학생의 선택과 결정의 기회를 확대하는 교육'이라는 주제로 수업설계를 구성요소로 하여 서론, 본론, 결론을 갖추어 논하시오.

> 보고 싶은 친구에게
>
> … (중략) …
>
> 학생의 선택과 결정의 기회를 확대하기 위해 우리 학교가 학교 운영 계획을 전체적으로 다시 세우고 있어. 그 과정에서 나는 온라인 수업설계 등을 고민했고 교사 협의회에도 참여했어.
>
> … (중략) …
>
> 요즘 온라인 수업을 하게 되었어. 학기 초에 학생의 일반적인 특성과 상황은 조사를 했는데 온라인 수업과 관련된 학생의 특성과 학습 환경에 대해서도 추가로 파악해야겠어. 그리고 학생이 자신만의 학습 목표를 설정하고 학습의 주체가 되는 수업을 어떻게 온라인에서 지원할 수 있을지 고민하다가, 학습 과정 중에 나와 학생뿐만 아니라 학생들 간에도 소통이 이루어지도록 토론 게시판을 활용하려고 해.
>
> … (하략) …

배점

- 논술의 내용
  - 김 교사가 온라인 수업을 위해 추가로 파악하고자 하는 학생 특성과 학습 환경의 구체적인 예 각각 1가지, 김 교사가 하고자 하는 수업에서 토론 게시판을 활용하여 학생을 지원할 수 있는 구체적인 방안 2가지 [4점]
- 논술의 구성 및 표현 [총 5점]
  - 논술의 내용과 '학생의 선택과 결정의 기회를 확대하는 교육'의 연계 및 논리적 형식 [3점]
  - 표현의 적절성 [2점]

1 논술문 작성 방향

온라인 수업을 위한 준비는 ASSURE 모형에 근거하여 분석할 수 있다. 김 교사가 온라인 수업을 위해 파악하고자 하는 학생 특성으로 학습양식을 들 수 있다. 또한, 학습 환경의 특성으로 온라인 수업이 진행될 공간의 적절성을 들 수 있다. 온라인 수업에서 토론 게시판을 활용하여 학생을 지원할 수 있는 방안은 다음과 같다. 첫째, 교사는 해당 교과시간 내에 학습자들을 3-4명의 소집단으로 구성하고 이들 간에 토론이 이루어질 수 있도록 조별 게시판을 개설한다. 둘째, 학생들이 각 의견의 근거가 되는 자료를 스스로 탐색하고 이를 토론 게시판에 함께 공유하게 한다.

2 예시답안

서론 문제제기

학생의 선택과 결정의 기회를 확대하는 교육은 학습자 중심 교육의 가장 중요한 조건이다. 학습자 개개인의 개인차에 부응하는 교육과정의 개별화를 실현하기 위해서는 그동안 한국 교육과정의 문제점으로 지적되어 온 지나친 교육과정 의사결정의 중앙집권화가 지양되어야 하기 때문이다. 그러므로 교사는 폭넓은 교육학적 지식을 바탕으로 학생들이 자발적으로 참여하며 스스로 선택하는 교육을 설계하고 실행해야 한다.

본론 김 교사가 온라인 수업을 위해 파악하고자 하는 학생 특성과 학습 환경의 구체적인 예 각각 1가지, 수업에서 토론 게시판을 활용하여 학생을 지원할 수 있는 구체적인 방안 2가지

김 교사가 온라인 수업을 위해 파악하고자 하는 학생 특성으로 학습양식을 들 수 있다. 학습양식은 개개 학습자가 어떻게 학습환경을 인지하고 적용하고 반응하느냐에 관한 심리학적인 특징이다. 예를 들어, 장독립형과 장의존형의 학생들은 각각 개별학습과 협동학습을 선호한다. 이러한 개별 학생의 특성은 온라인 수업을 위한 매체나 교수방법 선정의 중요한 요인으로 작용한다. 김 교사가 파악하고자 하는 학습 환경으로 온라인 수업이 진행될 공간의 적절성을 들 수 있다. 교사는 학생들이 최적의 환경에서 온라인 수업에 참여하게 하기 위하여, 수업이 전개할 환경에 안락한 의자, 적절한 환기, 온도 및 밝기, 충분한 전원 공급이 제공되는지 여부 등을 점검해야 한다.

온라인 수업에서 토론 게시판을 활용하여 학생을 지원할 수 있는 구체적인 방안은 다음과 같다. 첫째, 교사는 해당 교과시간 내에 학습자들을 3-4명의 소집단으로 구성하고 이들 간에 토론이 이루어질 수 있도록 조별 게시판을 개설한다. 이를 통해 모든 학생이 각자의 의견을 게시하게 함으로써 보다 적극적인 토론을 유도할 수 있다. 둘째, 학생들이 각 의견의 근거가 되는 자료를 스스로 탐색하고 이를 토론 게시판에 함께 공유하게 한다. 이를 통해 학생들이 학습의 주체가 되어 학습 자료를 탐색하고, 주제에 대한 정보의 적합성을 판단하며 타당한 근거에 기초한 합리적인 의견을 게시하게 돕는다.

결론 제언

학습자 중심의 교육에서는 배우는 사람, 즉 교육받는 대상자가 중심에 놓인다. 가르치는 사람의 일방적인 판단보다는 배우는 사람의 관심과 흥미 그리고 욕구가 존중되는 것이다. 다시 말해, 학습자 중심 교육이란 학생들이 각자가 가지고 있는 다양한 능력과 잠재 가능성을 실현하기 위해 스스로 선택하고 결정하는 교육이라고 할 수 있을 것이다. 따라서 교사는 교육과정, 교육평가, 수업설계, 학교의 의사결정에서 학생의 선택권과 결정권이 최대로 발현되도록 모든 전문적 역량과 노력을 기울여야 할 것이다.

3 더 알아보기

1 ASSURE 모형

학습자 분석(A): 학습자의 특성과 교재의 내용 및 제시 방법은 교수매체의 효과에 지대한 영향을 미친다. 그러므로 교수매체를 활용한 교수활동을 계획하는 첫 번째 단계는 학습자를 분석하는 일이라 볼 수 있다. 학습목표에 성공적으로 도달하기 위해서는 학습자를 잘 파악해야 한다. 학습자 특성의 첫 번째 요인은 연령, 학력, 직위, 지적인 적성, 문화, 사회, 경제적인 요인 등과 같은 일반적인 특성이다. 이들 일반적인 요인은 학습내용과 직접적으로 관련이 있지는 않으나 수업의 수준을 결정하거나 적절한 예를 선택할 때 도움을 준다. 두 번째 요인은 학습자의 출발점에서의 행동이다. 출발점 행동이란 새로운 학습을 시작하기 이전에 학생이 지니고 있는 지식, 기능 및 태도를 의미한다. 이러한 학생들의 출발점 행동은 표준화된 검사지, 교사가 만든 시험지 등을 통한 사전검사나 학습집단의 대표와의 대화, 학습자에게 직접 또는 간접으로 물어보는 방법 등을 이용하여 측정할 수 있다. 세 번째 요인은 학습양식이다. 개개 학습자가 어떻게 학습환경을 인지하고 적용하고 반응하느냐에 관한 심리학적인 특징 또한 매체 선정의 요인으로 작용한다. 아직까지 확실하게 학습자의 학습양식 특성에 따른 매체선정과 교수방법이 밝혀지지는 않았지만 감각적인 선호도, 정보를 처리하는 습관, 동기적 요인 등이 영향을 미치는 것으로 알려지고 있다.

목표진술(S): 교수매체의 체계적인 활용을 위한 두 번째 단계는 가능한 자세하게 학습자가 학습을 마친 후의 행동을 진술하는 것이다. 학습자들이 도달해야 하는 목표지점은 어디이며, 어떠한 새로운 능력을 발휘할 수 있어야 하는지를 진술해야 한다. 다시 말해 교수활동의 결과로 학습자가 무엇을 할 수 있어야 하는지가 분명하게 진술되어야 한다. 구체적으로 목표를 진술하는 데에는 여러 가지 방법이 있지만 특히 메이어의 교수목표 진술의 방법을 적용하면 좋다. 메이어는 목표진술을 위한 다음의 4가지 구성요소를 제시하였다. 누가 학습할 것인지에 관한 대상을 분명히 하고(A), 학습자가 성취해야 하는 것을 관찰 가능한 행동으로 진술하며(B), 목표에 도달하는 데 사용되는 자원 및 시간 등의 제약을 제시하고(C), 학습자가 목표에 도달했는지의 여부를 나타내는 기준을 제시한다(D).

교수방법, 매체, 자료의 선정(S): 일단 학습자가 파악되고 학습목표가 진술되었으면 교수자는 학습자의 현재 수준의 지식, 기능 및 태도 등을 파악하였고, 도달해야 할 학습목표를 파악하고 있으므로 교수학습과정의 처음과 끝의 계획이 끝난 것이라 볼 수 있다. 그러므로 교수자는 이제부터 이들 두 과정을 연결하는 다리를 놓아야 한다. 즉, 어떤 수업방법을 선정할 것인지, 어느 매체를 사용할 것인지, 그리고 매체와 교수방법을 실행하기 위하여 어떤 교재들을 활용할 것인지를 결정해야 한다. 목표달성을 위해 가장 효과적이고 효율적이며 매력적이고 안정적인 교수방법과 매체를 선정하는 일은 매우 중요한 일이다. 학습자가 수업목표를 달성할 수 있도록 하기 위한 적절한 교수방법과 매체를 선택하고 이것을 실행하기 위한 자료를 결정해야 한다. 기존의 이용 가능한 자료를 선택하거나, 기존 자료를 부분적으로 변형하거나, 새로운 자료를 설계 및 개발할 수 있다.

매체와 자료의 활용(U): 교수매체의 효과적인 제시는 사전 시사로부터 시작된다. 제시할 자료들을 지정된 장소에서 미리 시사해 봄으로써 학생들의 수준과 목표에 적합한지를 결정하고, 자료의 상태를 조사할 수 있다. 두 번째 단계는 어떤 순서로 제시할 것인가를 정하고 리허설을 해본다. 수업의 목적과 진행단계에 맞추어 자료의 제시 순서를 결정해야 하는 것이다. 세 번째 단계로는 수업을 전개할 주변환경을 정비해야 한다. 교수매체를 어디에서 사용하든 학습자들에게 안락한 의자, 적절한 환기, 온도 및 밝기 등이 제공되어야 하며 매체에 따라 암막시설, 충분한 전원 공급 및 다양한 조명 조절장치 등이 요구될 수도 있다. 네 번째로 학습자를 사전 준비시킨다. 학습자들의 주의를 집중시키기 위하여 제시할 내용의 소개, 학습할 주제와의 관련성, 또는 사용할 교수매체에 대한 정보나 특별한 용어에 대해 미리 설명해줌으로써 동기유발을 제공해야 한다. 마지막으로 교수자료를 제시한다. 교수매체를 제시할 때 교수자는 프리젠테이션 기술을 발휘하여 능숙하게 대처해 나가야 한다.

학습자의 참여유도(R): 학습은 내용의 일방적인 전달로만 이루어지는 것이 아니라 학습자가 학습과정에 능동적으로 참여할 때 더욱 효과적으로 이루어질 수 있다. 따라서 가장 효율적인 학습상황은 학습자가 목표달성을 위해 능동적으로 참여할 수 있도록 실제 행동을 요구하는 일이다. 수업에서 학습자들이 새로운 지식이나 기술을 배우고, 각자의 학습 노력에 대한 적절한 피드백을 받을 수 있도록 충분한 기회가 제공되어야 한다. 캠프는 학습과정에 학습자의 능동적 참여를 이끌 수 있는 방법을 다음과 같이 소개하였다. 첫째, 즉각적인 필기나 구두의 반응을 요구하는 질문을 제시한다. 둘째, 필기 활동을 지시한다. 셋째, 보거나 들은 것으로부터 선택, 판단, 결정을 하도록 요구한다. 넷째, 보거나 들은 활동이나 기술과 관련된 수행을 요구한다.

평가와 수정(E): 교수활동이 끝나면 전체적인 윤곽을 잡고 이에 대한 효과를 평가해야 한다. 평가는 ASSURE 모형의 마지막 단계이기도 하지만 지속적인 매체활용을 위한 시발점이기도 하다. 그러나 학습자의 학습목표 달성 외에도 평가되어야 할 사항이 두 가지 더 있는데, 그 중 한 가지는 사용한 교수매체와 교수방법에 대한 평가이다. 이는 다음번의 교수매체 사용 시 참고하기 위해서도 필요하다. 또 하나는 교수학습과정에 대한 평가이다. 이는 교수과정을 진행시키는 동안 수시로 할 수 있다. 그러나 평가가 끝났다고 하여 교수활동이 완전히 끝난 것은 아니다. 그 이유는 평가란 교수매체의 효과적인 활용을 위해 ASSURE 모형을 계속 다시 사용하기 위한 출발 지점에 불과하기 때문이다.

2 토론 게시판의 운영

교사가 소집단 토론을 위해 토론 게시판을 활용하는 경우는 비실시간 학습의 방법으로 학습자가 동일하지 않은 장소와 동일하지 않은 시간 내에서 학습을 위해 상호작용을 하는 방법이다. 소집단 토론의 경우 특정 주제에 관해 학습자 간에 게시판을 통해 지속적으로 토론을 하는 방법이다. 교사는 해당 교과시간 내에 학습자들을 3-4명의 소집단으로 구성하고 이들 간에 토론이 이루어질 수 있도록 조별 게시판을 개설하고 적극적인 토론을 유도하게 된다. 게시판을 협력적인 과제나 학습활동을 위해 활용하는 것은 초등학교, 중학교, 고등학교, 대학교 등 서로 다른 학력 수준의 교육기관들 사이에서도 이루어질 수 있다. 이러한 협력적 게시판을 체계적으로 계획하고 관리하며 운영한다면 인터넷 상에서 이루어지는 협력적인 학습활동을 오프라인 모임으로까지 확대할 수 있다.

■ 토론게시판에서 그룹원들이 필요로 하는 협동 및 지원의 유형과 예시 ■

협동 및 지원의 유형	예시 문장
친밀감 형성 및 역할 분담을 위한 의사소통	- "각자 휴대 번호와 이메일 주소를 교환하자" - "주제에 대해 깊게 토론하기 위해 만나는 게 어떨까?" - "세부적인 주제와 역할을 나눠보자!"
주제에 대한 정보의 적합성 판단 및 정보원 추천	- "내가 찾은 논문이 적합한지 조언 좀 해줄래?" - "누구 이 주제의 배경 대해 아는 사람 있어? 알려주면 좋겠어."
결과 수집 및 최종 과제물 작성	- "우리가 찾은 정보를 모아야 하는데 누가 Wikispace를 사용할 줄 알아?" - "누가 보고서의 문법과 형식을 검토 해줄래?"

MEMO

Why to How
기출문제 분석집

Chapter 8

교육과정

Chapter 8 교육과정

01 교육내용 선정과 잠재적 교육과정

2019학년도 중등 기출 다음은 ○○중학교 김 교사가 모둠활동 수업 후 성찰한 내용을 기록한 메모이다. 김 교사의 메모를 읽고 '수업 개선을 위한 교사의 반성적 실천'이라는 주제로 교육과정의 편성과 운영에 대한 내용을 구성 요소로 하여 논하시오.

> 모둠활동에 적극적으로 참여하지 못한 학생들이 몇 명 있었지. 이 학생들은 제대로 된 학습경험을 갖지 못한것이 아닐까? 자신의 학습경험에 대하여 어떻게 느꼈을까? 어쨌든 모둠활동에 관해서는 좀 더 깊이 고민해 봐야겠어. 생각하지 못했던 결과가 이 학생들에게 나타날 수도 있고 ….

배점
- 논술의 내용
  - #2와 관련하여 타일러(R.Tyler)의 학습경험 선정 원리 중 기회의 원리로 첫째 물음을 설명하고 만족의 원리로 둘째 물음을 설명, 잭슨(P.Jackson)의 잠재적 교육과정의 개념을 쓰고 그 개념에 근거하여 김 교사가 말하는 '생각하지 못했던 결과'의 예 제시 [4점]
- 논술의 구성 및 표현 [총 5점]
  - 서론, 본론, 결론 형식의 구성 및 주제와의 연계성 [3점]
  - 표현의 적절성 [2점]

1 논술문 작성 방향

타일러의 학습경험 선정의 원리 중 기회의 원리는 그 목표가 의도하는 행동을 학습자가 스스로 경험해 볼 수 있는 기회가 학습경험 속에 내포되어야 한다는 것이다. 만족의 원리는 주어진 교육목표가 시사하는 행동을 학생이 수행하는 과정에서 만족감을 느낄 수 있어야 한다는 것이다. 다음으로 잭슨의 잠재적 교육과정은 교사의 수업을 통해 가르쳐지는 공식적인 교육과정 외에도 이와는 다른, 그리고 여러 가지 면에서 매우 대조되는 것들을 학습하게 되는 학습내용을 말한다.

2 예시답안

서론 문제제기

사람은 살아가면서 누구나 자신이 한 행위에 대해서 반성을 하면서 살아간다. 교사도 수업을 하면서 자신의 수업에 대해 반성을 하게 된다. 대부분의 교사들은 자신의 실제 수업 속에서 자신의 수업을 바탕으로 한 무의도적인 앎을 얻고 있다. 이와 다르게 제시문의 김 교사와 같이 자신의 수업을 하나의 연구 대상으로 설정하고 그에 대한 의도적인 반성을 할 수 있다. 이는 단순한 경험에서 얻어지는 무의도적인 앎이 아니라 자신의 수업을 개선하려는 의도를 미리부터 가지고 자신의 수업을 스스로 관찰하고 반성하는 것이다. 이와 같이 자신의 수업 행위에 대해 의도적으로 반성을 시도할 때 교사는 지속적인 능력 향상을 이룰 수 있다.

본론 타일러의 학습경험 선정 원리 중 기회의 원리로 첫째 물음 설명, 만족의 원리로 둘째 물음 설명, 잭슨의 잠재적 교육과정의 개념과 '생각하지 못했던 결과'의 예

타일러의 학습경험 선정 원리 중 기회의 원리는 좋은 학습내용이란 교육목표에 비추어 타당성이 있어야 한다는 것이다. 어느 특정한 교육목표를 달성하기 위해서는 그 목표가 의도하는 행동을 학습자가 스스로 경험해 볼 수 있는 기회가 학습경험 속에 내포되어야 한다. 어느 교육목표가 문제해결력을 기르는 데에 있다면, 그 목표를 달성하기 위해서는 학생들에게 다양한 문제를 풀어 볼 수 있는 충분한 기회를 제공해야 한다. 만족의 원리는 주어진 교육목표가 시사하는 행동을 학생이 수행하는 과정에서 만족감을 느낄 수 있어야 한다는 것이다. 독서에 대한 흥미를 기르는 것이 교육목표라면, 폭넓은 독서를 할 수 있는 기회를 주어야 할 뿐만 아니라 그러한 독서활동에서 학생이 만족감을 느낄 수 있어야 한다. 따라서 학습경험을 계획하는 교사에게는 학생들의 필요와 흥미뿐만 아니라 인간의 만족감에 대한 기본적인 이해가 요구된다고 할 수 있다.

잭슨은 학생들이 학교생활을 통하여 교사의 수업을 통해 가르쳐지는 공식적인 교육과정 외에 여러 가지 면에서 다르거나 매우 대조되는 것들을 학습한다고 지적하면서, 이러한 학습내용을 가리켜 '잠재적 교육과정'이라는 용어를 사용하였다. 잠재적 교육과정은 교사가 계획하지 않았거나 또는 교사가 의식하지 않는 가운데 학생들의 지식, 태도, 행동에 영향을 미치는 교육 실천 및 환경과 그 결과를 의미한다. 잠재적 교육과정은 학교를 단순한 교육의 장이 아니라 학생들이 생활하는 공간으로 간주한다. 학생들의 인지, 태도, 행동변화는 공식적인 교육과정을 통해서 뿐만 아니라 학교 안의 교육 실천, 학교의 물리적 조건, 제도 및 행정 조직, 사회 및 심리적 상황 등의 환경에 의하여 일어나는 것이다. 김 교사가 언급하는 '생각지도 못했던 결과'의 예로 다음과 같은 상황을 들 수 있다. 만일 학생들이 협동학습의 과정에서 집단 간 편파를 경험하면서 교우관계에서의 적대적 태도를 내면화한다면, 이는 교사가 의도하지 않았으나 학생에게 영향을 미치는 잠재적 교육과정이 된다.

결론 제언

교사는 자신의 수업을 진행하는 가운데 스스로 자신의 수업을 관찰하고 반성함으로써 교사 스스로 자신의 자질을 끊임없이 개선할 수 있다. 바람직한 교사는 기존의 실천을 그저 답습하는데 그치지 않고, 보다 나은 실천을 위해 끊임없이 연구하는 사람이다. 자기가 맡은 일을 하는 반복하는데 그치지 않고 그것을 보다 잘 하기 위해 탐구하는 교사는 가르치는 일 안에서 삶의 보람을 찾고, 스스로 자신의 능력을 발전시킨다. 타인이 이미 만들어 놓은 이론을 단순히 적용하는 기능인으로 자신을 한계 짓는 것이 아니라, 수업 과정에서 직면한 문제를 해결하며 그 과정에서 적합하지 않은 이론을 폐기하거나 재구성하고, 자신의 상황을 좀 더 객관적으로 탐구하는 실천가이자 연구자로서의 교사가 되어야 하겠다.

3 더 알아보기

1 타일러의 학습 경험 선정의 원리

기회의 원리: 좋은 학습내용이란 교육목표에 비추어 타당성이 있어야 한다는 것이다. 어느 특정한 교육목표를 달성하기 위해서는 그 목표가 의도하는 행동을 학습자가 스스로 경험해 볼 수 있는 기회가 학습경험 속에 내포되어야 한다. 어느 교육목표가 문제해결력을 기르는 데에 있다면, 그 목표를 달성하기 위해서는 학생들에게 다양한 문제를 풀어 볼 수 있는 충분한 기회를 제공해야 한다.

만족의 원리: 주어진 교육목표가 시사하는 행동을 학생이 수행하는 과정에서 만족감을 느낄 수 있어야 한다. 독서에 대한 흥미를 기르는 것이 교육목표라면, 폭넓은 독서를 할 수 있는 기회를 주어야 할 뿐만 아니라 그러한 독서활동에서 학생이 만족감을 느낄 수 있어야 한다. 따라서 학습경험을 계획하는 교사에게는 학생들의 필요와 흥미뿐만 아니라 인간의 만족감에 대한 기본적인 이해가 요구된다고 할 수 있다.

가능성의 원리: 학습경험에서 요구하는 학생의 반응이 현재 그 학생의 능력 범위 안에 있는 것이어야 함을 의미한다. 즉 학습경험은 학생의 현재의 능력, 학업성취, 발달 정도 등에 알맞아야 한다. 수업은 학생이 현재 서있는 지점에서부터 시작되어야 하는 것이다. 예컨대, 겨우 300개 정도의 영어 낱말을 알고 있는 학생에게 희곡을 읽히려 한다면 그런 학습경험은 가능성의 원칙을 직접적으로 위배하고 있는 것이다. 그러나 주의해야 할 것은 학습 경험에서 기대하는 학생의 반응이 무조건 쉬운 것이어야 한다는 것은 아니다. 즉시 목표에 도달할 수 있을 만큼 쉬운 일의 단순한 반복은 학습이라고 보기 어려운 것이며, 적절한 좌절감과 도전감을 느끼게 하여야 제대로 된 학습경험이라고 할 수 있다.

다경험의 원리: 같은 목표를 달성하는 데에 수많은 학습경험을 사용할 수 있다고 하는 원리이다. 동일한 교육목표 달성에 사용할 수 있는 학습경험은 여러 가지가 있을 수 있다. 따라서 특정한 교육목표의 달성을 위해서 반드시 어떤 제한적이고 고정된 학습경험만을 제공할 필요는 없다. 특정의 수업목표를 달성하는 데에는 거의 한도가 없을 정도의 다양한 학습경험이 있을 수 있다.

다성과의 원리: 한 가지의 학습경험은 반드시 한 가지의 목표 달성에 유용하거나 한 가지의 학습 성과를 가져오는 것이 아니라, 동시에 여러 가지 목표를 달성하게 하거나 여러 가지 학습 성과를 가져온다는 원칙이다. 하나의 학습경험이 대개 여러 가지 학습 성과를 가져오기 때문에, 동일한 조건이라면 학습경험을 선정할 때 여러 교육목표의 달성에 도움이 되고 전이효과가 높은 학습경험을 제공할 필요가 있다.

중요성의 원리: 어느 내용이 어느 분야의 지식에 정통하기 위하여 중요하다고 생각되면 곧 교육내용으로 결정하는 것이다. 교육내용 또는 교재가 지식의 조직 분야에 있어서 중요한 것인가 아닌가를 분별하여 가장 중요하다고 판단된 것을 선정하는 것인데, 이것은 더욱 전문화되고 특수화될 지식의 정통을 위해서 가장 기본적이라고 생각되는 내용이 곧 교육내용으로 결정되어야 한다는 기준이다.

유용성의 원리: 현재의 방대한 지식 가운데서 현대 생활에 가장 유용성이 많은 것을 교육내용으로 선정해야 한다는 것이다. 선정된 학습 내용이 학습자에게 어떤 유용성이 있는가를 결정하는 것으로 현대사회가 가지고 있는 많은 지식 중에서 현대인으로서 실생활에 가장 쓸모가 많은 내용을 선정하는 원리이다. 유용성이란 흔히 사용의 빈도로 해석하고 생활에서 가장 많이 사용되는 지식, 기능, 가치 등을 교육내용으로 삼으려는 생각이다. 그러나 이 유용성에서 주의해야 할 점은 현대생활에서만의 유용성이 아니라 '이상적인 삶의 영위'에 유용하게 이바지할 수 있는 유용성이 고려되어야 한다.

사회발전의 원리: 교육내용이 민주 사회의 성장과 발전에 공헌하는가, 개인이 자기 충족적인 사회의 구성원으로 공헌하는 방향으로 도와주는가, 개개 인간의 가치와 권위, 민주적 과정, 개인의 기본권 등과 같은 민주 사회가 요구하는 가치 실현의 방향으로 교육내용이 공헌하는지 등에 대한 대답이 이 원리에 의거한 교육내용의 선정이다.

흥미의 원리: 교육내용이 학습자의 문제, 관심, 흥미, 욕구를 기준으로 선정되어야 한다는 것을 들고 있다. 학습자의 흥미 준거와 관련된 이 문제는 흥미가 얼마만큼 중요한 역할을 하는가를 결정할 때 딜레마를 야기한다. 한쪽 극단의 입장에 있는 교육과정 개발자들은 선정준거로서의 학생의 흥미를 무시하여 학생의 강력한 동기유발 잠재력을 상시하고 비생산적이 될 수도 있다. 반대로 주로 학습자의 흥미 준거에 근거를 두고 선정한 교육과정 내용은 변덕스럽고, 미숙하여, 개인주의적인 면이 강조되어 어려움을 겪을 수도 있다. 또한 학생들의 흥미의 범위가 한계가 없어 보이거나, 일시적인 성격을 띨 수도 있다. 교육과정을 구성할 때는 양쪽 주장에 대한 어떠한 조정이 이루어져야 한다는 것을 고려해야 한다. 즉, 교육과정 개발자들은 중재자의 역할을 유지하면서도 학생들의 흥미와 지각된 필요를 좀 더 이해해서 확인할 필요가 있다.

2 잠재적 교육과정

잠재적 교육과정은 교육 실천과 환경이 학생들에게 미치는 지속적인 영향력과 그 결과를 뜻한다. 잠재적 교육과정은 두 가지 의미를 지닌다. 먼저, 잠재적 교육과정은 교사가 계획하지 않았거나 또는 교사가 의식하지 않는 가운데 학생들의 지식, 태도, 행동에 영향을 미치는 '교육 실천 및 환경'과 '그 결과'를 의미한다. 잠재적 교육과정은 학교를 단순한 교육의 장이 아니라 학생들이 생활하는 공간으로 간주한다. 학생들의 인지, 태도, 행동변화는 공식적인 교육과정을 통해서 뿐만 아니라 학교 안의 교육 실천, 학교의 물리적 조건, 제도 및 행정 조직, 사회 및 심리적 상황 등의 환경에 의하여 일어나는 것이다. 다음으로 잠재적 교육과정은 교육과정을 결정하는 권력자나 집단이 의도 또는 관행에 의하여 계획을 하였는데, 교사들이 이를 수용하여 동조하거나 아니면 의도나 관행을 간파하지 못하는 가운데 학생들의 지식, 태도, 행동에 영향을 미치는 '학교의 교육 실천 및 환경'과 '그 결과'를 의미한다. 즉, 사회에서 권력을 쥐고 있는 집단이 자신들의 이익을 유지하기 위하여 학교의 교육 실천과 환경을 의도적으로 조직하고 통제하는 행위와 그 결과를 잠재적 교육과정이라고 부른다. 이때 잠재적 이라는 말은 권력자의 입장에서 보면 '의도적으로 숨긴(hidden)'이라는 뜻이 되며, 교육 실천에 종사하는 교사나 교육을 받는 학생들이 이를 의식하지 못한다면 '의식을 하지 못했기 때문에 숨어있는(latent)'이라는 의미를 지니게 된다.

잠재적 교육과정에 대한 연구들은 잠재적 교육과정의 영향력이 갖는 특징을 다음과 같이 제시하고 있다. 첫째, 학생이 배우게 되는 잠재적 교육과정은 학교의 공식적인 교육과정과는 상반된 부정적인 학습의 결과와 관련이 깊다. 학교교육의 이상적인 목표로서 수용되기 어려운 '복종적 태도', '순종', '경쟁심'과 같은 부정적인 가치들이 학생에게 전달되고 내면화되는 것이다. 필립 잭슨의 잠재적 교육과정에 대한 초기 연구 역시 학교교육을 비평하기 위하여 그 용어가 사용된 것은 아니지만 그의 글 많은 부분 속에서는 학교생활을 통하여 학생들이 부정적인 태도(거짓말, 평가 중심적 교실생활, 수동성, 교사와의 불평등한 인간관계)등을 내면화시키고 있다는 점을 암시하고 있다. 둘째, 잠재적 교육과정은 학교의 공부에서 주로 배우는 인지적인 교과내용보다는 가치, 태도, 행동양식 등 주로 비인지적인 학습결과와 관계가 있다. 그런 점에서 잠재적 교육과정의 영향력은 학생의 비인지적 발달과 관련이 깊다. 따라서 학생의 인간발달, 정서발달, 태도형성, 가치관 확립에 직접적으로 영향을 미친다.

잭슨에 의하면 학생들은 학교생활을 통하여 군집, 상찬, 권력 속에서 살아가는 적응스타일을 배우게 된다. 군집은 다른 사람들과 어울려 생활하는 방식과 관련된다. 대부분의 사회제도에 있어서의 가장 핵심적인 미덕은 인내라는 한 마디 말에 담겨 있다. 모든 장면에 있어서 사람들은 '진인사하고 대천명'하는 것을 배우지 않으면 안 된다. 사람들은 또한 다소간은 묵묵히 고통을 참는 것도 배우지 않으면 안 된다. 상찬은 여러 가지 형태의 평가 속에서 살아가는 방식과 관련된다. 학교에서 생활하는 것을 배우는 데는 또한 자기 자신의 업적이나 행동이 평가되는 사태에 어떻게 대처해 나가는가 하는 것뿐만 아니라, 다른 사람에 대한 평가를 지켜보고, 또 때로는 다른 사람을 평가하는 일에 참여하는 방법을 배우지 않으면 안 된다. 권력은 조직의 권위관계를 인정하면서 살아가는 방식과 관련된다. 학교에서 체득되는 복종과 순종의 습관은 다른 생활사태에서 큰 실제적 가치를 지니게 된다. 학교에서도 권력은 다른 사회기관에서와 마찬가지로 남용될 수 있다. 그러나 권력이 존재한다는 것은 삶의 엄연한 사실이며, 여기에 적응하게 된다.

02 교육내용 조직

2017학년도 중등 기출 다음은 신문 기사의 일부이다. 이를 바탕으로 '2015 개정 교육과정의 실질적 구현 방안'이라는 주제로 서론, 본론, 결론의 형식을 갖추어 단위 학교 차원에서의 교육과정 내용의 조직을 논하시오.

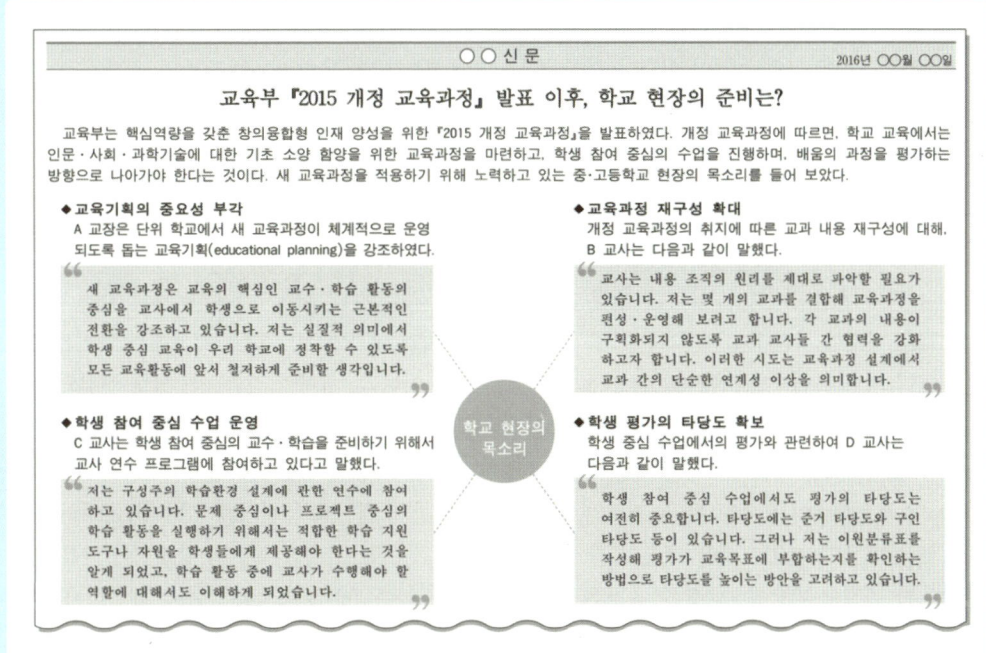

배점

- 논술의 내용(총 15점)
  - B교사가 채택하고자 하는 원리 1가지와 그 외 내용 조직의 원리 2가지(연계성 제외) 제시 (4점)
- 논술의 구성 및 표현(총 5점)
  - 논술의 내용과 '2015 개정 교육과정의 실질적 구현 방안'의 연계 및 논리적 형식(3점)
  - 표현의 적절성(2점)

1 논술문 작성 방향

교육내용의 조직은 교육목표의 달성을 위하여 교육내용 구성요소들을 효과적으로 배치하는 것을 말한다. 교육내용 조직의 원리로는 범위, 계열성, 계속성, 연계성, 통합성, 균형성이 있다. 제시문의 B교사가 채택하고 있는 교육내용 조직의 원리는 통합성의 원리이다.

2 예시답안

서론 문제제기

2015 교육과정 개정은 '창의융합형 인재 양성'을 위한 방안을 모색하며, 우리 교육이 안고 있는 여러 문제점을 종합적으로 검토하여 그 개선 방안을 모색하는 것을 과제로 한다. 2015 개정 교육과정이 비전으로 삼고 있는 '미래사회가 요구하는 창의융합형 인재 양성'과 '학습경험의 질 개선을 통한 행복한 학습의 구현'이 단지 구호에 그치는 것이 아니라 현실화되기 위해서는 학교 운영과 교육과정의 조직, 교수학습을 위한 지원, 평가와 같은 교육 전반의 변화가 수반되어야 한다.

본론 B교사가 채택하고자 하는 원리 1가지, 그 외 내용 조직의 원리 2가지

B교사가 채택하고자 하는 원리는 통합성이다. 통합성은 교육내용들의 관련성을 바탕으로 이들을 하나의 교과나 과목 또는 단원으로 묶는 것을 말한다. 또는 수업의 효과를 높이기 위하여 관련 있는 내용들을 동시에 혹은 비슷한 시간대에 배열하는 것을 말한다. 이는 여러 교과의 여러 학습 상황에서 얻어진 내용이나 경험들이 서로 독립적으로 관계없이 단절되어 있는 것이 아니라, 개개의 경험들이 상호 연결되어 통합됨으로써 보다 효율적인 학습과 성장·발달을 촉진할 수 있도록 조직하자는 것이다. 통합성의 원리가 추구하는 근본적인 목표는 학습자에게 통합된, 통합 조정된 경험을 어떻게 하면 제공할 수 있도록 교육과정을 조직하느냐에 있다. 이 외에도 내용 조직의 원리에는 계속성과 계열성의 원리가 있다. 계속성의 원리는 이전에 배운 내용과 앞으로 배울 내용의 관계에 초점을 둔 것으로, 특정한 학습의 종결점이 다음 학습의 출발점과 잘 맞물리도록 교육내용을 조직하는 것을 말한다. 학습내용을 일정한 순서로 계열화시켰을 때, 우리가 갖는 의문은 어떤 내용을 우리가 얼마나 계속할 것인가에 대한 문제이다. 즉 내용을 조직함에 있어서 중요한 개념, 원리, 사실 등의 학습이 어느 정도 계속해서 반복하여 이루어지도록 하기 위한 조직원리이다. 한 두 번의 학습 경험만으로는 의미 있는 학습 성과를 거두기 어렵기 때문에 동일한 개념이나 지적 기능, 가치에 학습자가 계속적으로 노출되어야 학습경험들의 누적적인 효과를 기대할 수 있다. 반복의 원리라고도 할 수 있다. 계열성의 원리는 교육내용을 가르치는 순서를 말하는 것으로, 어떤 내용을 먼저 가르치고 어떤 내용을 나중에 가르칠 것인가를 결정하는 것이다. 계열성에서는 전후내용간의 관계, 확대, 심화가 강조된다. 계열성의 문제에서는 어째서 어떠한 기준으로 그러한 순차를 결정하느냐가 중요한 관건이 된다. 계열성은 대체로 그 학문 또는 그 해당 교과의 본질과 구조에 따라 크게 영향 받게 되며, 학습자의 다양한 발달단계에서 학습자들의 성취능력을 고려한 학습내용의 순차적 조직이 또한 필요하다.

결론 제언

그동안 다양한 교육개혁 운동을 통하여 교육의 실제를 변혁시키려는 노력을 기울여 왔지만 뚜렷한 성과를 거두지 못하였다. 그 이유는 교육개혁을 위한 혁신적인 제안들에도 불구하고 학교교육 현장은 전통적인 교수학습 방법의 틀에서 크게 벗어나지 못하였기 때문이다. 교육 이론과 국가 정책, 학교 현장이 서로 별개의 것으로 존재하는 것이 아니라 일관성 있게 통합되고, 학교교육이 재구조화되는 변화가 현장에서부터 시작될 때 배움을 즐기는 행복 교육으로의 전환이 가능할 것이다.

3 더 알아보기

1 교육내용 조직

교육내용의 조직은 수평적 조직과 수직적 조직으로 나누어 볼 수 있다. 수평적 조직은 같거나 비슷한 시간대에 연관성 있는 교육내용들을 배치하여 학습의 효율성을 도모하는 것이며, 수직적 조직은 시간의 연속성을 토대로 교육내용을 연관되게 배치하여 수업의 효율성을 높이는 것이다. 수직적 조직은 흔히 계열성과 계속성의 원리로 대표되고 있다. 반면에, 수평적 조직은 흔히 범위와 통합성의 원리로 대표되고 있다.

계열성: 교육내용을 가르치는 순서를 말하는 것으로, 어떤 내용을 먼저 가르치고 어떤 내용을 나중에 가르칠 것인가를 결정하는 것이다. 계열성에서는 전후내용간의 관계, 확대, 심화가 강조된다. 계열성에 관하여 지금까지 교육실제에서 사용하여 왔던 여러 가지 원칙들을 살펴보면 ① 단순한 내용에서 복잡한 내용으로 ② 친숙한 내용에서 미친숙한 내용으로 ③ 부분에서 전체적 내용으로(또는 전체에서 부분적인 내용으로) ④ 선수학습에 기초해서 그 다음 학습으로 ⑤ 사상의 역사적 발생 순서대로 ⑥ 현재에서 과거로(과거에서 현재로) ⑦ 구체적인 개념에서 추상적인 개념으로와 같은 것들이 있다. 이러한 원칙들을 검토해 볼 때, 결국 계열성의 문제에서는 어째서 어떠한 기준으로 그러한 순차를 결정하느냐가 중요한 관건이 된다. 대체로 위에 명시한 원칙들을 보면 내용성의 계열성은 전적으로 그 학문 또는 그 해당 교과의 본질과 구조에 따라 크게 영향 받게 될 것임을 알 수 있다. 그러나, 만약 우리가 학습자의 발달과업을 생각해 본다면, 그래서 교육이 진정 학습자들의 생성(becoming)을 도우려 한다면, 계열성은 반드시 그 학문 또는 그 해당 교과의 본질과 구조에만 국한하여 생각될 수는 없다. 학습자의 다양한 발달단계에서 학습자들의 성취능력을 고려한 학습내용의 순차적 조직이 또한 필요한 것이다.

일반적으로 교육과정 내용 조직에서 과정의 계열성 확보 문제는 크게 두 가지 입장의 견해로 나뉘어져 왔다. 하나는 상향적 접근이고, 다른 하나는 하향적 접근이다. 상향적 접근은 기본적으로 1960년대 이후 발전된 학습위계에 기초하여 교육과정 내용 조직의 계열성을 확보하는 것이다. 학습의 위계란 보단 낮은 수준의 기능으로부터 보다 높은 수준의 기능으로 연결되는 일련의 지적 기능의 모음을 의미하는 것이다. 이러한 학습위계에 따른 상향적 교육과정 조직은 그 접근이 지극히 원자론적이고, 연결주의적이며, 그리고 귀납적인 데 특징이 있다. 다음의 하향적 접근에서는 개념은 그 하위 예들을 얼마든지 생성할 수 있으며, 따라서 개념은 그 하위 예들의 합 이상의 것이라고 생각한다. 이는 기본적으로 연역적 접근으로서 주로 1950년대 말 브루너 등의 학문구조의 개념에 기초한 당시의 교육과정 개혁운동과 더불어 발전하기 시작한 것이다. 하향적 접근은 그 교과 또는 그 학문이나 지식체계의 가장 상위적인 본질적 개념 구조에서 출발하는 것이다. 즉, 이때는 그 학문의 본질적인 개념의 구조적 특성에 따라, 보편적인, 일반적인 상위개념에서 실사적이고 구체적인 하위개념으로 내용을 위계적으로 조직하여 구성하는 것이다.

계속성: 이전에 배운 내용과 앞으로 배울 내용의 관계에 초점을 둔 것으로, 특정한 학습의 종결점이 다음 학습의 출발점과 잘 맞물리도록 교육내용을 조직하는 것을 말한다. 계속성의 문제는 계열성의 문제와 밀접히 관련되어 있다. 학습내용을 일정한 순서로 계열화시켰을 때, 우리가 갖는 의문은 어떤 내용을 우리가 얼마나 계속할 것인가에 대한 문제이다. 즉 내용을 조직함에 있어서 중요한 개념, 원리, 사실 등의 학습이 어느 정도 계속해서 반복하여 이루어지도록 하기 위한 조직원리이다. 한 두 번의 학습 경험만으로는 의미 있는 학습성과를 거두기 어렵기 때문에 동일한 개념이나 지적 기능, 가치에 학습자가 계속적으로 노

출되어야 학습경험들의 누적적인 효과를 기대할 수 있다. 반복의 원리라고도 할 수 있다.

계속성의 계획은 대체로 ① 교과내용 분야에서의 계속성을 기하는 일, ② 각급 학교 수준 간에, 그리고 동일한 수준에서의 교과목 상호 간에 연계성을 기도하는 일, ③ 개개 학습자의 경험 속에서 계속성을 기하는 세 가지 방식으로 전개될 수 있다.

범위: 특정한 시점에서 학생들이 배우게 될 내용의 폭과 깊이를 가리킨다. 즉, 어떤 시점에서 학생들이 배워야 할 내용이 무엇이고, 그것들을 얼마나 폭넓고 깊이 있게 배워야 하는가를 결정한다. 폭이 넓어질수록 깊이는 얕아지고, 깊이가 깊어질수록 폭은 좁아질 수밖에 없다. 이러한 폭과 깊이의 딜레마는 교육과정 조직에서 언제나 그 의사결정이 어려운 문제 중의 하나이다. 범위를 고려할 때 각 영역 내에서 무엇이 포함되어야 하고, 무엇이 상세화되어야 하는지는 물론 어느 영역을 가장 중요하게 강조해야 할지를 결정해야 하기 때문이다. 즉 교육과정의 범위와 영역을 어디에 기초하여 설정하는가 하는 문제와 폭과 깊이의 갈등 문제, 범위 간의 통합의 문제가 주요 관심사가 된다. 일반적으로 일반교과와 특수교과, 필수교과와 선택교과 등을 어떻게 균형 있게 화합을 시키느냐의 문제이다. 단일교과 속에서 지적, 정의적, 운동기능적 영역의 균형 있는 배합도 범위와 관련된 문제이다.

통합성: 교육내용들의 관련성을 바탕으로 이들을 하나의 교과나 과목 또는 단원으로 묶는 것을 말한다. 또는 수업의 효과를 높이기 위하여 관련 있는 내용들을 동시에 혹은 비슷한 시간대에 배열하는 것을 말한다. 이는 여러 교과의 여러 학습 상황에서 얻어진 내용이나 경험들이 서로 독립적으로 관계없이 단절되어 있는 것이 아니라, 개개의 경험들이 상호 연결되어 통합됨으로써 보다 효율적인 학습과 성장·발달을 촉진할 수 있도록 조직하자는 것이다. 통합성의 원리가 추구하는 근본적인 목표는 학습자에게 통합된, 통합 조정된 경험을 어떻게 하면 제공할 수 있도록 교육과정을 조직하느냐에 있다. 예컨대, 생물교과에서 배우고 있는 내용들이 사회교과에서 다루는 공해 문제와 연계되어 다시 새로운 각도에서 배울 수 있도록 하는 문제가 통합성의 원리에 따른 조직이다. 이것은 곧 수평적인 연계성의 문제라고 볼 수도 있다. 교육내용을 조직하는데 통합성이 고려되지 않으면 교육내용 사이에 불균형 또는 부조화를 가져오게 되고 내용의 중복, 누락, 상극 등의 모순을 가져오게 된다.

연계성: 연계성이란 교육과정의 여러 가지 측면의 상호 관련성을 말한다. 이때의 상호 관련성은 수직적인 것일 수도 있고 수평적인 것일 수도 있다. 수직적 연계성은 어떤 교육과정의 측면이 해당 프로그램의 계열상 나중에 나타나는 과제, 주제, 코스와 맺는 관계를 가리킨다. 수직적 연계성을 말하는 핵심적인 이유는 학생들이 교육과정에서 후속 학습에 대해 선행 요건이 되는 학습을 받는 것을 보장하기 위해서다. 수평적 연계성이란 동시적으로 일어나고 있는 양자 요소 간의 관련성과 연합을 의미한다. 수평적 연계성은 흔히 말하는 상관성과 동일한 개념이다. 수평적 연계성을 고려할 때 교육과정 의사 결정자들은 교육 프로그램의 한 부분을 그것과 비슷하거나 논리적인 관련을 가진 다른 내용과 혼합하고자 한다.

균형성: 균형성은 교육과정의 각 부분이 적절하게 다루어져서 전체적 균형을 유지해야 함을 의미한다. 즉 교육과정을 설계할 때 교육과정 왜곡이 일어나지 않도록 설계의 각 측면이나 단계에 골고루 비중을 두어야 한다. 균형 잡힌 교육과정이란 학생들이 지식을 완전히 습득하고 내면화하여 자신들의 개인적·사회적·지적 목적에 맞는 적절한 방향으로 그 지식을 이용할 수 있는 기회를 갖게 해주는 교육과정을 말한다. 교육과정의 균형을 유지하기 위해서는 특정한 사조나 유행 혹은 대중적 장단에 좌우지되지 않는 철학과 학습심리학에 대한 균형 잡힌 견해를 가지고 있어야 할 뿐만 아니라 교육과정에 대한 섬세한 점검과 조정의 노력을 지속적으로 기울여야 한다.

03 경험중심 교육과정

2016학년도 중등 기출 다음은 A 중학교에 재직 중인 김 교사가 작성한 자기개발계획서의 일부이다. 김 교사의 자기개발계획서를 읽고 예비 교사 입장에서 '교사가 갖추어야 할 역량'이라는 주제로 교육과정 유형을 구성 요소로 하여 서론, 본론, 결론의 형식을 갖추어 논하시오.

자기개발계획서

개선 영역	개선 사항
수업 구성	• 학생의 경험을 중시하는 교육과정을 실행할 것 • 학생의 흥미, 요구, 능력을 토대로 한 활동을 증진할 것 • 학생이 관심을 가지는 수업 내용을 찾고, 그것을 조직하여 학생이 직접 경험하게 할 것 • 일방적 개념 전달 위주의 수업을 지양할 것

배점

- 논술의 구성 요소
  - '수업 구성'에 나타난 교육과정 유형의 장점 및 문제점 각각 2가지(4점)
- 논술의 구성 및 표현(총 5점)
  - 논술의 구성 요소와 '교사가 갖추어야 할 역량'과의 연계 및 논리적 형식(3점)
  - 표현의 적절성(2점)

1 논술문 작성 방향

문제는 경험중심 교육과정에 대해 묻고 있다. 경험중심 교육과정은 학습자의 적극적인 참여를 유발하기 쉽고, 현실적이고 실제적인 생활문제를 해결하는 데 도움이 되며, 민주시민으로서의 자질 함양이 용이하다는 장점이 있다. 그러나 자칫하면 학생들의 기초학력의 저하를 가져올 수 있고, 교사의 역량에 크게 의존하며, 충분한 자원과 시설이 확보되어야만 한다는 단점이 있다.

2 예시답안

서론 | 문제제기

교직 사회는 유능한 교사를 필요로 한다. 유능한 교사에 대한 정의는 시대, 교육 패러다임, 관점에 따라 다를 수 있지만 현대적 의미에서 유능한 교사, 다시 말해 전문가로서의 교사는 이론적 지식에 정통한 동시에 그것을 토대로 현장에서 직면하는 문제를 해결할 수 있어야 한다. 그러므로 예비 교사들이 유능한 교사로 성장하기 위해서는 그 원리와 근거가 되는 이론적 지식을 정확히 이해하고, 그것을 교육 현장에서 일어날 수 있는 일, 교사가 접하게 되는 문제들에 적용해 보는 경험을 많이 쌓는 것이 중요하다. 현장에서의 교수경험이 적은 예비 교사들은 제시문과 같이 가상적인 교육의 상황을 설정한 후, 이론을 활용하여 그 교육현상을 해석하고 문제를 해결해 보는 것으로 전문가로서의 교사의 역량을 준비할 수 있다.

본론 | 제시문에 나타난 교육과정 유형의 장점 2가지, 문제점 2가지

제시문의 '수업 구성'은 경험중심 교육과정의 관점에 기반을 두고 있다. 경험중심 교육과정의 장점은 다음과 같다. 첫째, 학습자의 흥미와 필요가 교육과정 구성의 기초가 되어 반영되기 때문에 학습자의 적극적인 참여를 유발하기가 쉽다. 학습은 학습자에게 유목적적이고 흥미가 있을 때 가장 효과적이다. 경험중심 교육과정의 적용 원칙은 학습심리의 원칙에 합치되므로 활발한 학습활동이 전개된다. 또한 학생이 직면하고 있는 문제를 자발적으로 해결하기 위해서 계획을 세우고 직접 참여 하기 때문에 학습이 적극적으로 이루어지게 된다. 둘째, 현실적이고 실제적인 생활문제를 해결하는 데 도움이 된다. 실제적인 생활의 장을 부여하고 생활문제와 결부되는 학습활동을 행함으로써 생활 사태를 올바르고 종합적으로 처리할 수 있는 능력을 기를 수 있다. 그러나 다음과 같은 단점도 있다. 첫째, 학습자의 요구만을 앞세우다 보면 내용의 취급 범위가 좁고 깊이가 없는 피상적인 문제만 다룰 가능성이 있다. 사회나 성인들의 요구를 등한시 할 수 있고, 자칫하면 학생들의 기초학력 저하를 가져올 수 있다. 둘째, 충분한 자원과 시설이 확보되어야 할 뿐만 아니라 보다 융통성 있는 행정조직과 방침이 뒤따라야 한다. 이러한 것이 제대로 갖추어져 있지 않을 때 경험중심 교육과정은 시간이나 노력면에서 많은 비용이 필요하지만 그 만큼의 교육적 효과는 가져오지 못한다. 즉 시간낭비의 교육과정으로 비난받을 수 있다.

결론 | 제언

교실 환경에서 일어나는 많은 문제들이 완벽하고 유일한 대답을 가지고 있지 않고 또한 교사가 현장에서 직면하게 될 많은 문제들에 대하여 직접 적용될 수 있는 지식이나 방법을 모두 배울 수는 없다. 그래서 필요한 지식을 가능한 많이 배우는 것과 동시에, 교사 스스로 이를 근거로 하여 당면한 문제를 최선의 방향으로 판단, 결정, 해결할 수 있는 태도와 능력을 기르는 것이 무엇보다 중요하다. 교사의 능력이란 어떤 수준에서 머무르는 것이 아니고 계속해서 발전되고 향상되는 것이다. 예비교사 교육과정에서 교사가 되기 위한 준비를 하는 시기부터 교사가 된 이후 교직에 머무르는 동안에도 계속해서 끊임없이 현장의 경험을 재구성하고 그러한 태도와 능력을 발전시켜 나갈 때, 유능하고 탁월한 교육의 전문가로서의 교사가 될 수 있을 것이다.

3 더 알아보기

1 경험중심 교육과정

교육과정을 학생의 경험이란 입장에서 고려할 수 있다는 견해는 20세기에 특히 발달한 것이다. 경험주의적 관점에 의하면 학생에게 일어나는 모든 것은 그들의 생활에 영향을 미친다. 따라서 교육과정은 학교나 학교 외부에서 학생들을 위해 무엇을 계획할 것인가 하는 문제뿐만 아니라 개인이 부딪치는 새로운 상황에서 제기되는 예기치 못한 모든 결과를 고려해야 한다는 가정을 토대로 한다.

경험주의의 관점을 따르면 교육의 기본 목적은 아동의 발달이다. 어떠한 구체적인 발달도 개인의 계속적이고 일반적인 발달에 이르도록 하는 방향으로 맞추어져야 한다는 것이다. 이런 발달영역을 변화를 불러일으킬 만한 주체적 힘이라고 하였다. 주체적 힘은 개인이 사회적으로 승인받고 개인적으로 유의미한 방식으로 행동하도록 하는 개인적 스타일, 확신, 자기통제이다. 교육을 단순히 지적인 것으로만 생각해서는 안 된다.

경험주의 교육자들은 교과는 일상생활의 경험으로부터 도출된다고 한다. 듀이에게서 교육은 아동이 이미 가졌던 경험으로부터 나온 교과로 시작해야 된다는 것이다. 이때 교육적 경험이란 민주적이고 인간적이며 학생들의 호기심을 불러일으키고 그들의 자발성을 강화시켜 주는 경험을 말한다. 즉 기존의 경험범위 내에서 새로운 관찰과 판단방법을 자극함으로써, 더 나은 경험의 영역을 확장시킬 새로운 문제를 제시할 가능성과 전망을 가진 대상들을 교육자들이 선택해야 한다고 주장한다.

경험중심 교육과정에서는 학생들이 특정한 목적을 성취하기 위한 학습 활동을 할 때 겪는 경험들을 교육과정 조직의 중심 요소로 활용하고 있다. 일반적으로 교육과정의 내용은 일상적인 문제, 욕구, 쟁점들을 해결할 때, 그 내용이 이용되는 방식에 따라 계열화된다. 듀이에 따르면 교육과정은 개인의 계속적인 상황을 도와줄 수 있는 상황들을 중심으로 조직되어야 한다. 다시 말해서, 한편으로 학습자의 물리적, 사회적 환경과 다른 한편으로는 학생의 흥미, 욕구, 과거 경험들 간의 상호작용을 통해 생겨나는 것이어야 한다. 바로 이러한 이유 때문에 경험중심 교육과정의 관점에서는 교육과정 개발자나 교사들이 그 상황들을 사전에 충분히 계획해 놓을 수가 없으며, 오히려 학습현장에서 교사와 학생의 상호협동과정 속에서 상황이 계획될 수 밖에 없다고 본다. 따라서 학습형태는 획일적이 아니고 다양하게 전개된다. 융통성 있는 수업시간 계획, 프로젝트 방법, 무학년제, 개방교육 등 경험중심 교육과정의 영향은 오늘날 교육 현장에서 많이 찾아볼 수 있다.

경험중심 교육과정의 장점은 다음과 같다. 첫째, 학습자의 흥미와 필요가 교육과정 구성의 기초가 되어 반영되기 때문에 적극적인 참여를 유발하기가 쉽다. 경험중심 교육과정의 적용 원칙은 학습심리의 원칙에 합치되므로 활발한 학습활동이 전개된다. 학습은 학습자에게 흥미가 있을 때 가장 효과적이다. 또한 학생이 직면하고 있는 문제를 자발적으로 해결하기 위해서 계획을 세우고 직접 참여 하기 때문에 학습이 적극적으로 이루어지게 된다. 둘째, 현실적이고 실제적인 생활문제를 해결하는 데 도움이 된다. 실제적인 생활의 장을 부여하고 생활문제와 결부되는 학습활동을 행함으로써 생활 사태를 올바르고 종합적으로 처리할 수 있는 능력을 기를 수 있다. 셋째, 민주사회에서 필요로 하는 창의성, 책임감, 사회성, 협동정신, 반성적 사고 등의 능력을 기르는데 크게 도움이 된다. 공동문제를 가지고 공동으로 해결하는 학습형태를 취하는 경우가 많기 때문에 그러한 학습과정을 통해서 민주시민으로서의 태도와 정신을 체득할 수 있다. 넷째, 교사나 학생에게 개인적인 만족감이 클 수 있다. 경험중심 교육과정은 교사가 다루는 내용의 범위는 크게 줄어들게 되는데, 대신 깊이 있게 터득할 수 있다. 이는 학습내용의 숙달 및 긍정적인 태도를 가져올 수 있다.

그러나 다음과 같은 단점도 있다. 첫째, 학습자의 요구만을 앞세우다 보면 내용의 취급 범위가 좁고 깊이가 없는 피상적인 문제만 다룰 가능성이 있다. 사회나 성인들의 요구를 등한시 할 수 있고, 국가가 시행하는 광범위한 시험에 대비하기 어려워지며, 자칫하면 학생들의 기초학력의 저하를 가져올 수 있다. 둘째, 교사의 역량에 크게 좌우된다. 경험중심 교육과정을 제대로 이끌어 나가려면 깊이 있는 전문교과 지식과 학습지도 기술에서 고도로 훈련된 교사가 있어야 한다. 학생들의 프로젝트 참여, 소집단 활동, 교외 답사와 같은 프로그램을 위해서는 세밀한 계획을 세워야 하며, 학생 관리를 위해서 아주 철저한 감독을 해야 한다. 교육적 소양과 지도방법이 미숙한 교사는 실패할 가능성이 많고, 유능한 교사가 조직할 때에만 교육적 의의를 지니게 된다. 셋째, 충분한 자원과 시설이 확보되어야 할 뿐만 아니라 보다 융통성 있는 행정조직과 방침이 뒤따라야 한다. 이러한 것이 제대로 갖추어져 있지 않을 때 경험중심 교육과정은 시간이나 노력면에서 많은 비용이 필요하지만 그 만큼의 교육적 효과는 가져오지 못한다. 즉 시간낭비의 교육과정으로 비난받을 수 있다.

04 영 교육과정과 중핵형 교육과정

2018학년도 초등 기출 다음은 학교 교육과정에 관한 초등학교 교사들의 대화이다. 1) 박 교사의 말에 나타난 인성의 의미에 근거하여, 인성 교육을 위한 학교 교육과정 편성·운영 시 김 교사가 말하는 '통합'과 '연계'가 필요한 이유를 각각 1가지씩 논하시오. 2) 강 교사의 말에 합의된 교육과정의 유형을 쓰고, 이 교육과정 유형의 관점에 비추어 볼 때 범교과 학습 주제의 지도를 위한 학교 교육과정 '편성'과 '운영' 시 유의해야 할 점을 각각 1가지씩 논하시오.

박 교사: 요즘 인성 교육이 주목 받고 있죠. 2015 개정 교육과정 총론에도 인성 교육이 범교과 학습 주제 중의 하나로 제시되어 있고요.

김 교사: 맞아요. 그런데 인성 교육을 포함한 범교과 학습 주제는 교과와 창의적 체험활동 등 교육 활동 전반에 걸쳐 통합적으로 다루도록 하고, 지역사회 및 가정과 연계하여 지도해야 한다는 점에 유의할 필요가 있어요.

박 교사: 좋은 지적이네요. 「인성교육진흥법」에서 인성교육을 정의한 것을 보면, 인성은 '자신의 내면을 바르고 건전하게 가꾸고 타인·공동체·자연과 더불어 살아가는 데 필요한 인간다운 성품과 역량'이라 할 수 있는데, 인성의 이러한 의미는 인성교육에서 왜 통합과 연계가 필요한지를 잘 보여 주는 것 같아요.

김 교사: 그런데 통합과 연계를 위해서는 선생님들이 모여서 긴밀하게 협의하고 조정하는 과정이 필요한데, 그게 보통 어려운 문제가 아니에요.

황 교사: 그렇죠. 선생님들 중에는 자기 경험에 갇힌 나머지 각자의 의견을 허심탄회하게 드러내어 함께 검토하는 것 자체를 상대에 대한 불필요한 간섭으로 여겨 기피하는 분들이 있어요. 문제에 부딪혔을 때 스스로 궁리해 새로운 해결 방안을 찾기보다 과거의 경험이나 전통적 방식만을 답습하려는 경향도 없지 않고요.

박 교사: 참 어렵네요. '안전한 생활'이라는 교과서를 만들고 시간을 배당하여 안전 교육을 하도록 한 것처럼, 다른 주제도 다 그렇게 하면 좋을 텐데…….

강 교사: 중요한 주제라고 해서 모두 그렇게 할 수는 없죠. 그래서 학교 교육과정을 편성하고 운영하는 일이 더 어려운 것 같아요. 여러 주제 중 일부만 학교 교육과정에 포함되고, 어떤 주제는 포함되었다 하더라도 실제로는 지도가 이루어지지 않는 경우도 있잖아요?

1 논술문 작성 방향

첫 번째 문제는 인성교육을 위한 학교 교육과정 편성·운영 시 통합과 연계가 필요한 이유를 묻고 있다. 지금까지의 인성교육은 지식 위주의 교육이 이루어지고 있어 인지적, 정의적, 행동적 영역을 포괄하는 도덕성 형성은 달성하지 못하고 있다. 그러나 훌륭한 인격을 형성하기 위해서는 모든 교과에서 인성이 강조되어야 하며, 어느 특정 과목에 한정하지 않고 교과 전체를 통한 통합적인 인성교육이 이루어져야 한다. 그리고 다양한 가족 유형과 문화, 국제화 등 다원화된 현대사회에서는 다른 사람과 화목하게 지내며 나와 다른 사람의 차이를 존중할 수 있는 능력이 요구되기 때문에 학교에서의 인성교육을 학교 밖 일상생활, 지역사회와 연계시킴으로써 의미 있는 학습이 이루어질 수 있도록 할 필요가 있다.

두 번째 문제는 영 교육과정에 대해 묻고 있다. 강 교사는 여러 주제 중 일부만 학교 교육과정에 포함되고, 어떤 주제는 포함되었다 하더라도 실제로는 지도가 이루어지지 않는다는 주장을 하고 있다. 이와 관련된 교육과정 유형은 영 교육과정이다. 영 교육과정 관점에서 범교과 학습 주제의 지도를 위한 학교 교육과정 편성 시 유의점으로 그동안 무엇이 강조되어 가르쳐져 왔고 무엇이 가르쳐지지 않았는지에 대한 검토를 통해 가르쳐지지 않았던 범교과 교육내용을 반영하여 교육과정을 편성하고, 균형화된 교육이 이루어질 수 있도록 해야 한다. 운영 시 유의점으로 범교과의 내용들을 학생들이 학습할 수 있도록 학생들에게 학습 주제를 다양한 방식으로 제시하고 표현하며, 학습 주제 및 교과를 가르치는 방법을 변화시켜 학생들이 직접적으로 경험하고 체험하여 학습할 기회를 가질 수 있도록 해야 한다.

2 예시답안

서론 문제제기

교사에게는 학생 개개인을 깊이 있게 이해하고, 효과적인 교육과정 편성·운영을 통해 학생들을 가르치기 위한 지식이 필요하다. 그리고 학교 현장에서 만나게 되는 학생뿐만 아니라 동료 교사, 학교 조직의 구성원들과의 관계에서 발생하는 문제들을 깊이 있게 진단하고 이에 대한 해결방안을 모색하는데 도움을 줄 수 있는 실제적인 지식과 능력이 필요하다. 이때 체계적으로 정립된 교육학적 이론은 교사가 현장에서 교육실천을 해 나갈 때 필요한 지식의 준거와 방향을 제공해 줄 수 있다.

본론1 인성교육을 위한 학교 교육과정 편성·운영 시 '통합'과 '연계'가 필요한 이유 각각 1가지

인성교육을 위한 학교 교육과정 편성·운영 시 통합이 필요한 이유는 다음과 같다. 기존의 인성교육은 지식 위주의 교육이 이루어지고 있어 인지적, 정의적, 행동적 영역을 포괄하는 도덕성 형성은 달성하지 못하고 있다. 그러나 인성교육은 모든 교과의 한 부분이지 다른 교과와 분리되는 것이 아니기 때문에 훌륭한 인격을 형성하기 위해서는 모든 교과에서 인성이 강조 되어야 한다. 다시 말해 어느 특정 과목에 한정하지 않고 교과 전체를 통한 인성교육이 이루어져야 할 필요가 있다.

인성교육을 위한 학교 교육과정 편성·운영 시 연계가 필요한 이유는 다음과 같다. 다양한 가족 유형과 문화, 국제화 등 다원화된 현대사회에서는 다른 사람과 화목하게 지내며 나와 다른 사람의 차이를 존중할 수 있는 능력이 요구된다. 이러한 이유로 학교 교육뿐만 아니라 학생들이 살고 있는 학교 밖 일상생활, 지역사회를 밀접하게 연계시킴으로써 학생들에게 보다 의미 있는 학습이 이루어질 수 있도록 할 필요가 있다.

본론2 교육과정 유형과 이 교육과정 유형의 관점에서 범교과 학습 주제 지도를 위한 '편성'과 '운영' 시 유의점 각각 1가지

제시문에서 강 교사의 말에 해당하는 교육과정은 영 교육과정이다. 영 교육과정 에는 두 가지 의미가 있다. 먼저, '법적인 구속력이 없는' 이 라는 뜻을 지닌다. 즉, 영 교육과정이란 법적인 구속력이 있는 공적인 문서에 들어있지 않아서 학교에서 가르치지 않는 교육내용을 가리킨다. 그러나 교육과정은 가르칠 만한 가치가 있는 교육내용을 담고 있어야하기 때문에 공식적인 문서에 빠져 있는 모든 내용이 영 교육과정이 되는 것은 아니고, 배울만한 가치가 있는데도 불구하고 공적인 문서에서 빠진 내용을 가리킨다고 할 수 있다. 영 교육과정의 또 다른 의미는 '학습할 기회가 없는'이라는 뜻이다. 어떤 내용이 공식적 교육과정에 포함되어 있다 하더라도 학습할 기회가 없었다면 영 교육과정에 속한다.

영 교육과정 관점에서 범교과 학습 주제의 지도를 위한 학교 교육과정 편성 시 유의점은 다음과 같다. 그동안 무엇이 강조되어 가르쳐져 왔고 무엇이 소외되어 가르쳐지지 않았는지에 대한 검토를 통해 가르쳐지지 않았던 범교과 교육내용을 반영한 교육과정을 편성하여 폭넓고, 다양하고, 균형화된 교육이 이루어질 수 있도록 해야 한다. 예를 들어 안전·건강 교육, 인성 교육, 진로 교육, 민주 시민 교육, 인권 교육, 다문화 교육, 통일 교육, 독도 교육, 경제·금융 교육, 환경·지속가능발전 교육 등을 고려해볼 수 있다.

영 교육과정 관점에서 범교과 학습 주제의 지도를 위한 학교 교육과정 운영 시 유의점은 다음과 같다. 다양한 범교과의 내용들을 학생들이 학습할 기회를 가질 수 있도록 학생들에게 학습 주제를 다양한 방식으로 제시하고 표현하며, 학습 주제 및 교과를 가르치는 방법을 변화시켜 교육과정을 운영할 수 있다. 예를 들어 창의적 체험활동 시간을 활용하여 범교과 학습 주제를 통합적으로 다루어 학생들이 직접적으로 경험하는 학습 기회를 제공할 수 있다.

결론 | 제언

교사들은 학급과 학교에서 다양한 교육적 역할을 수행하고 있다. 교사들이 각각의 상황을 적절하게 해석하고 더 나은 방향으로 개선하기 위해서는 교육학적 안목을 계발할 필요가 있다. 교육현장의 사례들을 통해 학교 상황을 진단하고 설명해 보며, 교육학 이론을 통한 사고를 시도해 보는 것은 교육학적 안목을 키우기 위한 좋은 방법이다. 또한 교사가 학습을 극대화하기 위한 교육과정과 수업이 되기 위한 방안들을 탐색하며, 교육에 영향을 주는 다양한 요인들에 대한 지속적인 탐구를 이어갈 때 더욱 효과적인 교육활동이 이루어질 수 있을 것이다.

2020학년도 중등 기출 오늘날과 같은 초연결 사회에서는 다수의 사람이 소통하면서 협력하는 것이 중요하다. 이러한 시대적 추이를 반영하여 ○○고등학교에서는 토의식 수업 활성화를 위한 교사협의회를 개최하였다. 다음은 여기에서 제안된 주요 의견을 정리한 것이다. 그 내용은 교육내용의 변화 방향에 관한 것이다. 이를 바탕으로 '토의식수업 활성화 방안'이라는 주제로 서론, 본론, 결론을 갖추어 논하시오.

구분	주요 의견
B 교사	• 교육과정 분야에서는 교육내용의 선정과 조직방식에 대한 교사의 전문성이 강화될 필요가 있음 • 교육내용 선정과 관련해서는 '영 교육과정'에 관심을 가지는 것이 도움이 됨 • 교육내용 조직과 관련해서는 생활에 필요한 문제를 토의의 중심부에 놓고 여러 교과를 주변부에 결합하는 방식을 활용할 필요가 있음

배점

- 논술의 내용 [총 15점]
  - B 교사가 말한 '영 교육과정'이 교육내용 선정에 주는 시사점 1가지, B 교사가 말한 교육내용 조직방식의 명칭과 이 조직방식이 토의식 수업에서 가지는 장점과 단점 각각 1가지 [4점]
- 논술의 구성 및 표현 [총 5점]
  - 논술의 내용과 '토의식 수업 활성화 방안'의 연계 및 논리적 형식 [3점]
  - 표현의 적절성 [2점]

1 논술문 작성 방향

이 문제는 영 교육과정의 시사점과 중핵형 교육과정과 관련된 문제이다. 교사는 영 교육과정을 고려하여 배울만한 가치가 있음에도 불구하고 학생들이 학습할 수 있는 기회가 없는 지식들이 없도록 교육내용을 선정해야 한다. 중핵형 교육과정은 주로 사회영역이나 자연영역의 생활경험 중심으로 조직되며, 주변과정은 관련되는 기본교과로 조직되는 교육과정이다.

2 예시답안

서론 문제제기

오늘날의 초연결 사회에서 토의식 수업은 학생들의 다양한 참여를 통해 수업을 이끌어 가는 데 효과적인 수업방식이다. 토의는 과정을 중시하며, 다양한 의견들을 종합하여 최선의 해결방안을 모색한다는 점에서 민주적인 의사소통 방식이라고 할 수 있다. 다양한 교육방법에 대한 이론 중 토의를 주목해야 하는 이유가 여기 있으며, 이러한 토의식 수업을 활성화하기 위해 교사는 지식관, 교육내용, 수업설계, 학교문화의 변화 방향에 대해 관심을 가질 필요가 있다.

> **본론** B 교사가 말한 '영 교육과정'이 교육내용 선정에 주는 시사점 1가지, B교사가 말한 교육내용 조직방식의 명칭과 이 조직방식이 토의식 수업에서 가지는 장점과 단점 각각 1가지

B 교사가 말하는 영 교육과정은 교육내용 선정에 있어 다음과 같은 시사점을 준다. 그동안 무엇이 가르쳐져 왔고 무엇이 소외되어 가르쳐지지 않는지에 대한 검토를 통해 배울만한 가치가 있음에도 불구하고 가르쳐지지 않았던 범교과 교육내용을 선정하여 폭넓고, 다양하고, 균형화된 교육이 이루어질 수 있도록 해야 한다. B 교사가 말한 교육내용 조직방식은 중핵형 교육과정이다. 중핵형 교육과정은 주로 사회영역이나 자연영역의 생활경험 중심으로 조직되며, 주변과정은 관련되는 기본교과로 조직된다. 중핵형 교육과정으로의 조직방식이 토의식 수업에서 가지는 장점은 학습자가 직면하고 있는 실제적인 문제를 다루게 되어 학습자들의 흥미와 필요가 교육과정 구성의 기초가 되어 반영되기 때문에 능동적이고 적극적인 참여를 유발하기 용이하다는 점이다. 그러나 실생활과 관련된 문제 위주로만 수업이 이루어지면 다루게 되는 교과내용의 취급 범위가 좁고 깊이가 없는 피상적인 문제만 다룰 가능성이 있다. 그로 인해 자칫하면 학생들의 기초학력의 저하를 가져올 수 있다. 교사는 교육내용을 선정하고 조직하는 데 있어서, 이러한 교육학적 관점을 토대로 토의식 수업을 효과적으로 실행할 수 있다.

> **결론** 제언

교사는 학교현장에서 토의식 수업을 활성화시키기 위한 매우 복잡하고 다양한 역할을 동시에 수행해야 한다. 이러한 교사의 역할은 지식관, 교육내용, 수업설계, 학교문화에 대한 폭넓은 교육학적 지식을 기반으로 수행될 수 있으며, 교사는 이러한 지식을 학교현장에 적절하게 적용하기 위한 전문성을 갖춰야 한다. 토의식 수업의 활성화를 위한 교사의 역할은 교사 개인의 차원을 넘어 동료교사, 학교, 지역사회 및 국가 간의 유기적이고 공동체적인 협력을 통해 더욱 효과적으로 수행될 수 있을 것이다.

3 더 알아보기

1 인성교육

학교 교육의 본질적 역할은 학생들이 원만한 인성을 갖추어 학교생활은 물론 앞으로의 삶을 보람되게 살아가도록 돕는 것이다. 이에 학교는 인간다운 삶을 더불어 사는 도덕 공동체의 구성원으로서 필요한 인성교육을 학교가 적극적으로 제공해야한다. 초기의 도덕성 발달은 지식 위주의 교육이 이루어져 인지적, 정의적, 행동적 영역을 포괄하는 도덕성 형성은 달성하지 못하였다. 그러나 1980년대 후반부터 강조된 인성교육은 통합적 인성교육을 강조하였다. 리코나는 초등학교의 인성교육을 '훌륭한 인성을 발달시키기 위한 의도적이고 행동 지향적인 교육'이라고 말하고 있다. 그에 의하면 도덕적으로 성숙한 사람은 도덕적 관념, 도덕적 감수성, 도덕적 행동 중 어느 하나만이 발달하는 것이 아니라 이세가지 모두가 조화롭게 발달된 사람을 의미하면서 인성교육에 대한 포괄적인 접근 혹은 '통합적인 접근'을 제시하고 있다. 미국의 리코나를 중심으로 인성교육자들은 인성교육을 모든 교과의 한 부분이지 다른 교과와 분리되는 것이 아니며, 훌륭한 인격을 형성하기 위해서는 모든 교과에서 인성이 강조 되어야 주장하였다. 훌륭한 인격은 다차원적인 요소를 의미하는 것으로 이를 형성하기 위해서 모든 교과에서 인성이 강조 되어야 하며, 어느 특정 과목에 한정하지 않고 교과 전체를 통하여 인성교육이 이루어져야 한다.

인성교육을 위한 학교 교육과정 편성·운영 시 연계가 필요한 이유는 다음과 같다. 다양한 가족 유형과 문화, 국제화 등 다원화된 현대사회에서는 다른 사람과 화목하게 지내며 나와 다른 사람의 차이를 존중할 수 있는 능력이 요구된다. 특히 지역사회와 연계된 교육은 학생들에게 친숙한 학습의 맥락을 제공해줄 뿐만 아니라 학습에 필요한 자원들을 지역사회로부터 지원받음으로써 학생들의 실천과 참여를 증진시킬 수 있으며, 교실이 확장되는 효과를 낳을 수 있다. 이러한 참여와 실천을 통한 교육은 학교 교육뿐만 아니라 학생들이 살고 있는 학교 밖 일상생활을 밀접하게 연결시켜줌으로써 학생들에게 보다 의미 있는 학습이 이루어질 수 있도록 할 수 있다.

2 영 교육과정

영 교육과정(null curriculum)에는 두 가지 의미가 있다. 먼저, 영어로 영(null)에는 여러 가지 뜻이 있지만, 영 교육과정에서 영의 의미는 '법적인 구속력이 없는(독일어로 null은 zero이다)'이 라는 뜻을 지닌다. 따라서 영 교육과정이란 법적인 구속력이 있는 공적인 문서에 들어있지 않아서 학교에서 가르치지 않는 교육내용을 가리킨다. 그러니 교육과정은 가르칠 만한 가치가 있는 교육내용을 담고 있어야하기 때문에 공식적인 문서에 빠져 있는 모든 내용이 영 교육과정이 되는 것은 아니고, 배울만한 가치가 있는데도 불구하고 공적인 문서에서 빠진 내용을 가리킨다고 할 수 있다. 영 교육과정의 또 다른 의미는 학습자의 측면에서 살펴볼 수 있다. 이러한 관점에서 영 교육과정의 영의 의미는 '학습할 기회가 없는(zero에 가까운)'이라는 뜻이다. 어떤 내용이 공식적 교육과정에 포함되어 있다 하더라도 학습할 기회가 없었다면 영 교육과정에 속한다.

영 교육과정을 최초로 제안한 아이즈너는 학교에는 공식적인 교육과정에 속하지 않는 많은 교육내용들이 있는데, 만일 학교가 이것들을 공식적인 교육과정에 포함하지 않는다면 학교의 교육적인 영향력은 그만큼 위축되거나 왜곡될 수 있다고 경고하였다. 예를 들어 공식적인 교육과정이 문자나 숫자 위주의 표현양식만을 강조하고 시각, 청각, 운동 등 다양한 표상 형식의 개발을 경시한다면, 이는 인간의 다양한 능력 중에서 일부만을 개발하게 되어 결국 교육적으로 막한 손실을 끼치게 된다는 것이다. 이런 의미의 영 교육과정은 공식적 교육과정뿐만 아니라 교재나 수업의 측면에서도 교육적으로 가치 있는 내용이 빠진 것이 없는가를 살펴보도록 하는 역할을 한다.

이와 같이 영 교육과정은 공식적인 교육과정 문서에 담긴 교육목적과 교육내용의 가치를 되묻고, 더욱 중요한 것이 빠지지 않았는가를 살펴보도록 한다는 점에서 교육과정의 결정에 있어 유용한 문제를 제기하며, 공식적 교육과정에서 중요하고 가치 있는 어떠한 교육내용이나 가치, 태도 등이 배제되고 있는지를 평가하는 데 중요한 단서를 제공해 줄 수 있다는 점에서 가치가 있다. 보통 학교교육과정이라 하면 공식적 교육과정을 대표적인 것으로 생각을 한다. 그래서 학교교육은 공식적 교육과정을 위해 모든 노력을 기울여왔다. 하지만 공식적 교육과정 이면에 깔린 채 소홀히 생각되어져 왔던 영 교육과정을 생각하면 학교교육과정을 통해 가르쳐왔던 것들에 대한 인식을 달리 생각해야한다. 영 교육과정은 다루어지지 않는 학교교육 내용을 말하므로, 영 교육과정에 대한 질문을 한다면 "무엇을 가르치지 않는가?"의 형태로 물어 볼 수 있다. 그럴 때 무엇을 가르치지 않느냐의 "무엇"에 해당하는 것들을 알아보고 앞으로의 교육과정 편성에 있어서 학교교육과정을 현재보다 더 개방적인 태도를 요구하여 교육내용의 영역을 확장해야 한다. 즉, 무엇이 강조되어 가르쳐져 왔고 무엇이 소외되어 가르쳐지지 않았는지에 대한 진지한 검토가 필요하며, 보다 폭넓고 다양한 교육내용을 반영하여 다양하고 균형화된 교육이 이루어질 수 있도록 해야 한다. 예를 들어 안전·건강 교육, 인성 교육, 진로 교육, 민주 시민 교육, 인권 교육, 다문화 교육, 통일 교육, 독도 교육, 경제·금융 교육, 환경·지속가능발전 교육 등을 다루어야 한다. 그리고 영 교육과정을 실제로 적용하거나 운영하는데 있어서 교사들은 다소 어려움을 가지고 있다. 하지만 각 교과의 내용들이 포함될 수 있도록 학생들에게 다양한 방식으로 제시하고 표현하며, 교과를 가르치는 방법을 변화시켜 적용·운영하여 어려움을 극복할 수 있다. 예를 들어 창의적 체험활동 시간을 활용하여 통합적으로 다루어 학생들이 직접적으로 경험하고 학습할 기회를 가질 수 있도록 할 수 있다.

> 왜 대부분의 중등학교에서 영어를 4년, 수학을 2년, 과학을 1~2년, 역사와 사회를 2~3년 동안 의무적으로 가르치는가? 왜 중등학교에서 법학, 경제학, 인류학, 심리학, 무용, 시각예술, 음악은 자주 가르치지 않거나 필수교과로 지정하지 않는가? (중략) 나는 우리가 학교에서 몇몇 교과를 다른 대안적인 교과에 대한 면밀한 검토 없이 그저 전통적으로 가르쳐 온 교과이므로 계속해서 가르치고 있다고 생각한다. 그 과정에서 우리는 종종 학생들에게 매우 유용하다고 입증된 교과를 가르치지 않는다.
> — 아이즈너(E. Eisner), 『교육적 상상력』

3 중핵형 교육과정

경험중심 교육과정은 내용의 조직방식에 따라 다음 네 가지로 구분할 수 있다. 첫째, 활동형 교육과정이다. 이 교육과정에서는 학습자의 흥미와 욕구 등에 기초하여 학습경험을 선정하고 조직하는 형태로서 학습자들에게 심리적으로 알맞으며, 학생들의 문제를 해결하는 데 도움이 되는 활동을 다룬다. 이 형태로는 구안법이 있다. 구안법은 교사가 집단성원으로 참여하여 학습자와 함께 학습목적과 계획을 세우고 실천·평가하는 일련의 과정을 밟는데, 이는 관찰·유희·이야기·수공·소풍 등의 영역으로 나타난다. 둘째, 광역형 교육과정이다. 이 교육과정에서는 지식보다는 생활, 흥미, 경험 등을 중심으로 동일 경험 영역에 속하는 중요한 내용을 조직해 놓은 것으로 작업단원법을 사용하여 조직된다. 이 방법은 동일 영역의 학습내용을 학습자의 발달단계에 따른 생활경험 중심으로 단원을 조직하는 것이다. 여기서는 사회생활영역, 자연에 관한 영역, 수학영역, 가정과 공작 영역, 휴양과 예술 영역, 언어생활영역 등으로 조직된다. 셋째, 생성형 교육과정이다. 이 교육과정은 사전에 계획을 하지 않고 교사와 학생들이 학습현장에서 함께 학습 주제를 선정하고 내용을 계획하여 교육이 이루어지는 형태로써 조직형태도 일정하지가 않다. 그러므로 사전계획이 없다는 점에서 교사와 학생에게 많은 융통성과 자유를 부여하지만 잘못하면 내용의 깊이가 없는 피상적인 문제를 다룰 가능성이 크기 때문에 유능한 교사가 조직해야 교육적 의의를 지니게 된다. 넷째, 중핵형 교육과정이다. 이 교육과정에는 중핵과정과 주변과정이 동심원적으로 조직된다. 중핵과정은 종합과정, 생활학습, 학습자의 공통욕구, 장시간제 등으로 조직되고 주변과정은 중핵과정을 둘러싸고 있으면서 계통학습을 하되 몇몇 영역으로 구분·조직된다. 중핵과정은 주로 사회영역이나 자연영역의 생활경험 중심으로 조직되며, 주변과정은 관련되는 기본교과로 조직된다. 그런데 엄격하게 구분하면 중핵형에는 교과중심 중핵, 개인중심 중핵, 사회중심 중핵 등이 존재한다.

경험중심 교육과정의 장점으로는 다음과 같은 것들을 들 수 있다. 첫째, 학습자의 흥미와 필요가 교육과정 구성의 기초가 되어 반영되기 때문에 적극적인 참여를 유발하기가 쉽다. 경험중심 교육가정의 적용원칙은 학습심리의 원칙에 합치되므로 활발한 학습활동이 전개된다. 또한 학생이 직면하고 있는 문제를 자발적으로 해결하기 위해서 계획을 세우고 직접 참여하기 때문에 학습이 적극적으로 이루어지게 된다. 둘째, 현실적이고 실제적인 생활문제를 해결하는 데 도움이 된다. 실제적인 생활의 장을 부여하고 생활문제와 결부되는 학습활동을 행함으로써 생활사태를 올바르고 종합적으로 처리할 수 있는 능력을 기를 수 있다. 셋째, 민주사회에서 필요로 하는 창의성, 책임감, 사회성, 협동정신, 반성적 사고 등의 능력을 기르는

데 크게 도움이 된다. 공동문제를 가지고 공동으로 해결하는 학습형태를 취하는 경우가 많기 때문에 그러한 학습과정을 통해서 민주시민으로서의 태도와 정신을 체득할 수 있다. 넷째, 교사나 학생에게 개인적인 만족감이 클 수 있다. 경험중심 교육과정은 교사가 다루는 내용의 범위는 크게 줄어들게 되는데, 대신 깊이 있게 터득할 수 있다. 이는 학습내용의 숙달 및 긍정적인 태도를 가져올 수 있다.

그러나 다음과 같은 단점도 있다. 첫째, 학습자의 요구만을 앞세우다 보면 내용의 취급 범위가 좁고 깊이가 없는 피상적인 문제만 다룰 가능성이 있다. 사회나 성인들의 요구를 등한시 할 수 있고, 자칫하면 학생들의 기초학력의 저하를 가져올 수 있다. 둘째, 교사의 역량에 크게 좌우된다. 경험중심 교육과정을 제대로 이끌어 나가려면 깊이 있는 전문교과 지식과 학습지도 기술에서 고도로 훈련된 교사가 있어야 한다. 학생들의 프로젝트 참여, 소집단 활동, 교외답사와 같은 프로그램을 위해서는 세밀한 계획을 세워야 하며, 학생 관리를 위해서 아주 철저한 감독을 해야 한다. 교육적 소양과 지도방법이 미숙한 교사는 실패할 가능성이 많고, 유능한 교사가 조직할 때에만 교육적 의의를 지니게 된다. 셋째, 충분한 자원과 시설이 확보되어야 할 뿐만 아니라 보다 융통성 있는 행정조직과 방침이 뒤따라야 한다. 이러한 것이 제대로 갖추어져 있지 않을 때 경험중심 교육과정은 시간이나 노력면에서 많은 비용이 필요하지만 그만큼의 교육적 효과는 가져오지 못한다. 즉, 시간낭비의 교육과정으로 비난받을 수 있다.

05 숙의모형

2018학년도 중등 기출 다음은 A중학교 학생들의 학업 특성 조사 결과에 관해 두 교사가 나눈 대화 중 일부이다. 대화의 내용은 교육과정에 관한 것이다. 이를 활용하여 '학생의 다양한 특성을 고려하는 교육'이라는 주제로 논하시오.

박 교사: 선생님, 우리 학교 학생의 학업 특성을 보면 학습흥미와 수업참여 수준이 전반적으로 낮아요. 그리고 학업성취, 학습흥미, 수업참여의 개인차가 크다는 것이 눈에 띄네요.

김 교사: 학생의 개인별 특성이 그만큼 다양하다는 것을 의미하겠죠. 우리 학교 교육과정도 이를 반영해야 하지 않을까요?

박 교사: 그렇습니다. 그런데 교육과정을 개발하는 과정에서 학생의 개인별 특성을 중시하는 의견과 교과를 중시하는 의견 간에 차이가 있습니다. 이를 조율하기 위해서는 시간이 걸리겠지만 적절한 논쟁을 거쳐 합의에 이르는 심사숙고의 과정이 필요합니다.

[그림] A 중학교 학생들의 학업 특성
(*3가지 변인의 점수는 서로 비교 가능한 것으로 가정함)

배점

- 논술의 내용
  - 박 교사가 제안하는 워커(D.F.Walker)의 교육과정 개발 모형의 명칭, 이 모형을 교육과정 개발에 적용하는 이유 3가지 (4점)
- 논술의 구성과 표현 (총 5점)
  - 논술은 서론, 본론, 결론으로 구성하고(1점), 주어진 주제와 연계할 것 (2점)
  - 표현이 적절할 것 (2점)

1 논술문 작성 방향

문제는 워커의 자연주의 모형에 대해 묻고 있다. 워커의 모형에 따르면, 교육과정 개발 과정에서 참여자들은 다양한 견해를 표방하는 토대(강령) 단계와, 다양한 대안들에 대한 논쟁을 거쳐 합의에 이르는 숙의 단계를 거쳐, 숙의 단계에서 선택한 대안을 실천가능한 것으로 구체화하는 설계의 단계를 따르게 된다. 워커의 모형은 교육과정 개발 참여진들의 의견이 타협되고 조정되는 과정을 강조한다. 워커의 모형은 교육과정 개발의 실제를 잘 반영해 주는 모형으로 현실적이고, 실행가능성이 높으며, 개발자들에게 심한 제약을 가하지 않는다는 점에서 높이 평가되고 있다.

2 예시답안

서론 문제제기

교사가 교실에서 수업을 할 때 마주하는 가장 어려운 문제는 상이한 선행지식, 기술, 동기수준, 학습정도, 특성을 가진 학생들이 한 교실에 모여 있다는 사실이다. 수업이 모든 학생에게 효과적이기 위해 교사는 다양한 학생의 특성과 요구에 부합하도록 수업을 바꿀 수 있어야 한다. 교사는 수업에서 학생 간의 차이를 극복하기 위해 학생에게 동기를 부여하고, 수업을 위해 집단을 조직하고, 교육 과정을 개발하며, 학생을 평가하는 방법에 대한 체계적인 지식을 갖추어야 한다.

본론 워커의 교육과정 개발 모형의 명칭과 이 모형을 교육과정 개발에 적용하는 이유 3가지

워커의 교육과정 개발 모형의 명칭은 자연주의적 모형이다. 워커는 교육과정을 개발할 때 따라야 할 합리적인 절차를 제시하는 것보다는 교육과정 개발 과정을 관찰하여 그 과정을 묘사하는데 관심을 가졌다. 워커는 교육과정 개발 과정에 실제로 참여하면서 교육과정 개발이 타일러의 처방대로 진행되지 않는다는 사실을 발견했다. 그리고 실제 상황에서 교육과정이 어떻게 개발되는가를 기술해 가면서 발견한 것을 토대로 교육과정 개발 과정을 설명하는 틀을 만들고, 이를 자연주의적 모형이라고 하였다. 이 모형을 교육과정 개발에 적용하는 이유는 다음과 같다. 첫째, 목표를 진술함에 있어서 행동목표의 강박으로부터 벗어나 보다 창의적으로 활동할 수 있는 공간을 마련해 주었다. 분명히 교사들은 특히 행동용어로 진술하라고 했을 때 지나치게 많은 목표를 진술하는 데 대해 유쾌하지 않을 것이다. 이 모형은 특히나 업무가 많은 학급 교사들의 입장에서 본다면 개발자들에게 심한 제약을 가하지 않고 보다 현실적이며 실행가능성이 높은 교육과정 개발절차라고 할 수 있다. 둘째, 교육과정 개발에서 융통성을 마련해 주고 있다. 개발자들이 자신의 요구에 적절하다면 개발 과정의 어느 시점에서라도 시작할 수 있다는 점에서 매우 융통성이 크고, 교육과정 개발 과정 내에서 융통성 있는 이동을 허용하고 있어서 개발자들이 순서에 구애받지 않고 필요한 경우 자유로이 되돌아가거나 진행할 수 있다. 셋째, 교육과정 개발 과정에서 다양한 의견과 주장들을 허용하고 합의를 도출하기 위한 활동을 강조하고 있다. 이 모형은 다양한 개인의 가치와 신념, 생각들을 자유롭게 표현하고 이야기할 수 있도록 하며, 합의를 도출할 수 있는 귀결점과 공감대를 충분히 논의 할 수 있도록 한다. 이는 교육과정 개발의 실제를 잘 반영해 주고 있으며 이를 통해 교육과정을 개발할 때 교사들이 참조할 수 있는 중요한 안내자가 되고 있다.

결론 제언

훌륭한 교사가 가지고 있는 특징은 의도성이다. 의도성은 목적을 가지고 의도적으로 행동하는 것으로, 의도성이 있는 교사는 성취하고자 하는 목표를 정하고 계획적인 행동을 한다. 즉 의도적 교사는 다양한 특성과 수준을 가진 학생들이 원하는 것이 무엇인지 그리고 각 의사결정이 학생들에게 어떤 영향을 미칠지에 대해 끊임없이 생각한다. 학생을 정말 변화시키기 위해, 학생들이 최대한의 노력을 하도록 하기 위해, 그리고 학생들의 사고력을 향상시키고 새로운 지식을 조직하고 보유하도록 돕기 위해 교사는 계획적이고 사려 깊으며 융통성 있게 모든 학생들에게 관심을 가져야 한다.

3 더 알아보기

1 숙의모형

워커는 교육과정 개발 참여자들이 다양한 견해를 표방하고 공통된 합의 기반을 모색하는 토대 다지기(강령)단계, 다양한 대안을 검토하고 가장 그럴듯한 대안을 선택하는 숙의 단계, 선택한 대안을 실천 가능한 것으로 구체화하는 설계 단계를 자연스럽게 거치면서 교육과정을 개발한다고 본다.

워커는 교육과정개발 활동에 참여하는 사람들은 교육과정에 대한 어떤 믿음과 가치를 가지고 과업에 접근한다고 본다. 토대(강령)는 교육과정 개발의 참석자들이 참석 전에 이미 지니고 있는 교육적 신념과 가치, 각종 교육이론, 교육목적, 교육과정 구상, 자신의 숨은 의도 및 선호 등을 통틀어 가리키는 말이다. 워커가 토대라는 용어를 사용하는 이유는 그것이 앞으로의 토론에서 기준 또는 합의의 발판이 되기 때문이다. 이 단계는 일반적으로 다양한 개념, 이론, 목적, 이미지, 절차 등으로 구성된다. 이러한 것들이 명확하거나 논리적으로 정의되지 않을 수도 있으나, 교육과정 의사결정의 기초 혹은 강령을 형성해 준다. 워커의 모형은 언제 토대 다지기 활동을 끝내고 언제 숙의활동을 시작할 것인가가 분명치 않다. 이는 처음부터 그가 자신의 모형을 타일러식 선형적 논리체계를 의도하지 않았기 때문이다. 계획단계에서 참석자들 사이에 의견일치가 빠를수록 후속단계들은 더욱 신속히 연결된다.

교육과정에 대한 공통적인 그림을 찾기 위하여 개인 간의 상호작용이 시작되면 숙의의 단계로 들어간다. 이 단계에서 각 개인은 자신의 강령을 방어하고 순간적인 아이디어를 내놓게 된다. 이와 더불어 개발자들은 자신의 아이디어를 명확히 하고, 합의를 이끌어 낼 수 있는 장면을 형성하기 시작한다. 협의를 거듭할수록 교육과정개발위원들 각자의 의도는 밝혀지고, 때로는 타협되고, 보다 나은 상위의 가치를 향해 어느 정도 커다란 줄기를 잡아가게 된다. 숙의의 목적은 대안들 간의 충돌을 제거하는 데 있다. 숙의는 본질적으로 적절한 여러 대안들, 대안적 문제들과 대안적 해결들을 찾아내고 형성하고 고려하기 위한 체계적인 방법이다. 올바른 의미에서 숙의는 주어진 교육과정 문제를 가장 설득력 있고 타당한 방법으로 논의하며, 가장 유망한 교육과정 실천 대안을 검토하는 것이다. 대안을 내세우면서 거론한 관련 지식들을 고려하고, 그 지식이 토대로 하고 있는 바를 검토하기 위해 적절한 논쟁을 벌임으로써 각 대안들이 지닌 장점들을 낱낱이 따져 보고, 작은 결정 하나에도 관련된 모든 집단의 입장과 가치를 탐색해 보고, 공정하고 균형 잡힌 판단에 이르도록 하는 것이다. 숙의의 단계는 목표 모형에서처럼 일련의 단계 혹은 절차에 따라 엄격하게 진행되지는 않는다.

워커 모형의 마지막 단계는 설계단계이다. 교육 프로그램의 상세한 계획을 수립하는 단계라고 할 수 있다. 숙의의 결과를 구체화하는 단계로, 교육과정을 구체적으로 적용하고 실행할 수 있는 조치를 취한다. 이 단계에서는 교육과정 개발에 따른 교과의 선정, 수업방법이나 자료의 확정, 그리고 이들을 효과적으로 실행하기 위한 행·재정적인 지원과 절차 등을 자세하게 계획한다. 설계단계에서의 궁극적인 활동은 특정 교수자료를 생산하는 것이다.

이 모형은 교육과정을 계획하는 동안 실제로 일어나는 것을 아주 정확하게 묘사해 준다. 특히 교육과정 계획 측면을 상세히 제시하여 교육과정 참여 인사들이 처음부터 서로 다른 토대와 입장에서 출발하고 있음을 보여준다. 교육과정 개발 과정에서의 논쟁과 갈등, 문제해결 노력 등이 자세하게 소개되어 현실감이 높다. 또한 참여자들이 서로 다른 입장에 반응하고 숙의하기 위해 의견조정에 상당한 시간을 보내고 있음을 보여준다.

이 모형은 교육과정 개발을 다루는 현실적인 방식을 보여준다. 교육과정 개발자들은 목표를 진술하는 데 있어서, 소위 행동목표를 진술해야 한다는 강박관념으로부터 벗어남으로써 보다 창의적으로 활동할 수 있다. 분명히 교사들은 특히 행동용어로 진술하라고 했을 때 지나치게 많은 목표를 진술하는 데 대해 유쾌하지 않을 것이다. 이 모형은 특히나 업무가 많은 학급 교사들의 입장에서 본다면 보다 현실적이고 실행가능성이 높은 교육과정 개발 절차라고 볼 수 있다. 또한 이 모형은 교육과정 개발과제에 접근할 때 개발자들에게 상당한 융통성을 마련해 주고 있다. 개발자들이 자신의 요구에 적절하다면 개발 과정의 어느 시점에서라도 시작할 수 있다는 점에서 매우 융통성이 크다. 또한 교육과정 개발 과정 내에서 융통성 있는 이동을 허용하고 있어서 개발자들이 순서에 구애받지 않고, 필요한 경우 자유로이 되돌아가거나 진행할 수 있다. 마지막으로 이 모형은 다소 복잡하고 혼란스럽기는 하지만 교육과정 개발의 실제를 잘 반영해 주고 있다. 특히 학교 교육에서 상황을 잘 반영해 주므로, 교육과정 개발 과제를 학습하는 이들에게는 매우 적절하며 역기능도 적은 접근방식이다.

그러나 이 모형은 거의 전적으로 교육과정 계획에만 초점이 맞추어져 있다는 비판을 받는다. 즉 교육과정 설계가 완성된 뒤에 무슨 일이 어떻게 일어나야 하는지에 대해서는 언급하지 않은 채, 설계가 이루어지기 전까지의 과정에 대해서만 상세하게 제시하고 있다. 따라서 이 모형 역시 타일러 모형과 미찬가지로 교육 내용에 대한 직접적인 답을 제공하지 못한다. 다시 말해서 교육과정에 관한 의사결정을 어떻게 효과적으로 전개할 수 있는가에만 역점을 둘 뿐, 숙의 과정과 설계 과정에서 왜 이 내용을 가르쳐야 하는지에 대해서는 의문을 제기하지 않는다. 또한 대규모의 교육과정 프로젝트에는 적절하나 소규모, 학교중심 교육과정 계획에는 적절하지 않을 수도 있다. 왜냐하면 학교는 전문가, 자금, 시간 등이 넉넉하지 않기 때문에 교사들의 참여를 이끌어낼 만한 유인책도 없을뿐더러, 처음부터 격렬한 이해관계의 충돌이나 상당한 시간을 요하는 충분한 숙의를 지속할 수도 없기 때문이다. 마지막으로 교육과정 토대(강령)를 설정하고 숙의 과정을 거치는 데 상당한 시간이 소요되며 자칫 비생산적인 논쟁과 협의에 그칠 우려가 있다. 쟁점이 분명하게 진술되기도 전에 대안이 만들어지고 옹호되며, 감정은 격해지고 매우 혼돈스럽고 좌절을 주는 경험이 될 수 있다.

06 백워드 모형

2015학년도 중등 기출 다음은 A 중학교의 학교교육계획서 작성을 위한 워크숍에서 교사들의 분임 토의 결과의 일부를 교감이 발표한 내용이다. 이 내용을 바탕으로 A중학교가 내년에 중점을 두고자 하는 교육과정 설계 방식의 특징을 3가지 설명하시오.

> 이번 워크숍은 우리 학교의 교육에서 드러난 몇 가지 문제점을 확인하고, 개선 방안을 제시하는 방식으로 진행되었습니다. 주요 내용을 말씀드리면 다음과 같습니다.
> 다음으로, 교육과정 설계 방식 및 수업 전략에 관한 문제점과 개선 방안입니다. 교육과정 설계 방식 측면에서, 종전의 방식은 평가 계획보다 수업 계획 중심으로 설계되어 있어서 교사가 교과의 학습 목표에 비추어 학생들이 배우는 내용을 올바르게 이해하였는지를 확인하는 데 한계가 있었습니다. 교사는 계획한 진도를 나가기에 급급한 나머지, 학생들의 학습 결손을 예방하지 못하였습니다. 내년에는 학생들의 학습 목표 달성 정도를 확인하는 데 유용한 교육과정 설계를 하고자 합니다.

배점

- 답안의 논리적 구성 및 표현 (총 4점)
- 논술의 내용
  - 교육과정 설계 방식의 특징 3가지 설명 (4점)

1 논술문 작성 방향

문제는 백워드 모형의 특징에 대해 묻고 있다. 기존의 타일러 모형은 목표 설정이 제일 중요시되며, 다음에 목표 달성을 위한 교수학습 경험이 오고, 그 다음에 평가가 진행된다. 이러한 과정에서 수업 활동이 학생들이 달성해야 할 성취기준, 평가기준과는 긴밀하게 관련되는 정도가 약해질 수 있다. 제시문은 이와 같은 문제를 지적하고 있다. 이러한 문제를 극복하기 위하여 학생들이 성취해야 할 바라는 결과를 확인하고(목적 설정), 다음에는 그 결과를 수용할 만한 증거를 결정하며(평가 계획), 마지막으로 학습 경험과 수업 계획을 수립하는 절차를 밟는 것이다. 이러한 절차는 목적 설정과 평가 계획을 보다 긴밀하게 하고, 평가 계획에 부합하는 학습 경험과 수업 계획을 수립하는 데에 초점과 특징이 있다.

2 예시답안

서론 제시문 분석

　교육 전문가로서 교사는 교육에 대한 깊은 이해와 폭 넓은 안목을 바탕으로 교육현장에서 마주하는 여러 가지 교육현상에 대해 비판적으로 이해할 수 있어야 한다. 교사는 주어진 교육내용을 지침에 따라 효율적으로 전달하는 기술자로서만 기능하는 것이 아니라 교육목표나 내용, 교수학습 방법이 적합한 것인지에 대해 파악하고 끊임없이 반문하고 할 수 있어야 하기 때문이다. 제시문은 교사가 실제 학교 내에서 교육의 방향을 결정하고, 교과 과정을 설계하며, 가르치는 것과 관련하여 접할 수 있는 상황과 이를 지원하기 위한 학교조직에 대하여 질문하고 있다.

본론 교육과정 설계 방식의 특징 3가지

　제시문은 목표 설정이 제일 중요시되며, 다음에 목표 달성을 위한 교수학습 경험이 오고, 그 다음에 평가가 진행되는 과정으로 인해 수업 활동이 학생들이 달성해야 할 성취기준, 평가기준과는 긴밀하게 관련되는 정도가 약해지는 문제를 지적하고 있다. 이러한 문제를 극복하기 위하여 백워드 설계 방식을 활용할 수 있다. 백워드 설계 방식의 특징은 다음과 같이 정리할 수 있다. 첫째, 타일러의 목표중심 모형을 계승 발전지만, 목표보다 성취기준 중심이다. 우선 일반적 방향을 제시하고 무엇을 어떻게 할 것인지 처방을 내려주는데 우선 순위가 있으며, 그에 따라 교육과정 개발 모형의 형식이나 조직 방법이 복잡하지 않고 직선적이며 순환적이라는데서 목표중심 모형과 큰 틀을 같이 하고 있다. 또한 바라는 결과의 사전 확인과 결정이 모든 개발 작업에 우선 시 되어야 한다는 원리에 공통점이 있다. 그러나 목표중심 모형에서는 목표 설정이 제일 중요시되며 그 다음에 목표 달성을 위한 교수학습 경험과 평가가 진행되는 반면, 백워드 모형은 성취기준 중심의 모형이라고 할 수 있다. 학생들이 성취해야 할 바라는 결과를 확인하고, 그 다음에 그 결과를 수용할 만한 증거를 결정하며, 다음으로 학습 경험과 수업 계획을 수립하는 절차를 밟는 것이다. 즉, 목표중심 모형과 교육과정 개발의 논리는 동일하지만 목표가 곧 성취기준이 되며, 평가의 기준이 바로 목표가 된다. 둘째, 교육과정에서 달성해야 할 목표들을 '보다 근본적인 이해'에 초점을 두고 있다. 이것은 목표의 성질과 관련한 문제이다. 백워드 모형은 인지 중심과 문제해결 중심의 입장을 강조하며, 교육과정에서 달성해야 할 목표들을 보다 근본적인 이해에 초점을 두고 그를 성취할 수 있어야함을 강조한다. 백워드 설계 모형에서는 이를 '지속적인 이해'라는 용어로 제시하고 있다. 이러한 지속적인 이해는 학습자들이 아주 상세한 것들을 잊어버린 이후에도 머리 속에 남아 있는 큰 개념 혹은 중요한 이해를 말한다. 백워드 설계에서 목표로 삼고 있는 결과는 브루너가 말하는 지식의 구조와 유사한 것으로, 어떤 현상의 기저에 있는 핵심적인 아이디어, 개념이나 원리를 가르치고 이해시켜야 교수의 효율성과 학습의 경제성을 높일 수 있다고 본다. 셋째, 평가의 지위와 역할이 중요하고 그에 따른 평가자로서의 교사 전문성이 강조된다. 목적의 확인은 바로 그 목적의 달성을 확인할 증거의 수집 계획을 수립하는 것이며, 그것은 평가의 타당도를 높이는 데 결정적이다. 과거에는 목적이 설정되었다면 그 다음에는 구체적인 수업 계획이 마련되고 평가 절차가 수립되는 것이 일반적인 절차였지만, 이 모형에서는 그 순서를 과감하게 바꾸어 학습 경험과 내용의 선정에 앞서 구체적인 평가계획안이 마련되어야 한다는 점이 특징적이다. 백워드 설계의 두 번째 단계에서는 수행 과제 제작과 활용 방안에서 형성 평가 및 종합 평가 문항 개발, 그리고 자기 평가 방법에 이르기까지 모든 시나리오가 개발되어야 한다. 이러한 모형에서는 교과서를 잘 활용하고 자료를 적절히 만들고, 수업을 재미있게 하는 교사의 이미지가 별로 인정받지 못한다. 백워드 설계 모형에서는 다양한 평가 도구를 타당하고 신뢰롭게 개발 할 수 있는 평가 전문가가 훌륭한 교사의 의미지로 설정된다.

결론 제언

교육의 질을 높이고자 할 때 핵심 변인은 교사이다. 교사의 자질과 역할은 그런 의미에서 가장 중요하다고 할 수 있다. 효과적으로 교육 목표를 설정하고 교육 과정을 구성하며 교육할 수 있는 것은 교사의 가장 기본적인 역할이다. 학습자에 대한 충분한 이해를 바탕으로 교수계획이 설계되고 이를 토대로 교수활동이 이루어질 때 교육의 효과는 배가될 수 있다. 명심해야 할 것은 이 같은 교사의 수업행동과 기술이 타고 나는 것이 아니라 배우고 익히지 않으면 안 되는 것이라는 점이다. 교사들은 교육전문가로서의 자질을 계속하여 개선하여 적절하고 효과적인 교육을 위해 계속적인 노력을 기울이고, 학교 조직 차원에서 교원의 전문성을 돕기 위한 지원 체계를 마련해야 할 필요가 있다.

3 더 알아보기

1 백워드 모형

이 모형의 이론적 틀은 크게 세 가지로 이루어져 있다. 첫째는 타일러(Tyler)의 목표 모형의 계승·발전, 둘째는 브루너(Bruner)의 지식의 구조의 강조, 셋째는 평가의 지위와 역할이 강조되고 있다는 점이다.

첫째, 타일러 목표 모형의 계승, 발전이라는 대목이다. 우선 목표중심 모형과 성취기준 중심 모형은 큰 틀을 같이 하고 있다. 우선 공히 두 관점의 교육과정 개발 목표는 비록 정도의 차이는 있지만 처방에 가깝다. 교육과정 개발 모형의 표현 방법 혹은 조직 원리도 주로 직선적이며 순환적인 성격을 가진다. 두 관점 공히 현장 실천가들이 목표 혹은 성취기준을 잘 해석하여 사용하도록 일반적 방향을 제시하고 무엇을 어떻게 할 것인지 처방을 내려주려는데 우선순위가 있으며, 그에 따라 교육과정 개발 모형의 형식이나 조직 방법이 복잡하지 않고 직선적이다. 또한 바라는 결과의 사전 확인과 결정이 모든 개발 작업에 우선 시 되어야 한다는 원리에 공통점이 있다. 그러나 목표중심 모형의 기본적 논리가 목표→경험→평가의 방식인 데 반해 백워드 모형에서는 목표가 곧 성취기준이며 평가의 기준이 바로 목표가 된다. 이것은 교육과정 개발의 타일러 논리를 그대로 수용하기보다는 보다 발전적으로 계승하고 있다는 점이다.

둘째, 브루너의 지식의 구조를 고려하고 있다는 점이다. 이것은 목표의 성질과 관련한 문제이다. 일반적으로 브루너의 지식의 구조는 학문의 기저가 되는 학문의 기본적인 아이디어, 기본개념, 원리 등으로 볼 수 있는데 이러한 것들, 즉 어떤 현상의 기저에 있는 핵심적인 아이디어, 개념이나 원리를 가르치고 이해시켜야 교수의 효율성과 학습의 경제성을 높일 수 있다는 것이다. 이러한 성질을 지니는 것을 백워드 설계 모형에서는 '지속적인 이해'라는 용어로 제시하고 있다. 이러한 지속적인 이해는 학습자들이 비록 아주 상세한 것들을 잊어버린 이후에도 머리 속에 남아 있는 큰 개념 혹은 중요한 이해를 말한다. 배울 만한 가치가 보편적으로 인정된 아이디어, 주제 혹은 과정이라고 볼 수 있는 지속적인 이해를 선정하는 네 가지 준거는 다음과 같다. 첫째, 사실과 기능을 초월한 보편적 가치를 가졌는가? 둘째, 학문의 중심부에 있는 핵심적인 통찰력을 담고 있는가? 셋째, 누구나 오류에 빠지기 쉬운 내용인가? 넷째, 학습자들을 몰입시키게 할 수 있는 잠재성을 가졌는가? 결국, 백워드 설계에서 목표로 삼고 있는 결과는 브루너가 말하는 지식의 구조인 셈이다.

셋째, 평가의 지위와 역할이 높아졌다는 점이다. 목적의 확인은 바로 그 목적의 달성을 확인할 증거의 수집 계획을 수립하는 것이며, 그것은 평가의 타당도를 높이는 데 결정적이다. 과거에는 목적이 설정되었다면 그 다음에는 구체적인 수업 계획이 마련되고 평가 절차가 수립되는 것이 일반적인 절차였지만, 이 모형에서는 그 순서를 과감하게 바꾸어 학습 경험과 내용의 선정에 앞서 구체적인 평가계획안이 마련되어야 한다는 점이 특징적이다. 백워드 설계의 두 번째 단계인 평가 단계에서는 수행 과제 제작과 활용 방안에서 형성 평가 및 종합 평가 문항 개발, 그리고 자기 평가 방법에 이르기까지 모든 시나리오가 개발되어야 한다. 백워드 교육과정 설계 모형에서는 교과서를 잘 활용하고 자료를 적절히 만들며, 수업을 아주 재미있게 하는 소위 "훌륭한 교사"의 이미지가 별로 인정받지 못한다. 백워드 설계 모형은 다양한 평가 도구를 타당하고 신뢰롭게 개발할 수 있는 평가 전문가가 훌륭한 교사의 이미지로 설정된다.

백워드 모형의 설계 절차는 단원목적과 질문 개발, 평가 계획의 수립, 학습 경험과 수업의 전개로 이루어진다.

백워드 설계에서 첫 번째 절차는 목적 설정으로서 이것은 바라는 결과의 확인이다. 바라는 결과의 내용은 다름 아닌 지속적인 이해이다. 즉, 학문의 기저에 있는 기본적이고 중요한 아이디어, 개념, 원리를 의미하며, 시간이 지나도 그 가치가 그대로인 불변의 영속적인 것이다. 이해라는 말은 일상적인 언어 사용에서는 자주 사용하지만 그 의미가 매우 애매모하다. 백워드 설계에서 이해는 학문에 기초한 항구적이고 영속적인 지식에 대한 이해를 가리킨다. 단원목적 설정으로서 바라는 결과의 확인은 가르칠 가치가 있는 지식을 다양한 이해의 맥락 속에서 찾아보는 것으로서, 설명·해석·적용·관점·공감·자기지식의 여섯 가지의 이해의 종류를 제시하고 있다. 단원의 목적을 설정할 때, 설계자는 이상의 여섯 가지 이해 측면들 중에서 관련되는 몇 개를 구체적인 학습목적과 내용에 적용시켜 학습자들의 이해를 유도해야 한다. 그리고 나서 단원 문제를 진술해 본다. 여기에는 지속적인 이해 혹은 큰 개념을 포괄할 수 있는 본질적 질문을 먼저 던져 보고 단원 전체를 구조화할 수 있는 방향을 얻게 된다. 그리고 나서 몇 개의 구체적인 내용 중심의 단원 질문을 진술한다.

두 번째로 평가 단계에서는 여섯 가지 이해의 측면에 상응하는 계획을 수립해야 한다. 여섯 가지의 이해의 종류가 각 교과나 과목에 따라서 확연하게 구별되는 것은 아니다. 각 교과나 과목의 단원 특성을 잘 살려서 하나의 이해에 초점이 맞추어질 수도 있고, 두 가지 이상의 이해들이 관련을 지으며 단원의 목적을 형성할 수도 있다. 여섯 가지의 이해 측면에 부합하는 평가 방향을 제시해 보면 다음과 같다.

이해의 종류	정의
설명	• 대화 혹은 상호작용 • 반복적인 중핵적 수행과제 • 오개념의 활용 • 이해의 정교성을 수직선상에서 평가 • 중요한 이론과 관련된 본질적 질문에 초점 • 큰 그림을 잘 유추하는 통제력 • 학생들의 질문 • 폭과 깊이를 별도로 측정
해석	• 좋은 글을 여러 각도에서 해석하는 능력 • 글의 저변에 내재한 이야기의 이해

적용	• 실제적인 목적, 상황, 그리고 청중을 고려한 적용 • 루브릭의 사용 • 피드백에 대한 자기 교정능력 • 이해와 수행이 일치하는지 확인
관점	• 가치롭고 중요한 것에 대한 질문 • 대답의 충실도와 표현의 정도를 평가에 반영 • 비판적 관점 • 저자의 의도 확인
공감	• 타인의 심정을 헤아릴 수 있는 능력 • 다양한 세계관과 감정을 이해하는 능력 • 변증법적 대화를 통하여 공감을 가르치는 것
자기 지식	• 과거와 현재의 작품을 스스로 평가 • 자신의 무지를 인식하는 지혜의 평가

마지막 절차에서는 학습자들의 흥미를 유발하여 배울 가치가 있는 큰 개념을 장기간 기억하고 실제에 활용할 수 있는 교수학습 지도안을 개발하는 것이다. 여기에서 개발하는 것은 단원 수준이며, 단지 수준은 아니므로 주로 핵심적인 아이디어와 단계들을 열거해 놓은 내용 개요와 유사하다. 학습 경험과 수업 계획의 수립은 WHERETO의 원리를 따른다. 즉 교사는 높은 기대 수준 및 학습 방향을 제시하고(W), 학습자들의 흥미와 관심을 유발하여 분위기를 유도해 나가며(H), 수행과제를 제시하면서 주제를 탐구하고 개발한다(E). 그리고 성취 수행의 수준과 그 수행 여부를 확인하며(R), 성취 증거들을 제시하고 평가한다(E). 학생의 요구, 흥미, 스타일에 맞추어 수준별로 고려하고(T), 최대의 참여와 효율성을 위해 조직한다(O). 예를 들어 어떤 단원이 8차시로 구성되었다면 차시별 전개는 W(1차시), H(2차시), E(3차시), R(4차시), E(5-6차시), T(7차시), O(8차시)에 맞추어 단시수업들을 설계할 수도 있다.

07 교육과정 실행

2021학년도 중등 기출 다음은 ○○ 고등학교에 재직하고 있는 김 교사가 대학 시절 친구 최 교사에게 쓴 이메일의 일부이다. 이 내용을 읽고 '학생의 선택과 결정의 기회를 확대하는 교육'이라는 주제로 교육과정을 구성요소로 하여 서론, 본론, 결론을 갖추어 논하시오.

> 보고 싶은 친구에게
>
> … (중략) …
>
> 학생의 선택과 결정의 기회를 확대하기 위해 우리 학교가 학교 운영 계획을 전체적으로 다시 세우고 있어. 그 과정에서 나는 교육과정 운영을 고민했고 교사 협의회에도 참여했어.
> 그동안의 교육과정 운영을 되돌아보니 운영에 대한 나의 관점이 달라진 것 같아. 교직 생활 초기에는 국가 교육과정의 내용을 있는 그대로 실행하는 관점으로 교육과정을 운영해 왔어. 그런데 최근 내가 새롭게 관심을 가지게 된 관점은 교육과정을 교사와 학생이 함께 생성하는 교육적 경험으로 보는 거야. 이 관점으로 교육과정을 운영하는 방안을 찾아보아겠어.
>
> … (하략) …

배점

- 논술의 내용
  - 교육과정 운영 관점을 스나이더 외(J. Snyder, F. Bolin, & K. Zumwalt)의 분류에 따라 설명할 때, 김 교사가 언급한 자신의 기존 관점의 장점과 단점 각각 1가지, 새롭게 관심을 가지게 된 관점에 적합한 교육과정 운영 방안 2가지 [4점]
- 논술의 구성 및 표현 [총 5점]
  - 논술의 내용과 '학생의 선택과 결정의 기회를 확대하는 교육'의 연계 및 논리적 형식 [3점]
  - 표현의 적절성 [2점]

1 논술문 작성 방향

문제는 스나이더의 관점에 관한 내용이다. 김 교사가 언급한 기존 관점과 새로운 관점은 각각 충실도 관점과 생성적 관점이다. 충실도 관점의 장점은 교육과정이 개발자의 의도대로 충실하게 실행될 수 있다는 것이며, 단점은 학습자 개개인의 개인차에 부응하는 교육과정의 개별화가 어렵다는 것이다. 생성적 관점에 부합하는 교육과정 운영방안은 다음과 같다. 첫째, 교육과정에서 다룰 주요 주제를 학생과 학부모의 요구를 수용하여 결정하고, 이를 학년별로 내용과 과정을 선정하여 구성한다. 둘째, 통합교육과정을 실시함으로써 교육과정을 개별화한다.

2 예시답안

서론 문제제기

학생의 선택과 결정의 기회를 확대하는 교육은 학습자 중심 교육의 가장 중요한 조건이다. 학습자 개개인의 개인차에 부응하는 교육과정의 개별화를 실현하기 위해서는 그동안 한국 교육과정의 문제점으로 지적되어 온 지나친 교육과정 의사결정의 중앙집권화가 지양되어야 하기 때문이다. 그러므로 교사는 폭넓은 교육학적 지식을 바탕으로 학생들이 자발적으로 참여하며 스스로 선택하는 교육을 설계하고 실행해야 한다.

본론 김 교사가 언급한 자신의 기존 관점의 장·단점, 새롭게 관심을 가지게 된 관점에 적합한 교육과정 운영 방안 2가지

스나이더의 분류에 따를 때, 김 교사가 언급한 기존 관점은 충실도 관점이다. 이 관점은 교육과정이란 외부 전문가 집단에 의해 개발되는 것이며, 전문가가 개발한 교육과정을 전문가의 의도대로 교사가 실행하면 교육과정 개정의 취지를 실현할 수 있는 것으로 본다. 충실도 관점의 장점은 교육과정이 개발자의 의도대로 충실하게 실행될 수 있다는 것이다. 새로운 교육과정이 개발되면 무엇보다도 교사들은 이를 실행하는 데 필요한 연수를 받아야 하며, 교육과정에 대한 교사의 소양이 부족할수록 교육과정을 체계적으로 계획하여 구체적인 지침이 만든다. 즉, 교육과정을 처음부터 치밀하게 계획함으로써 소양이 부족한 교사들이 제시된 지침이나 매뉴얼에 따라 교육과정을 실행할 수 있게 할 수 있다. 반면, 충실도 관점의 단점은 학습자 개개인의 개인차에 부응하는 교육과정의 개별화가 어렵다는 것이다. 충실도 관점은 사용될 다양한 학교 맥락을 고려하지 않으며, 개별 학교에 교육과정 개발에 대한 융통성을 부여하지 않는다. 따라서 각 학교의 실정에 맞는 교육과정 개발이 어려워지며, 이는 학부모와 학생들의 요구를 수렴한 융통적인 교육과정의 운영을 저해한다.

반면, 김 교사가 새롭게 관심을 가지게 된 관점은 생성적 관점이다. 이 관점은 외부 전문가가 개발한 교육과정을 학생들의 교육경험을 계획하는 기반으로 간주하며, 학교에 실재하는 교육과정은 교사와 학생이 상호작용하면서 갖게 되는 교육경험이라고 본다. 이에 부합하는 교육과정 운영방안은 다음과 같다. 첫째, 교육과정에서 다룰 주요 주제를 학생과 학부모의 요구를 수용하여 결정하고, 이를 학년별로 내용과 과정을 선정하여 구성한다. 학습자에게 선택의 권한을 부여하는 방법은 학습내용의 선정에서부터 시작된다. 학습자 개개인이 갖고 있는 특성, 즉 그들의 흥미, 적성, 호기심, 관심사 등을 반영하기 위해서는 가장 우선적으로 교육과정이 학습자의 얼굴을 보면서 교실현장에서 만들어져야 한다. 둘째, 통합교육과정을 실시함으로써 교육과정을 개별화한다. 통합교육과정의 교육내용은 문제해결중심, 프로젝트중심, 주제중심으로 구성되며 간학문적 주제와 소집단 협동학습을 통하여 자연스럽게 학생들의 능력과 흥미, 필요에 따라 교육과정이 차별화되도록 한다. 이러한 통합교육과정에서는 학습자들로 하여금 각자 자신의 수준에 맞는 방법으로 문제나 주제에 접근하여 현재 자신의 경험에서 할 수 있는 방법으로 의미를 이해하고, 다른 학습자와 상호작용하면서 다른 사람들의 관점을 이해하고 자신의 관점을 명료화하고 정교화할 수 있도록 되어 있다.

결론 **제언**

학습자 중심의 교육에서는 배우는 사람, 즉 교육받는 대상자가 중심에 놓인다. 가르치는 사람의 일방적인 판단보다는 배우는 사람의 관심과 흥미 그리고 욕구가 존중되는 것이다. 다시 말해, 학습자 중심 교육이란 학생들이 각자가 가지고 있는 다양한 능력과 잠재 가능성을 실현하기 위해 스스로 선택하고 결정하는 교육이라고 할 수 있을 것이다. 따라서 교사는 교육과정, 교육평가, 수업설계, 학교의 의사결정에서 학생의 선택권과 결정권이 최대로 발현되도록 모든 전문적 역량과 노력을 기울여야 할 것이다.

3 더 알아보기

1 스나이더의 교육과정 실행의 세 가지 관점

충실도 관점: 교육과정 실행에 대해 충실도 관점을 취하는 학자들은 교육과정이 개발자가 원래 의도한 대로 실행되었는지를 파악하는 데에 주된 관심이 있다. 이 관점은 교육과정이란 외부 전문가 집단에 의해 개발되는 것이며, 전문가가 개발한 교육과정을 전문가의 의도대로 교사가 실행하면 교육과정 개정의 취지를 실현할 수 있는 것으로 본다. 이러한 충실도 관점에서는 사전에 계획된 교육과정이 중요한 위치를 차지하게 되며, 계획된 교육과정이 잘 만들어져서 홍보만 잘 된다면 대부분의 교사들은 이를 수용하여 실행할 것이라고 본다.

충실도 관점에서는 구조화된 접근이 권고된다. 이에 따라 교사들에게 단원 혹은 코스를 어떻게 가르칠 것인가에 대한 명백한 지침이 주어진다. 교사에게 주어지는 지침은 구체화되고 미리 만들어진 것이다. 물론 여기에서 제공되는 어떤 것도 단원이 사용될 다양한 학교 맥락을 고려하여 만들어진 것은 아니다. 이 시각의 기본 가정은 다음과 같다. 첫째, 중앙에서 만들어지는 계획과 정의는 지역 사용자들이 혁신을 정의함으로써 생길 수 있는 비효율성을 없애는 데 필요하다. 둘째, 실행자들이 분명하게 느끼고, 권한을 적게 가질수록 그들은 더 충실성을 가지게 된다. 셋째, 평가는 실행이 프로그램 실행 계획과 얼마나 일치하는지를 알아보기 위해 수행된다.

충실도 관점은 교육과정 실행에 있어서 교사는 개발자의 의도대로 충실하게 교육과정을 실행해야 할 존재로 본다. 따라서 새로운 교육과정이 개발되면 무엇보다도 교사들은 이를 실행하는데 필요한 연수를 받아야 한다고 본다. 교육과정에 대한 교사의 소양이 부족할수록 교육과정을 체계적으로 계획하여 구체적인 지침을 만들어 주어야 한다. 왜냐하면 교육과정을 처음부터 치밀하게 계획하여 만들어주어야 소양이 부족한 교사들이 제시된 지침이나 매뉴얼에 따라 교육과정을 실행할 수 있기 때문이다. 교사는 교육과정에 대한 소양이 부족하기 때문에 학교나 교실의 상황에 적절하게 외부에게 개발하여 제시한 교육과정을 스스로 재구성할 수 있는 능력이 없다고 본다. 이처럼 교사가 교육과정의 실행의 맥락에 맞게 교육과정을 재구성할 필요가 없게끔 만든 교육과정을 '교사 배제 교육과정'이라고 부른다. 충실도 관점은 교사 배제 교육과정을 가정 내지 지향한다는 점에서 기술공학적 과정에 대한 강한 신념을 지닌 관점이라고 볼 수 있다.

상호적응적 관점: 교육과정 실행에 대해 상호적응적 관점을 취하는 학자들은 계획된 교육과정이 교육과정 실행자에 이해 조정 및 변화되는 과정에 주된 관심이 있다. 이 관점은 의도된 교육과정은 실행에 참여하는 사람들의 맥락에 맞게 조정되는 것이 불가피하다고 본다. 따라서 교육과정 실행에 대한 상호적응적 관점은 미리 계획된 교육과정을 일방적으로 보급하는 것보다는 개발자와 실행자간의 상호작용에 기초한 조정과 변화의 과정을 중시한다. 교육과정 실행에 영향을 주는 학교 안팎의 요인이 매우 많다는 점을 생각

하면, 개발된 교육과정 원안대로 실행되기보다는 학교 안팎의 요인들의 영향 하에서 변화되어 간다는 주장은 설득력을 지닌다.

상호적응적 관점은 교육과정이 계획대로 실행되기보다는 상황에 적응하여 변형되어 실행되기 때문에 교육과정이 실행되는 실제 상황에 많은 관심을 갖는다. 교육과정은 충실도 관점이 가정하는 것처럼 새로운 교육과정이 보급된다고 해서 기계적으로 실행되지는 않는다. 교육과정 실행은 여러 환경적 맥락에서 다양한 요인들과 상호작용하는 복잡한 과정이기 때문에 상호적응적 관점은 교육과정 실행에 영향을 미치는 상황적 요인을 밝히는 것을 특히 중시한다.

상호적응적 관점은 다음과 같은 세 가지에 주된 관심을 갖는다. 첫째, 교육과정의 실행 과정 그 자체에 관심을 둔다. 교육과정의 실행에 영향을 미치는 요인을 파악하고, 이를 측정하는 일에 관심을 둔다. 둘째, 특정 교육과정 프로그램이 실행하는 사람들에게 미치는 효과에 관심을 둔다. 교육과정 실행자의 시각 및 개발자와 실행자 간의 상호작용 등을 관찰하고 분석하는 것에 관심을 갖는다. 셋째, 교육과정 실행자들의 지각과 행동과 관련된 의미를 시대적, 정치적 상황에 비추어 분석하는 것에 관심을 둔다. 교육과정을 실행할 시공간의 제반 상황적 조건들이 교육과정 실행에 미치는 영향력을 고려하고자 한다.

생성적 관점: 교육과정 실행에 대해 생성적 관점을 취하는 학자들은 개발된 교육과정의 실행보다는 교사와 학습자가 교육과정을 만들어가는 과정에 주된 관심이 있다. 이 관점은 외부 전문가가 개발한 교육과정을 학생들의 교육경험을 계획하는 기반으로 간주하며, 학교에 실재하는 교육과정은 교사와 학생이 상호작용하면서 갖게 되는 교육경험이라고 본다. 생성적 관점은 학생들의 주관적인 지각이나 느낌, 교사와 학생 간의 상호작용 과정 등이 교육과정 실행에 영향을 미치기 때문에 이들을 구체적으로 분석하고 이해하고자 노력한다.

생성적 관점에 따르면 교사는 외부에서 개발된 교육과정을 수동적으로 받아들여 학생에게 전달하는 '소비자'가 아니라 학생과 함께 교육과정을 구성하는 '개발자'이다. 교육과정은 교사의 신념이나 해석, 사고의 변화 등에 따라 달리 이해되기 때문에 교사는 교육과정 실행에 있어서 매우 중요한 변인이다. 따라서 교육과정의 성공적인 실행을 위해서는 교사의 주관적인 생각이나 느낌, 교육적 가치 등을 이해하고 수용할 필요가 있다.

관점	의미	교육과정 개발 주체	교사의 역할
충실도 관점	계획된 교육과정에 충실한 실행 정도	외부 전문가	수동적 수용
상호적응적 관점	학교와 교실 상황에 맞게 교육과정의 융통성있는 실행	외부 전문가와 교육과정 실행자	자신의 관점 반영하여 교육과정을 조정
생성적 관점	교실수업에서 교사와 학생의 교육적 경험의 창출	교사와 학생	교육과정 개발자로서 교육적 경험을 능동적으로 창출

08 2015 개정 교육과정

2021학년도 초등 기출 다음은 학교 교육과정을 편성·운영하기 위해 교사들이 나눈 대화 내용의 일부이다. 대화에 근거하여 논하시오. 1) 학교 수준에서 교육과정을 편성·운영할 수 있는 근거 2가지와 이때 교사에게 요구되는 역할 2가지를 논하시오. 2) 학교 수준의 교육과정을 개발할 때 고려해야 하는 점을 인적 자원 측면에서 4가지와 물적 자원 측면에서 2가지를 논하시오.

김 교사: 학교 자체평가 결과를 바탕으로 내년도 우리 학교의 교육과정 개발 방향을 이야기해 보죠. 아시다시피 학교 교육과정을 편성·운영할 때 국가 수준의 기본 방향과 함께 지역사회와 단위학교의 특성을 반영할 수 있어요. 학교에서 교육과정을 자율적으로 편성하고 운영할 수도 있고요. 그래서 저는 여러 선생님과 함께 우리 학교만의 철학과 비전을 바탕으로 보다 특색 있고 창의적인 교육과정을 만들고 싶어요.

박 교사: 특색 있는 교육과정을 개발하는 일이 생각처럼 쉬운 일은 아니에요. 교육과정을 개발하려면 우선 우리 학교의 구성원인 교사, 학생, 학부모의 실태와 요구를 분석해야 하고, 교장 선생님의 교육 운영 방침도 고려해야죠. 그리고 학교의 시설·설비와 교수·학습 자료도 점검해야죠. 이러한 자원을 충분히 고려하여 교육과정을 편성·운영하면 좋을 것 같아요. 그러면 우리 학교에 가장 필요한 교육과정을 만들기 위해서는 무엇에 역점을 두어야 할까요?

최 교사: 학교 자체평가 결과를 분석해 보니 우리 학교에 우선적으로 필요한 것은 학생들의 학습부진 문제를 해결하는 것이었어요. 학생들이 수업에서 어떤 어려움을 겪고 있는지 생각해 봤더니 학습 부담을 많이 느끼는 것 같아요. 저만 해도 교과서에 제시된 모든 것을 다 가르치려고 하는 것 같았어요. 그러다 보니 학생들이 수업 내용을 제대로 이해하지 못하고 계속 힘들어 하고, 수업에서 이뤄지는 활동에 소극적인 모습을 보여요. 학생들의 학습 동기도 낮고요. 그래서 교육과정을 편성·운영할 때 이러한 문제를 해결하기 위한 방법을 함께 고민해 보면 좋을 듯해요.

1 논술문 작성 방향

2015 개정 교육과정은 다음과 같은 점에서 학교 수준의 교육과정을 편성·운영할 수 있는 근거가 된다. 첫째, 2015 개정 교육과정은 국가 수준의 공통성과 지역, 학교, 개인 수준의 다양성을 동시에 추구하는 교육과정이다. 둘째, 2015 개정 교육과정은 학교 교육 체제를 교육과정의 중심으로 구현하기 위한 교육과정이다. 그러므로 모든 교사는 전문성을 발휘하여 학교수준 교육과정 편성의 민주적인 절차와 과정에 참여해야 하며, 학교 교육과정 편성·운영의 적절성과 효과성 등을 자체 평가하여 다음 학년도의 교육과정 편성·운영에 그 결과를 반영해야 한다.

학교 교육과정을 편성·운영할 때 고려해야 할 인적 자원으로는 교원의 조직, 학생의 실태, 학부모의 요구, 교장의 교육 운영 방침 등이 있다. 물적 자원으로는 학교나 지역사회의 교육 시설·설비, 활용 가능한 교수학습 자료 등이 있다.

최 교사가 언급하는 학습부진의 원인은 과도한 학습량으로 인해 학생들의 학업부담이 높아 수업 참여가 저조하고 학습동기가 낮다는 것이다. 이에 대한 교육내용 측면의 해결방안은 다음과 같다. 첫째, 교과의 핵심 개념을 중심으로 학습 내용을 구조화하고 학습량을 적정화하여 학습의 질을 개선한다. 둘째, 학생의 진로와 적성을 고려한 다양한 선택 과목 개설한다. 교수·학습 측면에서의 해결방안은 다음과 같다. 첫째, 교과목별 학습목표를 모든 학생이 성취하도록 지도하고, 능력에 알맞은 성취가 가능하도록 다양한 학습의 기회와 방법을 제공하며, 이를 위한 계획적인 배려와 지도를 하여 학습 결손이 누적되거나 학습 의욕이 저하되지 않도록 노력한다. 둘째, 교사중심 수업에서 학생 활동중심 수업으로 전환한다.

2 예시답안

서론 2015 개정 교육과정

우리나라의 교육은 홍익인간의 이념 아래 모든 국민으로 하여금 인격을 도야하고, 자주적 생활 능력과 민주 시민으로서 필요한 자질을 갖추게 하여 인간다운 삶을 영위하게 하고, 민주 국가의 발전과 인류 공영의 이상을 실현하는 데 이바지하게 함을 목적으로 하고 있다. 이러한 목적 아래 2015 개정 교육과정은 학교 수준 교육과정의 편성·운영을 장려하며, 교육내용과 교수·학습의 변화를 요구한다.

본론1 학교 수준 교육과정 편성·운영의 근거와 교사의 역할

학교 수준의 교육과정을 편성·운영할 수 있는 근거는 2015 개정 교육과정의 성격에서 찾을 수 있다. 첫째, 2015 개정 교육과정은 국가 수준의 공통성과 지역, 학교, 개인 수준의 다양성을 동시에 추구하는 교육과정이다. 그러므로 국가 수준의 기본 방향을 반영할 뿐 아니라, 각 학교나 지역의 상황의 다양성에 부합하는 학교 수준 교육과정 편성·운영이 가능하다. 둘째, 2015 개정 교육과정은 학교 교육 체제를 교육과정의 중심으로 구현하기 위한 교육과정이다. 각 학교의 철학이나 비전을 담은 학교 수준 교육과정을 편성하고 운영할 수 있다.

학교 수준 교육과정을 편성하고 운영하는 데 있어 교사의 역할은 다음과 같다. 첫째, 모든 교사는 전문성을 발휘하여 학교수준 교육과정 편성의 민주적인 절차와 과정에 참여한다. 즉, 학교 교육과정 위원회에 참여하여 학교장의 교육과정 운영 및 의사 결정에 관한 자문의 역할을 담당한다. 둘째, 학교 교육과정 편성·운영의 적절성과 효과성 등을 자체 평가하여 문제점과 개선점을 추출한다. 이는 다음 학년도의 교육과정 편성·운영에 그 결과를 반영하기 위함이다.

본론2 학교 수준의 교육과정 개발 시 고려해야 하는 인적 자원 측면과 물적 자원 측면

학교 교육과정을 편성·운영함에 있어서는 다양한 인적 자원과 물적 자원 측면을 고려해야 한다. 인적 자원으로는 교원의 조직, 학생의 실태, 학부모의 요구, 교장의 교육 운영 방침이 있다. 또한 물적 자원으로는 학교나 지역사회의 교육 시설·설비, 활용 가능한 교수학습 자료가 있다.

본론3 학습부진 원인, 교육내용 측면, 교수·학습 측면의 해결방안

최 교사가 분석하는 학습부진의 원인은 과도한 학습량으로 인해 학생들의 학업부담이 높아 수업 참여가 저조하고 학습동기가 낮다는 것이다. 학생들은 교과서에 수록된 모든 내용을 다 배워야 하지만 그 내용을 제대로 소화하지 못해 수업에 참여하지 못하고, 이로 인해 학습 동기가 낮아지는 악순환이 일어나고 있는 것이다. 이를 교육내용 측면에서의 해결방안은 다음과 같다. 첫째, 학습량을 적정화한다. 즉, 교과의 핵심 개념을 중심으로 학습 내용을 구조화하고 학습량을 적정화하여 학습의 질을 개선한다. 둘째, 학생의 진로와 적성을 고려한 다양한 선택 과목 개설한다. 학생들이 자신의 꿈과 끼를 키우기 위해 배우고 싶은 선택하여 배우게 함으로써, 수업 참여와 학습 동기를 높일 수 있다. 또한 교수·학습 측면에서의 해결방안은 다음과 같다. 첫째, 교과목별 학습목표를 모든 학생이 성취하도록 지도하고, 능력에 알맞은 성취가 가능하도록 다양한 학습의 기회와 방법을 제공하며, 이를 위한 계획적인 배려와 지도를 하여 학습 결손이 누적되거나 학습 의욕이 저하되지 않도록 노력한다. 둘째, 교사중심 수업에서 학생 활동중심 수업으로 전환한다. 개별 학습 활동과 더불어 소집단 공동 학습 활동을 통하여 협력적으로 문제를 해결하는 경험을 충분히 제공하고, 발표·토의활동과 실험, 관찰, 조사, 실측, 수집, 노작, 견학 등의 직접 체험 활동이 충분히 이루어지도록 한다.

결론 제언

2015 개정 교육과정은 학교 교육의 질적 수준을 관리하고, 학습자의 인성을 함양하고 창의성을 신장하기 위한 학생 중심의 교육과정이다. 그러므로 교사는 교육과정을 개발하고 실행하는 교육의 핵심 주체로서 2015 개정 교육과정의 기본 방향을 이해하고, 자신의 역할에 맞게 학생이 행복한 교육을 효과적으로 이끌어가야 할 것이다.

2019학년도 초등 기출 다음은 김 교사가 학생 지도와 상담 방안을 모색하기 위해 박 교사와 나눈 대화의 일부이다. 김 교사가 진영이에게 길러주어야 할 핵심 역량을 2015 개정 교육과정 총론에 근거하여 2가지 제시하고, 각각의 역량을 기르기 위해 어떻게 지도해야 하는지를 진영이의 특성과 관련지어 1가지씩 논하시오.

김 교사: 우리 반 진영이가 평소에는 학교생활에 큰 어려움이 없는 듯한데, 발표할 때 긴장하고 떨어요. 평소 실력을 발휘하지 못해 너무 속상하다고 합니다. 그래서 저는 진영이를 정말 도와주고 싶어요.

박 교사: 저런, 진영이 입장에서는 정말 속상할 것 같아요. 우선 진영이 감정부터 공감해 줘야겠어요.

김 교사: 네, 그래야겠어요. 진영이는 발표 시간에 자기 생각과 감정을 제대로 표현하지 못해요. 남의 말을 경청하지 못하고, 남의 의견을 존중하지 않아요. 또 한 가지는 진영이가 자신감도 떨어지고, 선생님과 친구들에게 자꾸 의존하고 자기가 주도적으로 하지 않아요.

박 교사: 그렇군요. 선생님도 염려되시겠어요. 그렇지만 진영이와 이야기를 하려면 선생님을 믿고 편안하게 이야기할 수 있도록 수용해 줄 필요가 있겠어요.

김 교사: 네, 저도 그렇게 할 생각입니다. 그런데 진영이가 저에게 의지하려고만 할 때는 어떻게 하는 것이 좋을까요? 저는 진영이가 남에게 의지만 하다가 자기의 능력을 기를 수 있는 기회를 놓칠까 걱정이 됩니다.

박 교사: 지금 선생님이 말씀하신 그 마음을 그대로 진솔하게 표현하시면 좋을 것 같아요.

김 교사: 정말 감사합니다. 마지막으로 고민이 하나 더 있어요. 학생들에게 관심을 가질수록 더 도와주고 싶어요. 진영이는 항상 실수 없이 잘해야만 한다는 신념과 모든 사람에게 인정받아야만 한다는 신념이 너무 강해서 오히려 실수를 많이 하는 거 같아요.

박 교사: 그럴 수도 있겠네요. 진영이에게 그런 신념들은 현실적이지도 않고, 도움도 안 되잖아요. 그래서 제가 추천해 드리고 싶은 것은 진영이의 비합리적 신념을 합리적 신념으로 변화시키는 거예요.

1 논술문 작성 방향

문제는 2015 개정 교육과정과 관련된 문제이다. 2015 개정 교육과정은 2009개정 교육과정이 추구하는 인간상을 기초로 미래사회가 요구하는 핵심역량을 갖춘 '창의융합형 인재상'을 제시한다. 2015 개정 교육과정에서 설정된 6가지 핵심역량은 자기관리 역량, 지식정보처리 역량, 창의적 사고 역량, 심미적 감성 역량, 의사소통 역량, 공동체 역량이다.

2 예시답안

서론 문제제기

교육의 질은 교사의 질을 능가할 수 없다고 한다. 교육을 인간행동을 계획적으로 변화시키는 과정으로 정의한다면, 이 과정에서 가장 핵심적인 역할을 하는 것이 바로 교사이다. 전문직으로서 교사가 일차적으로로 갖추어야 할 조건은 잘 가르칠 수 있는 능력이라고 할 수 있다. 이때 잘 가르치기 위해서는 교수학습의 기본 원리에 대한 이론적 이해와 실천적 방법을 충분히 인식하는 것뿐만 아니라 학생의 현재 상황과 상태에 대한 정확한 이해와 지원이 필요하다. 가르치는 경험과 더불어 효과적으로 교육할 수 있는 규칙을 미리 마련하고 그에 대해 반성하는 것이 결합될 때 교사의 전문성이 더 높아질 수 있다.

본론 2015 개정 교육과정 총론 핵심 역량과 각각의 지도 방안

2015 개정 교육과정은 학생이 함양하길 기대하는 핵심역량을 처음으로 국가 교육과정에 명시하고 있다. 그 중 김 교사가 진영이에게 길러주어야 할 핵심 역량은 의사소통 역량과 자기관리 역량이다. 의사소통 역량은 다양한 상황에서 자신의 생각과 감정을 효과적으로 표현하고 다른 사람의 의견을 경청하고 존중하는 역량이다. 이러한 역량을 기르기 위해 교사는 진영이에게 토의, 토론 학습 방법을 적극 활용할 수 있다. 의사소통이 지니는 상호협력적인 면을 강조한 토의, 토론 학습을 통해 다른 사람의 의견을 비판적으로 수용하고 자신의 주장을 효과적으로 표현하는 능력을 기를 수 있다. 여러 사람과 상호 의사소통하는 환경과 상황을 마련해 주고, 토의, 토론을 할 때에는 상대방 의견의 문제점을 지적하기보다는 상대방의 의견 중 궁금한 점이나 상대방이 생각하지 못한 점을 질문하고 좋은 점은 칭찬해 주는 등의 긍정적인 상호작용이 전개되도록 지도한다. 자기관리 역량은 자아정체성과 자신감을 가지고 자신의 삶과 진로에 필요한 기초적 능력과 자질을 갖추어 자기 주도적으로 살아갈 수 있는 역량이다. 자기관리 역량을 위해서는 자기 동기화, 할 수 있다는 자신감, 능력 있는 학습자라는 자신에 대한 믿음을 기반으로 자립적으로 자신을 반성하고 돌아볼 수 있는 자질을 길러야 한다. 이러한 자기관리 역량을 기르기 위해 프로젝트 학습을 활용할 수 있다. 프로젝트 학습은 학생들이 장기간에 걸쳐 특정 주제나 과제에 대해 계획을 수립하고, 실행하여 결과물을 산출하는 교수학습방법으로 학생들의 다양한 능력이 활용될 뿐만 아니라 능동적인 학습 참여를 유도할 수 있다. 높은 기대수준을 갖고 자신의 목표와 계획을 세우고 프로젝트를 완수해가며 그 과정에서 부딪히는 다양한 도전에 대처할 수 있는 전략을 구상하고, 결과를 스스로 평가하는 경험을 통해 자기관리 역량을 기를 수 있다. 교사는 체크리스트와 반성 활동들을 통해 그 과정을 효과적으로 수행할 수 있도록 조력한다.

결론 제언

교사는 가르치는 일을 하는 사람이지만 가르쳐야 할 것을 가르쳐야 하며, 가르치되 아무나 할 수 없는 특수한 전문적 이론과 지식에 기초를 두고 가르쳐야 한다. 교사의 수업활동과 학생지도에 필요한 기술과 능력은 해당분야에 대한 최신의 연구결과에 대한 식견과 정보뿐 아니라 학생의 인지적 성장과 발달, 정서적 성장과 발달에 관한 고도의 지식을 필요로 하는 정신활동이다. 따라서 교사는 학생들에게 적합한 교육 내용을 선정해야 하고, 학생에 대해 깊이 있는 이해를 바탕으로 적절한 교육을 할 수 있는 지식을 갖추어야 한다.

2017학년도 초등 기출 다음은 2015 개정 교육과정에 대한 초등학교 교사들의 대화이다. 대화에 근거하여 2015 개정 교육과정에서 강조하는 교수·학습의 중점 사항 3가지를 제시하시오 (단, 협동학습은 제외).

김 교사: 이번 2015 개정 교육과정에서는 특별히 교수·학습의 질 개선을 강조하는 것 같더군요.

박 교사: 네, 저도 그렇게 느꼈어요. 교과의 핵심 개념을 중심으로 학습 내용을 구조화하는 데 교육과정 구성의 중점을 둔 것도 그것 때문이라 생각해요.

김 교사: 맞아요. 진도를 나가야 한다는 부담감에 단편적 지식의 암기에 치중하거나, 학생의 수준을 고려하지 않은 채 교과서 내용을 단원 순서에 따라 기계적으로 가르치는 것을 지양해야 할 것 같아요. 교과 울타리에 갇힌 수업 관행도 개선해야 하고요.

박 교사: 이런 측면에서 협동학습의 중요성도 강조한 것 같은데, 김 선생님 반에서는 예전부터 협동학습 자주 하셨죠?

김 교사: 네, 저는 주로 과제분담학습(Jigsaw, 직소) 모형을 활용했어요. 처음에는 이른바 '직소 I' 모형을 활용했는데, 개별 보상만 하다 보니까 협동학습의 취지가 약해지더라고요. 그래서 모둠성취분담(STAD) 모형의 보상 방식을 적용해 보았더니 협동학습이 훨씬 잘 이루어졌어요.

박 교사: 오, 그러셨군요. 저도 그렇게 해 봐야겠네요.

김 교사: 교수·학습을 개선하려면 이에 어울리는 평가 방법의 개선이 함께 이루어져야 한다고 생각해요.

박 교사: 맞아요. 그동안 우리 교육은 지나치게 인지적 능력 중심으로 이루어지고, 평가 또한 인지적 능력에 치중되어 왔다고 할 수 있죠. 그러다 보니까 자아개념, 태도, 동기와 같은 정의적 능력의 발달과 이에 대한 평가가 상대적으로 소홀히 여겨진 측면이 있어요.

김 교사: 그렇죠. 정의적 능력이 학업 성취를 비롯한 인지적 능력의 발달과도 뗄 수 없는 관계에 있고, 초등학교의 교육 목표에 비추어 보면 정의적 측면이 특히 중요한데도 말이에요. 앞으로 인지적 능력과 정의적 능력에 대한 평가를 균형 있게 실시해야겠어요.

박 교사: 그렇게 하려면 정의적 능력을 평가하는 다양한 방법을 상황에 맞게 적절히 활용하는 법을 익혀야 할 것 같아요.

김 교사: 우리 다음 공부 모임에서는 그 주제로 같이 토의해 봐요.

1 논술문 작성 방향

문제는 2015 개정 교육과정에서 강조하는 교수학습의 중점 사항을 제시문의 대화에 근거하여 설명하는 것이다. 2015 개정 교육과정에서는 '많이 아는 교육'에서 배움을 즐기는 '행복 교육'으로 교육 패러다임의 전환을 추구하며 이를 위해 교과별 학습 내용을 핵심개념과 원리 중심으로 엄선하고 교수학습 및 평가 방법을 개선하여 의미 있는 학습 경험이 이루어질 수 있도록 한다. 이를 위해 각 교과의 핵심 개념과 일반화된 지식 및 기능이 학생의 발달 단계에 따라 그 폭과 깊이를 심화할 수 있도록 수업을 체계적으로 설계하고, 학생의 융합적 사고를 기를 수 있도록 교과 내, 교과 간 내용 연계성을 고려하여 지도하며, 직접 체험 활동을 통해 학생이 학습 내용을 실제적 맥락 속에서 적용하고 활용할 수 있는 기회를 충분히 제공하는 것을 강조한다.

2 예시답안

서론 문제제기

미래 사회는 지식과 정보의 양이 폭발적으로 증가하고 정보통신 기술의 발달로 인해 변화의 속도가 매우 빠를 것으로 전망된다. 급속한 사회변화가 이루어지는 시대를 살아갈 학생들에게는 전통적 학교 교육에서 강조하였던 단편적인 지식의 습득이 아니라 지식을 발견하고 적용하며 새롭게 창조할 수 있는 능력이 중요한 영향을 미칠 것이다. 시대적 변화에 따라 요구되는 능력과 인재상이 개인의 창조성, 상상력, 사회성을 강조하는 것으로 변화하고 있고, 학교 교육도 이러한 변화에 발맞춰 많은 전환이 일어나고 있다.

본론 교수학습의 중점 사항 3가지

2015 개정 교육과정에서는 학습경험의 질 개선을 통한 행복한 학습의 구현을 위해 '많이 아는 교육'에서 배움을 즐기는 '행복 교육'으로 교육 패러다임의 전환을 추구한다. 이를 위해 다음과 같은 세 가지를 강조한다. 첫째, 각 교과의 핵심 개념과 일반화된 지식 및 기능이 학생의 발달 단계에 따라 그 폭과 깊이를 심화할 수 있도록 수업을 체계적으로 설계한다. 단편적인 지식 중심의 교육으로 인해 야기되는 학습량 과다의 문제를 근본적으로 개선하기 위하여 학습 내용을 양적으로만 줄이는 대신 다양한 분야로 전이 및 확장이 가능한 핵심 개념, 원리, 아이디어의 관계성 중심으로 학습 내용을 엄선하고 구조화하는 것이다. 둘째, 학생의 융합적 사고를 기를 수 있도록 교과 내, 교과 간 내용 연계성을 고려하여 지도한다. 특히 초등학교에서는 담임교사가 여러 과목을 가르치므로 교과 간 내용의 연계성을 고려하여 교수학습 활동이 이루어질 수 있어야 한다. 셋째, 직접 체험 활동을 통해 학생이 학습 내용을 실제적 맥락 속에서 적용하고 활용할 수 있는 기회를 충분히 제공한다. 교사가 단순히 지식을 전달하는 것이 아니라 학습자가 활동을 통해 학습하는 내용을 스스로 구성하는 능동적 학습의 형태가 되어야 한다. 학생들에게 실험, 관찰, 조사, 실측, 수집, 노작, 견학 등의 도전적 경험을 제공함으로써 새로운 내용을 자기 것으로 만들어 나가도록 할 수 있다. 이러한 학생 참여형 수업을 통해 학생은 특정 맥락에서 습득한 내용을 새로운 상황에서 적용하고 문제를 해결하는 과정에 참여한다.

결론 제언

세계화, 정보화 및 다문화 사회로 일컬어지는 미래 사회는 다양한 사고, 문화적 가치가 서로 공존하는 시대이다. 이러한 다양성이 공존하는 사회를 수용하고 발전시켜 나가기 위해서는 더불어 공동체 안에서 함께 목표를 추구해 나가고 자신의 삶을 조절하며 타인과 원만한 사회적 관계를 유지하면서 창조적이고 유능한 삶을 영위할 수 있는 인간상이 그 어느 때보다 중요하다. 함께 어울리며 즐거운 마음으로 전인적 성장을 이루어가는 행복한 교육현장을 만들기 위한 교사의 고민과 연구가 요청된다.

3 더 알아보기

1 2015 개정 교육과정

① 성격

2015 개정 교육과정의 성격은 다음과 같다. 첫째, 국가 수준의 공통성과 지역, 학교, 개인 수준의 다양성을 동시에 추구하는 교육과정이다. 둘째, 학습자의 인성 함양과 창의성 신장을 위한 학생 중심의 교육과정이다. 셋째, 학교와 교육청, 지역사회, 교원·학생·학부모가 함께 실현해 가는 교육과정이다. 넷째, 학교 교육 체제를 교육과정 중심으로 구현하기 위한 교육과정이다. 다섯째, 학교 교육의 질적 수준을 관리하기 위한 교육과정이다.

② 교육과정 구성의 중점

첫째, 학교생활 전반을 통하여 바른 인성을 함양하고 미래 사회가 요구하는 역량을 계발한다. 둘째, 전인적 성장을 위해 인문·사회·과학기술 소양을 균형 있게 함양하도록 한다. 셋째, 학생의 적성과 진로에 따른 선택학습이 가능하게 한다. 넷째, 교과의 핵심개념을 중심으로 학습량을 적정화하여 학습의 질을 개선한다. 다섯째, 학생 참여형 수업을 활성화하여 학습의 즐거움을 경험하도록 한다. 여섯째, 학생의 성장과 수업 개선을 위해 학습의 과정을 중시하는 평가를 강조한다. 일곱째, 교육목표, 교육내용, 교수·학습, 평가의 일관성을 도모한다. 여덟째, 국가직무능력표준을 활용하여 산업사회가 필요로 하는 기초 역량과 직무 능력의 함양을 강조한다.

③ 단위 학교에서의 교육과정 편성·운영의 기본사항

학교는 이 교육과정을 바탕으로 학교 실정에 알맞은 학교 교육과정을 편성·운영한다. 학교는 학교 교육과정 편성·운영 계획을 바탕으로 학년 및 교과목별 교육과정을 편성할 수 있다. 이때 학교 교육과정은 모든 교원이 전문성을 발휘하여 참여하는 민주적인 절차와 과정을 거쳐 편성한다. 교육과정의 합리적 편성과 효율적 운영을 위하여 교원, 교육과정 전문가, 학부모 등이 참여하는 학교 교육과정 위원회를 구성하여 운영하며, 이 위원회는 학교장의 교육과정 운영 및 의사 결정에 관한 자문의 역할을 담당한다.

학교 교육과정을 편성·운영함에 있어서는 교원의 조직, 학생의 실태, 학부모의 요구, 지역사회의 실정 및 교육 시설·설비 등 교육 여건과 환경이 충분히 반영되도록 노력한다. 교과와 창의적 체험활동의 내용 배열은 반드시 학습의 순서를 의미하는 것은 아니므로, 지역의 특수성, 계절 및 학교의 실정과 학생의 요구, 교사의 필요에 따라 각 교과목의 학년별 목표 달성을 위한 지도 내용의 순서와 비중, 방법 등을 조정하여 운영할 수 있다. 학교는 교과와 창의적 체험활동의 효율적인 운영을 위하여 지역 사회의 인적, 물적 자원을 계획적으로 활용한다.

④ 인재상과 핵심역량

2015 개정 교육과정은 현행 교육과정(2009 개정 교육과정)이 추구하는 인간상을 기초로 창조경제 사회가 요구하는 핵심역량을 갖춘 '창의융합형 인재'상을 제시하였다. 창의융합형 인재란 인문학적 상상력, 과학기술 창조력을 갖추고 바른 인성을 겸비하여 새로운 지식을 창조하고 다양한 지식을 융합하여 새로운 가치를 창출할 수 있는 사람을 말한다. 또한 이를 구체적으로 구현하기 위해 추구하는 인간상(자주적인 사람, 창의적인 사람, 교양있는 사람, 더불어 사는 사람)과 창의·융합형 인재가 갖추어야 할 핵심역량으로

자기관리 역량, 지식정보처리 역량, 창의적 사고 역량, 심미적 감성 역량, 의사소통 역량, 공동체 역량을 제시하였다.

핵심 역량	의미
자기관리 역량	자아정체성과 자신감을 가지고 자신의 삶과 진로에 필요한 기초적 능력과 자질을 갖추어 자기 주도적으로 살아갈 수 있는 역량
지식정보처리 역량	문제를 합리적으로 해결하기 위하여 다양한 영역의 지식과 정보를 처리하고 활용할 수 있는 역량
창의적 사고 역량	폭넓은 기초 지식을 바탕으로 다양한 전문 분야의 지식, 기술, 경험을 융합적으로 활용하여 새로운 것을 창출하는 역량
심미적 감성 역량	인간에 대한 공감적 이해와 문화적 감수성을 바탕으로 삶의 의미와 가치를 발견하고 향유하는 역량
의사소통 역량	다양한 상황에서 자신의 생각과 감정을 효과적으로 표현하고 다른 사람의 의견을 경청하고 존중하는 역량
공동체 역량	지역·국가·세계 공동체의 구성원에게 요구되는 가치와 태도를 가지고 공동체 발전에 적극적으로 참여하는 역량

2015 개정 교육과정에 제시된 6개의 핵심역량은 국가 차원에서 합의된 것이고, 이것을 교과 교육을 포함한 학교교육 전 과정을 통해 중점적으로 길러지도록 해야 한다고 2015 개정 교육과정 총론에 분명하게 명시되어 있다. 핵심역량은 개별 교과 교육만을 통하여 길러지는 것이 아니라 교과 교육과 창의적 체험활동을 포함한 학교교육 전 과정을 통하여 길러지는 것이다.

⑤ 교수·학습

교수학습의 중점 사항은 다음과 같다.

가. 각 교과의 기초·기본 요소들이 체계적이고 지속적으로 학습될 수 있도록 수업을 계획하고 일관성 있게 지도한다. 교과의 학습은 단편적 지식의 암기를 지양하고 핵심 개념과 일반화된 지식의 심층적 이해에 중점을 둔다. 각 교과의 핵심 개념과 일반화된 지식 및 기능이 학생의 발달 단계에 따라 그 폭과 깊이를 심화할 수 있도록 수업을 체계적으로 설계한다.

나. 교과 수업에서는 핵심 개념 및 원리를 이해하고 이를 새로운 상황에 적용할 수 있는 기회를 충분히 제공한다.

다. 교과 내, 교과 간 내용 연계성을 고려하여 지도함으로써 학생의 융합적 사고를 기를 수 있도록 한다.

라. 교과역량을 기르기 위하여 학생 참여형 탐구활동을 토대로 학습 내용을 실제적 맥락에서 이해하고 활용하는 기회를 제공한다.

마. 교과목별 학습목표를 모든 학생이 성취하도록 지도하고, 능력에 알맞은 성취가 가능하도록 다양한 학습의 기회와 방법을 제공하며, 이를 위한 계획적인 배려와 지도를 하여 학습 결손이 누적되거나 학습 의욕이 저하되지 않도록 노력한다.

바. 학교는 학습 결손을 보충할 수 있도록 특별 보충 수업을 운영할 수 있으며, 이에 대한 제반 운영 사항은 학교가 자율적으로 결정한다.

사. 공통 교육과정에서는 학생의 능력, 적성, 진로를 고려하여 교육 내용과 방법을 다양화하고, 학교의 여건과 학생의 특성에 따른 다양한 학습 집단을 구성하여 수준별 수업을 할 수 있다.

아. 각 교과의 특성에 맞는 다양한 학습이 이루어질 수 있도록 교과 교실제 운영을 활성화한다.

자. 교사와 학생 간, 학생과 학생 간 상호 신뢰와 협력이 가능한 교수·학습 환경을 제공한다.

차. 개별 학습 활동과 더불어 소집단 공동 학습 활동을 통하여 협력적으로 문제를 해결하는 경험을 충분히 제공한다.

카. 각 교과 활동에서는 실험, 관찰, 조사, 실측, 수집, 노작, 견학 등의 직접 체험 활동이 충분히 이루어지도록 유의하며, 학생이 능동적으로 수업에 참여하고 자신의 생각을 표현하는 기회를 가질 수 있도록 토의, 토론 학습을 활성화한다.

타. 학교는 교과용 도서 이외에 교육청이나 학교에서 개발한 다양한 교수·학습 자료를 활용할 수 있다.

파. 실험 실습 및 실기 지도에 있어서 학생의 안전사고를 예방하기 위해 시설 및 기계 기구, 약품, 용구 사용의 안전에 유의하도록 한다.

Chapter

9

교육평가

Chapter 9 교육평가

01 교육평가 기준에 따른 분류

2018학년도 중등 기출 다음은 A중학교 학생들의 학업 특성 조사 결과에 관해 두 교사가 나눈 대화 중 일부이다. 대화의 내용은 평가에 관한 것이다. 이를 활용하여 '학생의 다양한 특성을 고려하는 교육'이라는 주제로 논하시오.

박 교사: 선생님, 우리 학교 학생의 학업 특성을 보면 학습흥미와 수업참여 수준이 전반적으로 낮아요. 그리고 학업성취, 학습흥미, 수업참여의 개인차가 크다는 것이 눈에 띄네요.

김 교사: 학생의 개인별 특성이 그만큼 다양하다는 것을 의미하겠죠. 수업이 학생의 다양한 특성을 반영하게 되면 평가의 방향도 달라질 필요가 있습니다. 앞으로의 평가에서는 학생의 능력, 적성, 흥미에 적합한 목표를 설정하고 그에 따라 수업과 평가가 이루어지는 것도 의미가 있어 보입니다.

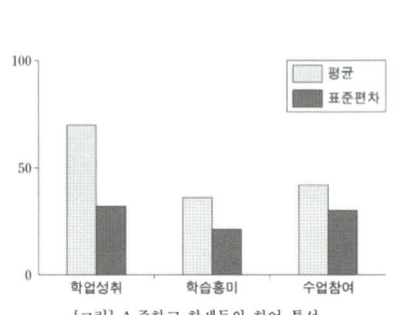

[그림] A 중학교 학생들의 학업 특성
(*3가지 변인의 점수는 서로 비교 가능한 것으로 가정함)

박 교사: 동의합니다. 그러기 위해서는 평가결과를 해석하고 판단하는 기준도 달라질 필요가 있습니다. 예컨대 학생의 상대적 위치가 어느 정도인지를 판단하기보다는 미리 설정한 학습목표에 도달했는지 여부를 중시하는 평가유형이 적합해 보입니다.

김 교사: 네, 저도 그렇게 생각합니다. 그리고 말씀하신 유형 외에 능력참조평가와 성장참조평가도 제안할 수 있겠네요.

박 교사: 좋은 생각입니다.

배점

- 논술의 내용
  - 박 교사가 제안하는 평가유형의 명칭과 이 유형에서 개인차에 대한 교육적 해석 1가지, 김 교사가 제안하는 2가지 평가유형의 개념 (4점)
- 논술의 구성과 표현 (총 5점)
  - 논술은 서론, 본론, 결론으로 구성하고(1점), 주어진 주제와 연계할 것 (2점)
  - 표현이 적절할 것 (2점)

1. 논술문 작성 방향

　박 교사가 제안하는 평가유형은 준거참조평가이다. 준거참조평가는 학습목표를 평가의 기준으로 하여 목표달성 여부 또는 그 정도를 확인하는 평가방법이다. 이러한 평가 유형에서는 개인차의 변별에 관심을 갖지 않는다. 준거참조평가는 교수학습 과정에 최대한의 도움을 줌으로써 학생의 학습을 극대화시키고 결과적으로 성적의 개인차를 줄이려는 활동에 초점을 맞춘다. 김 교사는 능력참조평가와 성적참조평가를 제안하고 있다. 능력참조평가는 학생이 지니고 있는 능력에 비추어 얼마나 최선을 다하였느냐에 초점을 두는 평가방법이다. 성장참조평가는 교육과정을 통하여 얼마나 성장하였느냐에 관심을 두는 평가방법이다.

2. 예시답안

서론 문제제기

　교사가 교실에서 수업을 할 때 마주하는 가장 어려운 문제는 상이한 선행지식, 기술, 동기수준, 학습 정도, 특성을 가진 학생들이 한 교실에 모여 있다는 사실이다. 수업이 모든 학생에게 효과적이기 위해 교사는 다양한 학생의 특성과 요구에 부합하도록 수업을 바꿀 수 있어야 한다. 교사는 수업에서 학생 간의 차이를 극복하기 위해 학생에게 동기를 부여하고, 수업을 위해 집단을 조직하고, 교육 과정을 개발하며, 학생을 평가하는 방법에 대한 체계적인 지식을 갖추어야 한다.

본론 평가유형의 명칭과 교육적 해석 1가지, 김 교사가 제안하는 2가지 평가유형의 개념

　박 교사가 제안하는 평가유형은 준거참조평가이다. 준거참조평가는 학습목표를 평가의 기준으로 하여 목표달성 여부 또는 그 정도를 확인하는 평가방법이다. 이러한 평가 유형에서는 개인차의 변별에 관심을 갖지 않는다. 학습자 개인 간의 비교 및 우열을 판정하는 것은 중요하지 않다고 보는 것이다. 오히려 준거참조평가는 교수학습 과정에 최대한의 도움을 줌으로써 학생의 학습을 극대화시키고 결과적으로 성적의 개인차를 줄이려는 활동에 초점을 맞춘다. 즉 학습이 교사의 노력에 의해 성공적으로 수행될 것이라는 신념이 있기 때문에 학습 전 능력에 있어서의 개인차에 상관없이 거의 모든 학생이 최소한의 목표수준까지 학습할 수 있을 것이라는 전제를 갖고 평가활동이 이루어진다.

　김 교사는 능력참조평가과 성적참조평가를 제안하고 있다. 능력참조평가는 학생이 지니고 있는 능력에 비추어 얼마나 최선을 다하였느냐에 초점을 두는 평가방법이다. 개인의 능력 정도와 수행 결과를 비교하는 평가에서 다음의 두 가지 질문이 고려될 수 있다. 하나는 '이것이 그 학생이 지니고 있는 능력을 최대한 발휘한 것인가'이며 또 다른 질문은 '충분한 시간이 부여되었을 때 더 잘할 수 있었는가'라는 것이다. 능력참조평가는 이 중 학생 개인이 지니고 있는 능력을 얼마나 발휘하였느냐에 관심을 둠으로 개인을 위주로 하는 평가방법이라 할 수 있다. 다시 말해 각 학생의 능력과 노력에 의하여 평가되는 특징을 지니고 있다. 성장참조평가는 교육과정을 통하여 얼마나 성장하였느냐에 관심을 두는 평가방법이다. 최종 성취수준에 대한 관심보다는 초기 능력수준에 비추어 얼마만큼 능력의 향상을 보였느냐를 강조하는 평가 방법이다. 즉, 사전 능력수준과 관찰 시점에 측정된 능력수준 간의 차이에 관심을 둔다. 따라서 성장참조평가는 학생들에게 학업증진의 기회부여와 개인차를 강조하는 특징을 지니고 있다.

결론 **제언**

　훌륭한 교사가 가지고 있는 특징은 의도성이다. 의도성은 목적을 가지고 의도적으로 행동하는 것으로, 의도성이 있는 교사는 성취하고자 하는 목표를 정하고 계획적인 행동을 한다. 즉 의도적 교사는 다양한 특성과 수준을 가진 학생들이 원하는 것이 무엇인지 그리고 각 의사결정이 학생들에게 어떤 영향을 미칠지에 대해 끊임없이 생각한다. 학생을 정말 변화시키기 위해, 학생들이 최대한의 노력을 하도록 하기 위해, 그리고 학생들의 사고력을 향상시키고 새로운 지식을 조직하고 보유하도록 돕기 위해 교사는 계획적이고 사려 깊으며 융통성 있게 모든 학생들에게 관심을 가져야 한다.

2015학년도 상반기 중등 기출 다음은 A 고등학교 초임 교사들을 대상으로 진행한 학교장의 특강 내용 중 일부를 발췌한 부분이다. 발췌한 특강 부분은 학교에 대한 이해 차원에서 학생 평가에 대한 내용이다. 이를 활용하여 '다양한 요구에 직면한 학교 교육에서의 교사의 과제'라는 주제로 서론, 본론, 결론의 형식을 갖춰 논하시오.

> 여러분들도 잘 아시겠지만 최근 우리 사회는 학교가 다양한 역할을 수행하도록 요구하고 있습니다. 이에 따라 선생님들께서는 학교 및 수업에 대한 기본적인 이해가 필요하다고 생각합니다.
> 수업 설계를 잘 하는 것 못지않게 수업 결과를 평가하는 것 또한 중요합니다. 여러분이 어떤 평가 기준을 활용하느냐에 따라 평가 유형이 달라질 수 있습니다. 자칫하면 평가로 인해 학생들 사이에 서열 주의적 사고가 팽배하여 서로 경쟁만 하는 문제가 발생할 수 있습니다. 이를 보완할 수 있는 평가 유형에 대해 고민해 볼 필요가 있습니다.

배점
- 논술의 내용
  - 준거지향평가의 개념을 설명하고, 장점 2가지만 제시
- 논술의 구성 및 표현(총 5점)
  - 논술의 내용과 '학교 교육에서의 교사의 과제'와의 연계 및 논리적 형식(3점)
  - 표현의 적절성(2점)

1 논술문 작성 방향

준거지향평가는 학습목표 등과 같이 사전에 미리 설정된 절대적인 준거에 비추어 학생들의 성취정도를 확인하는 평가로, 제공된 정보를 기초로 교육목표와 교육과정을 개선할 수 있고, 무엇을 알고 무엇을 모르는가 하는 직접적인 정보를 제공하여 학습효과를 증진시키며, 서열의식 보다는 지적인 성취를 유발하고, 탐구정신과 협동정신을 함양한다는 장점을 갖는다.

2 예시답안

서론 제시문 분석

잘 가르치는 유능한 교사가 되기 위해서는 흔히 교과 내용에 대한 지식을 많이 알고 있어야 한다고 생각하기 쉽지만, 실제로 '잘' 교육하기 위해서는 단순히 전달할 지식에 대한 이해뿐만이 아니라 한 사회 속에서 학교가 행하는 교육을 이해하는 것이 필요하다. 학교 현장에서 교사는 진공상태에 존재하는 것이 아니라 한 사회의 구성원으로서, 전체 사회의 일부로서, 학교라는 조직의 구성원으로서 존재하고 학업지도는 수업과 평가를 계획하고 운영하는 방식과 불가분의 관계에 있다. 교육은 이러한 것들의 영향 하에서 이루어진다. 제시문은 교장의 특강 내용을 통해 초임 교사가 좋은 교사가 되기 위해 고민해 볼 필요가 있는

학교와 수업에 대한 문제 상황들을 보여주고, 이에 대한 교육학적 견해를 요구하고 있다.

본론 준거지향평가의 개념과 장점 2가지

준거지향평가는 절대평가라고도 하며 준거, 즉 교육목표에 비추어서 학습자가 무엇을 얼마나 아는지를 판단하는 평가이다. 준거지향평가는 준거점, 즉 교육목표점에 비추어서 학습자가 현재 성취한 수준을 평가하기 때문에 목표지향평가라고도 한다. 따라서 준거지향평가는 학습자가 반드시 성취해야 할 목표점을 얼마만큼 아는지, 얼마만큼 모르는지에 대한 정확한 정보를 주는 평가라 할 수 있다. 준거지향평가의 장점은 다음과 같다. 첫째, 학습자가 교수목표와 관련하여 어느 부분을 제대로 성취하였고 어느 부분이 미흡한지에 대한 정보를 제공하기 때문에 이를 통해 수업의 개선을 위한 구체적인 시사점을 얻을 수 있다. 준거지향평가는 학습자가 사전에 어떤 능력을 지녀야 하며, 현재 부족한 부분이 무엇인지 진단하고 그 부분을 보충해 주기 위한 대안을 마련하는 등의 진단적, 형성적 기능을 한다. 따라서 준거지향평가는 학생들이 알고 있는 것과 모르고 있는 내용에 대한 구체적인 정보를 제공함으로써 교수학습과정을 보완하고 개선하는 데 도움을 준다. 둘째, 적절한 교육적 노력이 제공되면 모든 학습자가 기대하는 성취 수준에 도달할 수 있다는 전제 하에서 출발하기 때문에 많은 학생들이 평가를 통해 성취감을 느낄 수 있고, 이런 경험이 누적되어 긍정적인 자아개념을 형성할 수 있으며, 학습자들 사이에 불필요한 경쟁을 없앨 수 있다.

결론 제언

좋은 교육을 하는 교사가 되기 위해서는 학습과 직접적으로 관련되는 심리나 발달, 교과 내용에 대한 지식 이외에도 교육이 이루어지는 수업이나, 학교 조직, 더 넓게는 학교의 기능과 역할에 대한 이해가 필요하다. 학교 현장에서 이루어지고 있는 교육활동을 해석하고 개선하기 위해서는 좀 더 넓은 시야에서 교육학적 안목을 계발하고 실천을 준비할 필요가 있다. 제시문과 같이 '교실 내의 미시적인 상호작용' 외의 좀 더 체제적이고 거시적인 현상에 대하여 교육학 이론을 통해 진단하고 설명해 보며, 문제 해결을 시도해 보는 것은 교육학적 안목을 키우기 위한 좋은 시도이다. 교육학 이론에 대한 폭넓은 이해를 통해 교사로서 전문성을 갖추기 위해 노력해야 한다.

3 더 알아보기

1 교육평가 기준에 따른 분류

규준참조평가: 규준참조평가란 학습자의 성취 결과를 그가 속해 있는 집단에 비추어 상대적인 위치를 알아보는 평가방법이다. 이것은 절대적인 기준이 없고 학생들이 획득한 점수의 평균 또는 미리 정해 놓은 비율에 따라 개개 학생들이 시험에서 받은 점수의 가치가 상대적으로 결정된다고 해서 상대평가라고도 한다. 따라서 어떤 학습자의 성취수준은 규준을 이용하여 그가 속해 있는 학급이나 학년 등의 상대적인 위치에 비추어 해석된다. 규준참조평가에서 규준(norm)이란 원점수의 상대적 위치를 설명하기 위하여 쓰이는 척도로써 모집단을 대표하기 위하여 추출된 표본에서 산출된 평균과 표준편차로 만들어진다.

규준참조평가는 선발적 교육관에 바탕을 두고 있다. 따라서 학습자의 상대적인 능력이나 기술을 비교하여 이에 따라 학습자를 선발하거나 우열을 가려내는 것에 목적을 두고 있다. 이는 교육을 통하여 달성하고자 하는 목표나 수준에 도달할 수 있는 사람은 어떤 방법을 사용하든 소수에 지나지 않는다는 것이다. 이러한 평가관은 소수의 우수자, 즉 목표나 수준에 도달한 학생을 가려내거나 학습 후에 학생집단 내에서의 학업성취 수준의 차이를 밝히려는 입장을 취한다. 따라서 규준참조평가에서는 학습자가 무엇을 얼마만큼 알고 있느냐에 대한 관심보다는 개인의 성취수준을 비교집단의 규준에 비추어 상대적 서열을 판단하는 데 관심을 둔다. 이처럼 어떤 학습자의 성취가 상위에 있는지 또는 하위에 있는지에 관심을 두므로 등위(rank)나 백분위(percentile rank) 등으로 표시한다. 요컨대 규준참조평가의 주요 특징을 정리하면 다음과 같다. 첫째, 검사의 신뢰도를 강조한다. 학습자의 개인차를 얼마나 오차 없이 정확하게 측정하였는가에 중점을 둔다. 둘째, 검사 점수의 정상 분포를 기대한다. 높은 점수나 낮은 점수 쪽에 편포되기보다는 좌우가 대칭적이고 중앙이 높은 정상분포곡선을 가정한다. 셋째, 학습자의 개인차를 극대화시키는 선발적 기능을 강조한다.

규준참조평가가 가지고 있는 주요 장점을 제시하면 다음과 같다. 첫째, 개인차의 변별이 가능하다. 다른 학생에 비해 상대적으로 얼마나 잘 했는지에 관한 개인의 상대적인 위치와 능력을 비교하고 우열을 가려 개인 간의 차이를 내고 변별할 수 있는 것이 가능하다. 둘째, 객관적인 검사제작 기술을 통해 성적을 표시하고 있어서 교사의 편견을 배제할 수 있다. 여러 개인의 상대적인 비교를 기초로 하는 객관성을 강조하고 엄밀한 성적 표시방법을 채택한다. 셋째, 학습자들의 경쟁을 통하여 동기를 유발하는 데 유리하다. 특히 등급이나 당락을 결정할 경우의 평가는 보다 강력한 동기유발을 촉진할 수 있다. 반면 규준참조평가가 지니는 주요 단점을 살펴보면 다음과 같다. 첫째, 교수학습 방법의 개선에 도움을 주기 어렵다. 학생 간의 상대적인 우열과 개인차의 변별에 지나친 관심을 두어 수업활동에서 구체적으로 보완하고 개선해야 할 부분이 무엇인지를 판단하는 데 소홀히 하기 쉽다. 둘째, 평가의 기준점을 진단의 평균치로 보기 때문에 참다운 의미의 학력평가가 불가능하다. 학생의 성취도가 학생이 속한 집단 내에서의 상대적 비교로써 판정되기 때문에 학습결과나 교육성과를 다른 집단과 비교할 수 없고, 학습내용을 완전히 이해한 경우라도 집단 전체가 우수하면 학업성취도가 낮은 것으로 분석될 수 있다. 셋째, 학생 간에 학력의 상대적 위치 또는 순위를 결정하기 때문에 지나친 경쟁심리가 조장될 가능성이 있다. 과다한 경쟁심리를 조장하여 이로 인해 인성교육을 방해할 우려가 있다.

준거참조평가: 준거참조평가는 학습목표를 평가의 기준으로 하여 목표달성 여부 또는 그 정도를 확인하는 평가방법이다. 다른 학습자와의 상대적인 비교를 하는 것이 아니라 학습목표에 비추어 평가한다고 하여 목표참조평가라고도 하며, 오직 학습목표를 기준으로 개개 학생들이 알아야 할 것을 알고 있느냐, 모르고 있느냐를 판정한다고 해서 절대평가라고도 부른다. 이는 교육목표 또는 학습목표를 설정해 놓고 그 목표에 비추어 학습자 개개인의 학업성취 정도를 따지려는 입장이다. 다시 말해, 준거참조평가란 학습자가 무엇을 얼마만큼 알고 있는지, 학습자가 정해진 준거나 목표에 도달하였는지를 판단하는 평가로서, 여기서 무엇이라 함은 학습자가 성취해야 할 과제나 행위의 영역이나 분야를 의미한다.

준거참조평가는 발달적 교육관에 기초를 두고 있다. 이는 학습자의 선발이나 개인차에 초점이 있는 것이 아니라 가능한 모든 학습자가 의도하는 바의 학습목표를 달성할 수 있도록 적절한 학습방법을 제공하기 위해 평가하는 것이다. 그리고 학습결과의 평가는 학습자 간의 개인차보다는 수업목표를 어느 정도 달성하였는지에 관심이 집중된다. 요컨대 준거참조평가의 특징은 다음과 같다. 첫째, 검사의 타당도를 강조한다. 원래 측정하려고 계획했던 학습목표를 얼마나 충실하게 측정하고 있느냐에 중점을 둔다. 둘째, 검사 점수의 부적 편포를 기대한다. 모든 학습자가 설정된 학습목표를 달성해주기를 바라기 때문에 검사점수의 분포가 오른쪽으로 치우친, 정상분포에서 벗어난 부적 편포를 기대한다. 셋째, 학습자 개개인에 적합한 교수학습 기회를 제공하면 주어진 학습목표에 도달할 수 있다는 발달적 교육관에 기초하고 있다.

준거참조평가의 장점을 살펴보면 다음과 같다. 첫째, 교수학습활동을 보완 및 개선하는 데 적합하다. 학습자가 무엇을 알고, 무엇을 모르는지에 대한 구체적인 정보를 제공해 줌으로써 무엇을 어떻게 가르쳐야 할 것인지에 대한 시사점을 제시해 준다. 교육목표, 교육과정, 교육방법 등 교육활동 전반의 개선에 용이하다. 둘째, 상대적 비교보다는 교육목표 달성 정도에 관심을 가지며 효과적인 교육 작용이 이루어진다면 누구나 수업에서 목표하는 바를 달성할 수 있다는 견해를 지닌다. 그러므로 많은 학생들이 긍정적인 자아 개념을 형성할 수 있고, 평가를 통해 성취감을 느낄 수 있다. 반면 다음과 같은 점은 단점으로 지적할 수 있다. 첫째, 개인차의 변별에 부적합하다. 학습자 개인 간의 비교 및 우열을 판정하기가 어렵다. 둘째, 준거의 설정 기준이 문제가 될 수 있다. 평가의 절대 기준이 학습목표이지만 이러한 학습목표를 누가 정하느냐 또는 어떻게 정하느냐 하는 것이 문제가 될 수 있다. 셋째, 검사 점수의 통계적 활용이 어렵다. 검사점수의 정상분포를 가정하지 않기 때문에 점수를 통계적으로 활용하기가 어렵다.

성장참조평가: 성장참조평가는 교육과정을 통하여 얼마나 성장하였느냐에 관심을 두는 평가방법이다. 최종 성취수준에 대한 관심보다는 초기 능력수준에 비추어 얼마만큼 능력의 향상을 보였느냐를 강조하는 평가 방법이다. 즉, 사전 능력수준과 관찰 시점에 측정된 능력수준 간의 차이에 관심을 둔다. 따라서 성장참조평가는 학생들에게 학업증진의 기회부여와 개인차를 강조하는 특징을 지니고 있다.

성장참조평가의 결과가 타당하기 위해서는 다음과 같은 조건을 충족하여야 한다. 첫째, 사전에 측정한 점수가 신뢰로워야 한다. 둘째, 현재 측정한 측정치가 신뢰로워야 한다. 셋째, 사전 측정치와 현재의 측정치의 상관이 낮아야 한다. 이것은 사전에 측정한 측정치나 현재 측정한 측정치가 신뢰롭지 않다면 능력의 변화를 분석하기가 어렵다는 의미이다. 또한 만약 사전 측정치나 현재의 측정치가 상관이 높다면 이는 성장에 의한 것이 아니라 관계에 의한 결과로 봐야 할 것이다.

성장참조평가는 대학진학이나 자격증 취득을 위한 행정적 기능이 강조되는 고부담 검사와 같은 평가환경에서는 평가결과에 대한 공정성 문제가 제기될 수 있다. 그러나 평가의 교수적 기능이나 상담적 기능이 강조되는 평가 환경이라면 보다 교육적이므로 교육의 선진화에 이바지할 수 있다. 그러므로 개별화 학습을 촉진시킬 수 있는 성장참조평가를 적극적으로 적용할 필요가 있으며 상대비교에 치중하지 않는 평가라면 성장참조평가를 실시하는 것도 바람직하다.

능력참조평가: 능력참조평가는 학생이 지니고 있는 능력에 비추어 얼마나 최선을 다하였느냐에 초점을 두는 평가방법이다. 오스터호프(Oosterhof)에 의하면 개인의 능력 정도와 수행 결과를 비교하는 평가에서 다음의 두 가지 질문이 고려될 수 있다. 하나는 '이것이 그 학생이 지니고 있는 능력을 최대한 발휘한 것인가'이며 또 다른 질문은 '충분한 시간이 부여되었을 때 더 잘할 수 있었는가'라는 것이다. 학생 개인이 지니고 있는 능력을 얼마나 발휘하였느냐에 관심을 둠으로 개인을 위주로 하는 평가방법이라 할 수 있다. 예를 들어 우수한 능력을 지녔음에도 불구하고 최선을 다하지 않은 학생과 능력이 낮더라도 최선을 다한 학생이 있을 때 후자의 성취수준이 낮더라도 더 좋은 평가결과를 얻을 수 있다. 이처럼 능력참조평가는 각 학생의 능력과 노력에 의하여 평가되는 특징을 지니고 있다.

능력참조평가는 개인을 위주로 개별적 평가를 실시한다는 장점이 있다. 또한 능력을 얼마나 발휘하였느냐에 초점을 두기 때문에 능력참조평가는 표준화 적성검사에서도 사용될 수 있다. 그러나 적성검사 점수의 경우 이는 다른 변인들과 합성되어 있으므로 해석하기가 곤란한 경우가 있으며, 학생이 지니고 있는 능력에 대한 정확한 정보가 없을 경우 평가의 어려움이 있다. 또, 능력참조평가는 특정 기능과 관련된 능력의 정확한 측정치에 의존하게 되므로 해당 능력에 제한하여 학습자의 수행을 해석하게 되는 한계를 지닌다.

02 형성평가

2016학년도 중등 기출 다음은 A 중학교에 재직 중인 김 교사가 작성한 자기개발계획서의 일부이다. 김 교사의 자기개발계획서를 읽고 예비 교사 입장에서 '교사가 갖추어야 할 역량'이라는 주제로 교육평가 유형에 대한 내용을 구성 요소로 하여 서론, 본론, 결론의 형식을 갖추어 논하시오.

자기개발계획서

개선 영역	개선 사항
평가 계획	• 평가 시점에 따라 적절한 평가 방법을 마련할 것 • 진단평가 이후 교수학습이 진행되는 중간에 평가를 실시할 것 • 총괄평가 실시 전 학생의 학습 진전 상황에 관한 정보를 수집분석 할 것

배점

- 논술의 구성 요소
  - 김 교사가 실시하려는 평가 유형의 기능과 효과적인 시행 전략 각각 2가지
- 논술의 구성 및 표현(총 5점)
  - 논술의 구성 요소와 '교사가 갖추어야 할 역량'과의 연계 및 논리적 형식(3점)
  - 표현의 적절성(2점)

1 논술문 작성 방향

문제는 형성 평가의 기능과 효과적인 시행 전략을 묻고 있다. 형성평가는 수업이 진행되고 있는 상태에서 교육행위가 계획한 대로 진행되고 있는지를 확인하는 행위이다. 형성평가는 학습의 개별화가 가능하고, 학생의 학습동기를 강화시켜 주며, 학습곤란을 진단하고 교정하는 데 큰 도움을 준다. 또한 교사로 하여금 자신의 지도과정을 검토하여 어떤 허점이나 미비점이 있는가를 발견할 수 있게 해준다. 형성평가를 효과적으로 시행하기 위해서는 첫째, 형성평가의 목표 진술 시 각 목표에 대해 수락할 수 있는 최저성취기준을 설정해야 하고, 둘째, 형성평가를 통해 학생에게 정적 강화를 줄 필요가 있으며, 셋째, 학습단위의 초기 단계에서 빈번히 갖도록 하고 그렇게 함으로써 초기의 학습단위에서 학생이 실패한 것에 대해 정확한 정보를 학생에게 주며 다시 학습할 수 있는 기회를 제공하는 것이 중요하다.

2 예시답안

서론 문제제기

　교직 사회는 유능한 교사를 필요로 한다. 유능한 교사에 대한 정의는 시대, 교육 패러다임, 관점에 따라 다를 수 있지만 현대적 의미에서 유능한 교사, 다시 말해 전문가로서의 교사는 이론적 지식에 정통한 동시에 그것을 토대로 현장에서 직면하는 문제를 해결할 수 있어야 한다. 그러므로 예비 교사들이 유능한 교사로 성장하기 위해서는 그 원리와 근거가 되는 이론적 지식을 정확히 이해하고, 그것을 교육 현장에서 일어날 수 있는 일, 교사가 접하게 되는 문제들에 적용해 보는 경험을 많이 쌓는 것이 중요하다. 현장에서의 교수경험이 적은 예비 교사들은 제시문과 같이 가상적인 교육의 상황을 설정한 후, 이론을 활용하여 그 교육현상을 해석하고 문제를 해결해 보는 것으로 전문가로서의 교사의 역량을 준비할 수 있다.

본론 제시문의 평가 유형 기능 2가지, 효과적인 시행 전략 2가지

　제시문의 김 교사는 형성평가를 계획하고 있다. 형성평가의 목적은 교수학습이 이루어지는 과정에서 그 진전 상황에 관한 정보를 수집, 분석하여 교수학습을 개선하는 데 있다. 즉, 형성평가는 수업이 진행되고 있는 상태에서 교육행위가 계획한 대로 진행되고 있는지를 확인하는 행위이다. 교수학습과정 중에 가르치고 배우는 내용을 학습자들이 얼마나 잘 이해하고 있는지를 수시로 점검하고, 학습자들의 수업능력, 태도, 학습방법 등을 확인함으로써 교육과정을 개선하고 교재의 적절성을 확인할 수 있다. 구체적으로 형성평가가 지니고 있는 기능은 다음과 같다. 첫째, 형성평가는 학습곤란을 진단하고 교정하는 데 큰 도움을 준다. 형성평가는 단지 한 학습과제에서 성공했느냐 실패했느냐의 정보뿐 아니라 더 나아가 만약 실패했다면 실패한 원인을 진단해 주는 정보를 제공해 준다. 교수목표에 비추어 무엇을 성취했고, 무엇을 더 학습해야 하는지를 구체적으로 그때그때 가르쳐 주는 기능을 가지고 있는 것이다. 학생 스스로가 자신의 학습곤란을 발견하고 그 원인을 찾아보아 이를 극복할 수 있게 하는 일이 바로 형성적 평가의 기능이다. 둘째, 교사로 하여금 자신의 지도과정을 검토하여 어떤 허점이나 미비점이 있는가를 발견할 수 있게 해준다. 예컨대 형성평가의 결과 60% 이상의 학생이 오답을 하였다면 교사는 지도과정 중 어떤 부분에 그러한 허점이 있었던가를 찾아내어 재 지도를 하고, 자신의 학습지도 방법과 교육과정을 개선할 수 있다. 교사는 자신이 가르친 학생들에게 형성평가를 적절히 실시함으로써 교수방법의 강약점을 구체적으로 분석해 낼 수 있게 된다.

　형성평가를 효과적으로 시행하기 위해서는 다음과 같은 전략이 필요하다. 첫째, 형성평가의 목표 진술 시 최저성취기준을 설정해야 한다. 최저성취기준은 이 정도의 성취를 하면 다음의 목표성취에 필요한 학습이 되었다고 수용할만한 표준점을 가리킨다. 형성평가는 교육목표를 학생이 수긍할 정도로 성취하고 있는지, 성취하지 못했을 때 어디를 개선해야 할 것인지에 대한 정보를 제공하는 것이다. 따라서 형성평가의 목표 진술에는 각 목표에 대해 수락할 수 있는 최저성취기준을 설정해야 한다. 그리고 형성평가의 도구를 제작할 때도 매우 어려운 문제나 매우 쉬운 문제보다는 교육내용에 적절한 난이도의 문제를 출제하여 최저성취기준에 의하여 학습의 곤란정도를 파악하는 것이 바람직하다. 둘째, 학습단위의 초기에 실시하는 형성평가가 중기나 후기에 실시하는 형성평가보다 중요하다. 만약 학습 단위의 초기에서 실패하면 그 결함이 계속 누적되어 중기 및 말기의 학습에서도 실패할 가능성이 있다. 그러므로 초기 단계에서의 형성평가는 가능하면 빈번히 갖도록 하고 그렇게 함으로써 초기의 학습단위에서 학생이 실패한 것에 대해 정확한 정보를 학생에게 주며 다시 학습할 수 있는 기회를 제공한다.

> **결론** **제언**

교실 환경에서 일어나는 많은 문제들이 완벽하고 유일한 대답을 가지고 있지 않고 또한 교사가 현장에서 직면하게 될 많은 문제들에 대하여 직접 적용될 수 있는 지식이나 방법을 모두 배울 수는 없다. 그래서 필요한 지식을 가능한 많이 배우는 것과 동시에, 교사 스스로 이를 근거로 하여 당면한 문제를 최선의 방향으로 판단, 결정, 해결할 수 있는 태도와 능력을 기르는 것이 무엇보다 중요하다. 교사의 능력이란 어떤 수준에서 머무르는 것이 아니고 계속해서 발전되고 향상되는 것이다. 예비교사 교육과정에서 교사가 되기 위한 준비를 하는 시기부터 교사가 된 이후 교직에 머무르는 동안에도 계속해서 끊임없이 현장의 경험을 재구성하고 그러한 태도와 능력을 발전시켜 나갈 때, 유능하고 탁월한 교육의 전문가로서의 교사가 될 수 있을 것이다.

3 더 알아보기

1 형성평가

형성평가의 목적은 교수학습이 이루어지는 과정에서 그 진전 상황에 관한 정보를 수집, 분석하여 교수학습을 개선하는 데 있다. 즉 형성평가는 수업이 진행되고 있는 상태에서 교육행위가 계획한 대로 진행되고 있는지를 확인하는 행위이다. 교수학습과정 중에 가르치고 배우는 내용을 학습자들이 얼마나 잘 이해하고 있는지를 수시로 점검하고, 학습자들의 수업능력, 태도, 학습방법 등을 확인함으로써 교육과정을 개선하고 교재의 적절성을 확인할 수 있다. 구체적으로 형성평가가 지니고 있는 기능은 다음의 네 가지이다. 첫째, 학습의 개별화가 가능하다. 형성평가를 실시하면 학생 개개인의 결과가 다르게 나타나므로 개인별 학습능력에 맞추어 개인 학습을 진행하도록 학습 활동을 조정할 수 있다. 형성평가를 통해서 각 학생이 놓친 중요한 학습요점에 대해 대안적 수업재료를 제시하거나, 적절하게 교정 또는 보충수업의 기회를 가지게 되면 학습결원의 누적현상을 피할 수 있게 되며, 학습자는 새로운 학습과제에서 성공적으로 학습을 계속할 수 있게 된다. 둘째, 형성평가는 학생의 학습동기를 강화시켜 준다. 형성평가는 학습자들에게 자신의 학습 진전에 대한 피드백 정보를 제공해 준다. 형성평가에서 자신의 학습이 성공적임을 확인하는 일은, 그 뒤에 이어지는 학습을 용이하게 하여줄 뿐 아니라 학습동기 및 자신감을 갖게 하는 데에도 효과를 갖는다. 형성평가의 이러한 기능은 학습에 대한 보상, 즉 긍정적 강화라고 말할 수 있다. 셋째, 형성평가는 학습곤란을 진단하고 교정하는 데 큰 도움을 준다. 형성평가는 단지 한 학습과제에서 성공했느냐 실패했느냐의 정보뿐 아니라 더 나아가 만약 실패했다면 실패한 원인을 진단해 주는 정보를 제공해 준다. 교수목표에 비추어 무엇을 성취했고, 무엇을 더 학습해야 하는지를 구체적으로 그때그때 가르쳐 주는 기능을 가지고 있는 것이다. 학생 스스로가 자신의 학습곤란을 발견하고 그 원인을 찾아보아 이를 극복할 수 있게 하는 일이 바로 형성적 평가의 기능이다. 넷째, 교사로 하여금 자신의 지도과정을 검토하여 어떤 허점이나 미비점이 있는가를 발견할 수 있게 해준다. 예컨대 형성평가의 결과 60% 이상의 학생이 오답을 하였다면 교사는 지도과정 중 어떤 부분에 그러한 허점이 있었던가를 찾아내어 재 지도를 하고, 자신의 학습지도 방법과 교육과정을 개선할 수 있다. 교사는 자신이 가르친 학생들에게 형성평가를 적절히 실시함으로써 교수방법의 강약점을 구체적으로 분석해 낼 수 있게 된다.

형성평가를 효과적으로 시행하기 위해서는 첫째, 형성평가의 목표 진술 시 최저성취기준을 설정해야 한다. 최저성취기준은 이 정도의 성취를 하면 다음의 목표성취에 필요한 학습이 되었다고 수용할만한 표준점을 가리킨다. 형성평가는 교육목표를 학생이 수긍할 정도로 성취하고 있는지, 성취하지 못했을 때 어디를 개선해야 할 것인지에 대한 정보를 제공하는 것이다. 따라서 형성평가의 목표 진술에는 각 목표에 대해 수락할 수 있는 최저성취기준을 설정해야 한다. 그리고 형성평가의 도구를 제작할 때도 매우 어려운 문제나 매우 쉬운 문제보다는 교육내용에 적절한 난이도의 문제를 출제하여 최저성취기준에 의하여 학습의 곤란정도를 파악하는 것이 바람직하다. 둘째, 형성평가를 통해 학생에게 정적 강화를 줄 필요가 있다. 형성평가에서 좋은 성취를 보이는 학생은 그 결과만으로도 보상과 강화를 받는다. 더욱이 형성평가의 빈도가 잦아 계속해서 여러 번 좋은 성취를 얻을 경우 누적적 성공경험을 갖게 되고 이것은 결국 긍정적 자아개념의 형성에도 영향을 미친다. 반대로 학습 초기에서의 실패는 곧 그 다음의 실패를 예언할 뿐 아니라 자아개념조차도 부정적으로 발달시킬 가능성이 있다. 셋째, 학습단위의 초기에 실시하는 형성평가가 중기나 후기에 실시하는 형성평가보다 중요하다. 만약 학습 단위의 초기에서 실패하면 그 결함이 계속 누적되어 중기 및 말기의 학습에서도 실패할 가능성이 있다. 그러므로 초기 단계에서의 형성평가는 가능하면 빈번히 갖도록 하고 그렇게 함으로써 초기의 학습단위에서 학생이 실패한 것에 대해 정확한 정보를 학생에게 주며 다시 학습할 수 있는 기회를 제공한다.

03 자기평가

2021학년도 중등 기출 다음은 ○○ 고등학교에 재직하고 있는 김 교사가 대학 시절 친구 최 교사에게 쓴 이메일의 일부이다. 이 내용을 읽고 '학생의 선택과 결정의 기회를 확대하는 교육'이라는 주제로 교육평가를 구성요소로 하여 서론, 본론, 결론을 갖추어 논하시오.

> 보고 싶은 친구에게
>
> … (중략) …
>
> 학생의 선택과 결정의 기회를 확대하기 위해 우리 학교가 학교 운영 계획을 전체적으로 다시 세우고 있어. 그 과정에서 나는 교육평가 방안 등을 고민했고 교사 협의회에도 참여했어.
>
> 오늘 읽은 교육평가 방안 보고서에는 학생이 주체가 되는 평가가 학습에 도움이 된다는 내용이 담겨 있었어. 내가 지향해야 할 평가의 방향으로는 적절한데 그 내용이 구체적이지는 않더라. 학생이 스스로 자신을 평가하게 하면 어떠한 효과를 거둘 수 있을지, 그리고 내가 수업에서 이러한 평가를 어떻게 실행할 수 있을지 더 자세히 알아봐야겠어.
>
> … (하략) …

배점

- 논술의 내용
  - 김 교사가 적용하고자 하는 평가 방식이 학생에게 줄 수 있는 교육적 효과 2가지, 이 평가를 수업에서 실행하는 방안 2가지 [4점]
- 논술의 구성 및 표현 [총 5점]
  - 논술의 내용과 '학생의 선택과 결정의 기회를 확대하는 교육'의 연계 및 논리적 형식 [3점]
  - 표현의 적절성 [2점]

1 논술문 작성 방향

제시문에 언급되는 평가방식은 자기평가이다. 자기평가는 학습자가 평가의 주체가 되므로 학습자들을 학습에 적극적으로 참여하도록 유도하며, 학생이 학습한 내용을 더 잘 인식할 수 있게 한다는 효과가 있다. 자기평가를 수업에서 실행하는 방안은 다음과 같다. 첫째, 교사의 채점 기준과 동일하게 명확한 채점 기준을 적용시켜 학생들로 하여금 스스로의 학습을 평가하게 한다. 둘째, 학생들로 하여금 학습일지를 작성하게 한다.

2 예시답안

서론 문제제기

학생의 선택과 결정의 기회를 확대하는 교육은 학습자 중심 교육의 가장 중요한 조건이다. 학습자 개개인의 개인차에 부응하는 교육과정의 개별화를 실현하기 위해서는 그동안 한국 교육과정의 문제점으로 지적되어 온 지나친 교육과정 의사결정의 중앙집권화가 지양되어야 하기 때문이다. 그러므로 교사는 폭넓은 교육학적 지식을 바탕으로 학생들이 자발적으로 참여하며 스스로 선택하는 교육을 설계하고 실행해야 한다.

본론 김 교사가 적용하고자 하는 평가 방식이 학생에게 줄 수 있는 교육적 효과 2가지, 이 평가를 수업에서 실행하는 방안 2가지

김 교사가 적용하고자 하는 평가 방식은 자기평가이다. 자기평가란 특정 주제나 교수·학습영역에 대하여 자기 스스로 학습과정이나 학습 결과에 대한 자세한 평가 보고서를 작성하고 제출하도록 하여 평가하는 것을 말한다. 자기평가가 학생에게 줄 수 있는 교육적 효과는 다음과 같다. 첫째, 학습자가 평가의 주체가 되므로 학습자들을 학습에 적극적으로 참여하도록 유도할 수 있다. 이는 학습자의 책임감을 높이고 학습자 중심의 교육과정을 촉진할 수 있다. 둘째, 학습자로 하여금 학습의 과정을 주의 깊게 성찰하며 그 의미를 숙고하게 함으로써, 학습한 내용을 더 잘 인식할 수 있게 한다. 그러므로 학생들은 자신의 능력에 대한 이해를 통해 학습욕구를 증진시킬 뿐 아니라, 이어질 학습목표를 효과적으로 설정할 수 있다.

자기평가를 수업에서 실행하는 방안은 다음과 같다. 첫째, 교사의 채점 기준과 동일한 채점 기준을 적용시켜 학생들로 하여금 스스로의 학습을 평가하게 한다. 이를 통해 교사는 학습자들이 자기평가를 할 때 평가자인 그들 스스로 정확한 판단 기준을 갖도록 도울 수 있다. 둘째, 학생들로 하여금 학습일지를 작성하게 한다. 학습일지는 학생들 스스로가 학습의 결과나 성과물보다는 학습의 과정 그 자체에 대해 성찰하고, 자신의 수행에 대한 정확성과 적절성에 대해 판단하게 할 수 있다.

결론 제언

학습자 중심의 교육에서는 배우는 사람, 즉 교육받는 대상자가 중심에 놓인다. 가르치는 사람의 일방적인 판단보다는 배우는 사람의 관심과 흥미 그리고 욕구가 존중되는 것이다. 다시 말해, 학습자 중심 교육이란 학생들이 각자가 가지고 있는 다양한 능력과 잠재 가능성을 실현하기 위해 스스로 선택하고 결정하는 교육이라고 할 수 있을 것이다. 따라서 교사는 교육과정, 교육평가, 수업설계, 학교의 의사결정에서 학생의 선택권과 결정권이 최대로 발현되도록 모든 전문적 역량과 노력을 기울여야 할 것이다.

3 더 알아보기

1 자기평가

자기평가란 특정 주제나 교수·학습영역에 대하여 자기 스스로 학습과정이나 학습 결과에 대한 자세한 평가 보고서를 작성하고 제출하도록 하여 평가하는 것을 말한다. 이는 학습을 통해 얻은 기능과 지식을 학습자가 스스로 평가하는 과정으로, 학습자 중심교육이며 학생들이 학습에 적극적이고 반성적으로 참여함으로써 학습방법을 개선하고 조정하는 일련의 과정을 포함하고 있다. 자기평가는 대안적 평가 방식의 중요한 요소로서 학습자가 평가의 주체가 되므로 학습자들을 학습에 적극적으로 참여하도록 유도하고 학습에 대한 인지적 능력을 동기와 태도 등의 정의적 능력과 통합할 수 있는 좋은 방법이다. 다만 학습자들이 자기평가를 할 때 중요한 것은 평가자인 그들 스스로 정확한 판단 기준을 가져야 한다는 것이다. 그러므로 자기평가는 점검목록이나 형식이 아니라 과정으로 인식해야 하며, 올바른 자기평가를 위하여 준거설정과 준거적용의 단계를 거쳐 독립적인 자기평가자가 되어갈 수 있다.

학생들이 자기평가를 통해 얻을 수 있는 것은 첫째, 자기평가의 과정이 학습자로 하여금 학습의 과정을 주의 깊게 성찰하도록 하고, 그 의미를 숙고하게 하여 준다. 둘째, 이러한 자기 성찰의 결과로서 학습한 내용에 대해 보다 잘 인식할 수 있게 된다. 셋째, 학습자들은 과제를 수행하는 과정 자체와 학습 둘 다에 가치를 부여할 수 있게 된다. 결국, 자기평가는 학생들은 자신의 능력에 대한 이해를 통해 학습욕구를 증진시키며, 이어질 학습목표를 설정하는데 도움을 줌으로써 학습을 촉진시킨다는 장점이 있다. 또한 학습자의 책임감과 학습자 중심의 교육과정이 강조되는 최근의 동향과 일치하며, 체계적인 자기평가 과정을 통하여 제공되는 정보는 교사 뿐 아니라 학습자 자신에게도 중요한 가치를 지닌다.

한편, 자기평가의 단점은 학습자의 과거 수학경력, 직업적 열망, 동료그룹이나 부모의 기대, 자기주도적 학습이나 자기관리의 훈련 부족 때문에 주관적인 오류를 범할 수도 있으며, 학습자가 자신을 충분히 파악하지 못하였을 경우, 무의식적인 심리적 방어기제나 의도적인 동기 등으로 인하여 자기평가보고서에 의해서 얻어진 자료의 신뢰도와 타당도는 많은 제한을 받을 수 있다는 것이다.

자기평가는 결과나 성과물보다는 학습의 과정 그 자체를 강조하며 자신의 수행에 대한 정확성과 적절성에 대한 판단을 가능하게 하므로, 총합평가보다는 형성평가의 목적을 위해 사용하는 것이 바람직하다. 자기평가는 평가 결과를 교사가 다시 채점하거나 학생 자신의 평가 결과를 그대로 반영할 수 있으며, 포트폴리오의 한 부분으로 평가할 수도 있다. 또한 교사의 채점 기준과 동일한 채점 기준을 적용시켜 학생들로 하여금 스스로의 학습을 평가하게 할 수도 있다. 자기평가의 유형에는 질문지법, 체크리스트, 평정척도법, 흥미·태도 척도법, 학습일지 등이 있다.

04 내용타당도

2017학년도 중등 기출 다음은 신문 기사의 일부이다. 이를 바탕으로 '2015 개정 교육과정의 실질적 구현 방안'이라는 주제로 서론, 본론, 결론의 형식을 갖추어 단위 학교 차원에서의 평가의 타당도를 논하시오.

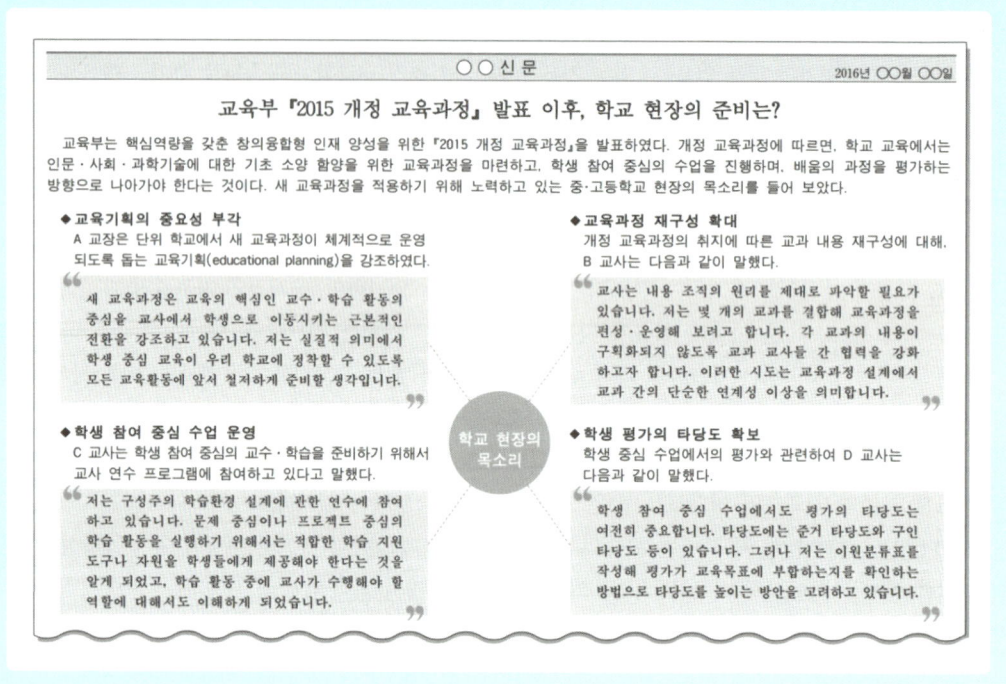

배점

- 논술의 내용
  - D교사가 고려하고 있는 타당도의 유형과 개념 제시(3점)
- 논술의 구성 및 표현(총 5점)
  - 논술의 내용과 '2015 개정 교육과정의 실질적 구현 방안'의 연계 및 논리적 형식(3점)
  - 표현의 적절성(2점)

1 논술문 작성 방향

　D교사는 이원분류표를 작성해 평가가 교육목표에 부합하는지를 확인하는 방법으로 타당도를 확보하고자 하므로 내용 타당도를 고려하고 있음을 알 수 있다. 내용타당도는 문항들이 측정하고자 의도하는 전체 영역을 어느 정도 대표하고 있는가에 대한 증거와 문항의 적절성에 대한 증거를 수집하는 과정이다. 즉 문항들이 문항전집을 제대로 대표하고 있는가와 관련된 문항의 '대표성'과 문항이 필수적인 목표 혹은 내용과 부합되는 정도를 분석하는 '적절성'을 판단하는 데 목적이 있다.

2 예시답안

서론 | 문제제기

2015 교육과정 개정은 '창의융합형 인재 양성'을 위한 방안을 모색하며, 우리 교육이 안고 있는 여러 문제점을 종합적으로 검토하여 그 개선 방안을 모색하는 것을 과제로 한다. 2015 개정 교육과정이 비전으로 삼고 있는 '미래사회가 요구하는 창의융합형 인재 양성'과 '학습경험의 질 개선을 통한 행복한 학습의 구현'이 단지 구호에 그치는 것이 아니라 현실화되기 위해서는 학교 운영과 교육과정의 조직, 교수학습을 위한 지원, 평가와 같은 교육 전반의 변화가 수반되어야 한다.

본론 | D교사가 고려하고 있는 타당도의 유형과 개념

D교사가 고려하고 있는 타당도는 내용 타당도다. 내용 타당도는 검사가 전체 영역이나 구인을 대표하는 정도와 문항 하나하나가 측정하고자 하는 목표(혹은 특성)와 부합되는 정도를 논리적으로 분석·판단하는 것이다. 다시 말해 내용타당도의 기본 관심은 대표성, 즉 문항들이 내용과 인지과정 대표할 수 있는 표본으로 구성되어 문항전집을 제대로 대표하고 있는가를 분석하는 데 있다. 내용의 대표성을 평가하면 검사가 전체 내용영역을 골고루 측정하고 있는지, 특정 측면을 경시하고 있지 않은지를 확인할 수 있다. 또한 문항의 적절성에 대한 증거도 중요하다. 문항의 적절성이란 하나하나의 문항이 필수적인 목표 혹은 내용과 부합되는 정도를 말한다. 다시 말해 문항이 목표가 지향하고 있는 내용이나 기능을 측정하고 있는지를 판단하는 것이다. 문항의 적절성을 검토하는 것을 통해 문항이 관계가 없는 요인들의 영향을 받지 않고 목표나 내용을 제대로 측정하고 있는지 확인할 수 있다. 즉 내용 타당도는 검사가 전체 영역을 대표할 수 있는 문항으로 구성되어 있는지를 판단하고, 문항이 측정하려고 하는 수업목표에 부합되는지를 확인하기 위한 것이다.

결론 | 제언

그동안 다양한 교육개혁 운동을 통하여 교육의 실제를 변혁시키려는 노력을 기울여 왔지만 뚜렷한 성과를 거두지 못하였다. 그 이유는 교육개혁을 위한 혁신적인 제안들에도 불구하고 학교교육 현장은 전통적인 교수학습 방법의 틀에서 크게 벗어나지 못하였기 때문이다. 교육 이론과 국가 정책, 학교 현장이 서로 별개의 것으로 존재하는 것이 아니라 일관성 있게 통합되고, 학교교육이 재구조화되는 변화가 현장에서부터 시작될 때 배움을 즐기는 행복 교육으로의 전환이 가능할 것이다.

3 더 알아보기

1 내용 타당도

대부분의 검사는 재고자 하는 영역의 모든 내용을 포함하지 못하고 일부분만을 포함하게 된다. 그리고 부분을 재고 있는 검사로부터의 결과를 내용 전체의 결과로 확대하여 해석하게 된다. 예를 들어, 특정 학기에 습득해야 하는 어휘의 수가 200개 일 때 시험을 치를 때는 이 중 20개를 골라서 시험을 치르게 된다. 학생이 이 중 80%인 16개를 맞았다면 교사는 그 학생이 전체 200개의 80% 정도를 습득했다고 해석하게 된다. 다시 말해 검사의 내용은 전체 내용의 표본(sample)이 된다. 이처럼, 부분을 시험 치른 결과를 전체로 확대해석 하는 것이 얼마나 타당한가는 다음 과정을 통하여 판단한다. 첫째, 검사가 재고자 하는 전체적 내용을 확인한다. 둘째, 문항 하나하나가 문항이 재고자 목적한 내용을 적절하게 재는가를 확인한다. 셋째, 문항의 집합인 검사의 내용이 재고자 하는 전체적 내용을 충분히 대표하는가를 확인한다. 즉, 위의 과정을 거쳐 검사의 내용이 재고자 목적하고 있는 내용을 적절하게 그리고 대표적으로 재고 있는가를 판단하게 된다. 실제로 그렇다고 판단될 때 내용 타당도 증거가 있는 것이고, 내용 타당도 증거가 충분히 확보가 되어야 검사의 결과를 전체 내용에 대해 안심하고 해석할 수 있다.

내용 타당도의 기본 관심은 대표성, 즉 문항들이 문항전집을 제대로 대표하고 있는가를 분석하는 데 있다. 대표성이 높은 검사는 내용영역의 모든 측면들을 두루 측정한다. 여기서 내용은 검사에 포함된 교과영역(수학의 경우 집합, 함수, 도형 등)과 인지과정(지식, 이해, 적용, 분석, 종합, 평가)을 포괄한다. 내용 타당도는 문항들이 측정하고자 의도하는 전체 영역을 어느 정도 대표하고 있는가에 대한 증거와 문항의 적절성에 대한 증거를 수집하는 과정이다. 내용 타당도는 문항들이 교과영역과 인지과정을 골고루 반영하고 있는지를 판단하는 데 목적이 있다. 대표성은 검사가 갖추어야 할 매우 중요한 요건이다. 왜냐하면 검사는 문항전집에서 추출하여 구성한 문항표본으로, 점수에 근거하여 문항전집의 정답률을 추론하기 때문이다. 예를 들어, 40문항으로 된 검사에서 80%의 문항에 정답을 했다면 문항전집에서도 80%의 정답을 할 것이라고 추론한다. 이러한 추론의 정확성은 문항들이 문항전집을 대표하는 정도에 따라 좌우된다. 만약 문항들이 문항전집을 제대로 대표하지 못하면 점수에 근거한 추론은 오류를 범하게 된다. 내용관련 타당도 증거는 검사점수에 근거하여 전체 영역으로 추론하거나 일반화해야 할 상황에서 특히 중시된다. 내용 타당도가 높다는 것은 검사문항들이 내용과 인지과정을 대표할 수 있는 표본으로 구성되어 있음을 의미한다. 성취도검사에서는 검사에 포함된 내용들의 비율이 수업에서 다룬 내용들의 비율에 근접하면 내용관련 타당도증거가 확보된다. 이상적인 측면에서 검사는 내용영역의 주요 측면을 모두 포함할 수 있도록 문항을 제작해야 한다. 검사에서 특정 영역을 지나치게 중시하면 다른 영역을 경시할 소지가 있으므로 문항이 특정 내용에 편중되지 않도록 해야 한다. 예를 들어, 특정 단원에서 상대적으로 많은 문항을 출제하면 다른 단원에서 출제할 수 있는 문항이 줄어들기 때문에 대표성이 낮아진다. 또 단순기억을 측정하는 문항을 80% 이상 출제하면 종합이나 평가와 같이 고차적인 능력을 재는 문항을 출제할 수 없게 되어 대표성이 낮아진다. 내용의 대표성을 평가하면 검사가 전체 내용영역을 골고루 측정하고 있는지, 특정 측면을 경시하고 있지 않은지를 확인할 수 있다.

내용 타당도 과정에서는 문항의 적절성에 대한 증거도 중시한다. 문항의 적절성이란 하나하나의 문항이 필수적인 목표 혹은 내용과 부합되는 정도를 말한다. 그러므로 문항이 목표가 지향하고 있는 내용이나 기능을 측정하면 내용 타당도를 갖고 있는 것이다. 조선시대에 관한 역사시험에서 임진왜란에 관한 문항은 적절하지만, 무신의 난에 관한 문항은 적절하지 않다. 문항이 부적절할 경우 점수에 근거한 추론은 오류를 범할 수 있으므로 내용 타당도 과정에서는 문항이 관계가 없는 요인들의 영향을 받고 있는가에 대해서도 판단해야 한다. 단서를 이용해서 정답을 할 수 있는 문항이나 모호한 표현이 포함되어 있는 문항은 적절하지 않다. 문항의 적절성을 검토하면 문항이 목표나 내용을 제대로 측정하고 있는지 확인할 수 있다.

요컨대, 내용 타당도의 두 가지 기본적인 물음은 검사가 전체 영역을 대표할 수 있는 문항으로 구성되어 있는가와 문항이 측정하려고 하는 수업목표(내용, 특성)에 부합되는가이다.

내용 타당도란 일단 검사를 제작한 다음 검사제작자나 전문가가 문항들의 적합성에 관한 증거를 수집하는 과정이다. 검사를 계획·제작하는 과정에서도 내용 타당도를 높이기 위해 목표와 합치되도록 문항을 작성하고 이원분류표를 활용하지만 검사제작과정의 노력만으로는 내용 타당도를 충분히 확보할 수 없다. 내용 타당도의 전형적인 절차는 전문가로 하여금 검사가 전체 영역이나 구인을 대표하는 정도와 문항 하나하나가 측정하고자 하는 목표(혹은 특성)와 부합되는 정도를 논리적으로 분석·판단하도록 하는 것이다. 내용 타당도를 판단하려면 먼저 측정영역이나 구인을 명확하게 정의해야 한다. 성취도검사에서 영역은 수업목표에 비추어 정의되므로 수업목표를 명세적으로 진술해야 한다. 측정하고자 하는 목표나 특성을 상세하고 정확하게 정의하지 않으면 문항들이 전체 영역을 대표하는지 혹은 문항이 목표와 부합되는지 판단할 수 없다. 내용 타당도의 절차는 다음과 같다. ① 측정하고자 의도하는 영역(성취도검사의 경우 수업목표 목록)을 정의한다. ② 내용영역의 전문가들을 선정한다. ③ 문항들이 영역(수업목표)에 부합되는지를 판단하기 위한 평정척도를 제작한다. ④ 평정자료를 수집·요약한다.

05 리커트 척도와 문항내적합치도

2019학년도 중등 기출 다음은 ○○중학교 김 교사가 모둠활동 수업 후 성찰한 내용을 기록한 메모이다. 김 교사의 메모를 읽고 '수업 개선을 위한 교사의 반성적 실천'이라는 주제로 평가도구의 제작에 대한 내용을 구성 요소로 하여 논하시오.

#3 모둠을 구성할 때 태도나 성격 같은 정의적 요소도 반영해야겠어. 진술문을 몇 개 만들어 설문으로 간단히 평가하고 신뢰도는 직접 점검해 보자. 학생들이 각 진술문에 대한 반응을 등급으로 선택하면 그 등급 점수를 합산할 수 있게 해 주는 척도법을 써야지. 설문 문항으로 쓸 진술문을 만들 때 이 척도법의 유의점은 꼭 지키자. 그리고 평가를 한 번만 실시해서 신뢰도를 추정해야 할 텐데 반분검사 신뢰도는 단점이 크니 다른 방법으로 신뢰도를 확인해 보자.

배점
- 논술의 내용
  - #3에 언급된 척도법의 명칭과 이 방법을 적용하기 위하여 진술문을 작성할 때 유의할 점 1가지, 김 교사가 사용할 신뢰도 추정 방법 1가지의 명칭과 개념 [4점]
- 논술의 구성 및 표현 [총 5점]
  - 서론, 본론, 결론 형식의 구성 및 주제와의 연계성 [3점]
  - 표현의 적절성 [2점]

1 논술문 작성 방향

제시문에 언급된 척도법은 리커트 척도법이다. 진술문 작성 시 문장은 간단명료하게 하고, 한 진술문에는 한 가지 사상만을 포함시키며, 사실에 관한 질문이 아니라 의견이나 행동 경향을 묻는 것이어야 하고, 피검사자의 언어수준에 알맞은 어휘와 문장으로 표현해야 하고, 중립적인 기술문은 피해야 한다. 제시문의 김 교사가 사용할 신뢰도 추정 방법은 문항내적합치도이다. 문항내적 합치도는 반분신뢰도처럼 검사를 반분하지 않고 문항 하나하나를 독립적으로 보고 문항들이 일관되게 동일한 능력을 측정하고 있는 정도를 수치화하는 방법이다.

2 예시답안

서론 문제제기

사람은 살아가면서 누구나 자신이 한 행위에 대해서 반성을 하면서 살아간다. 교사도 수업을 하면서 자신의 수업에 대해 반성을 하게 된다. 대부분의 교사들은 자신의 실제 수업 속에서 자신의 수업을 바탕으로 한 무의도적인 앎을 얻고 있다. 이와 다르게 제시문의 김 교사와 같이 자신의 수업을 하나의 연구 대상으로 설정하고 그에 대한 의도적인 반성을 할 수 있다. 이는 단순한 경험에서 얻어지는 무의도적인 앎이 아니라 자신의 수업을 개선하려는 의도를 미리부터 가지고 자신의 수업을 스스로 관찰하고 반성하는 것이다. 이와 같이 자신의 수업 행위에 대해 의도적으로 반성을 시도할 때 교사는 지속적인 능력 향상을 이룰 수 있다.

본론 | 제시문에 언급된 척도법의 명칭과 진술문 작성할 때 유의점 1가지, 신뢰도 추정 방법 1가지의 명칭과 개념

제시문에 언급된 척도법은 리커트 척도이다. 진술문을 작성할 때는 문장을 간단명료하게 해야한다. 단어를 선택함에 있어 의미하는 바를 정확히 알 수 있는 단어를 선택하고, 혼돈스럽지 않도록 구체적으로 제시한다. 모호하거나 비논리적인 문장은 명료성이 떨어지므로 올바른 문장구조와 단어를 선택해야 한다. 제시문의 김 교사가 사용할 신뢰도 추정 방법은 문항내적합치도이다. 문항내적합치도는 반분신뢰도처럼 검사를 반분하지 않고 문항 하나하나를 독립적으로 보고 문항들이 일관되게 동일한 능력을 측정하고 있는 정도를 수치화하는 방법이다. 즉, 문항내적합치도는 한 검사 내에서의 독립된 문항 하나하나를 별개의 검사로 간주하여 모든 문항에 대한 반응(정답-오답)의 일관성을 상관계수로 표시하는 방법을 말한다. 문항 내적합치도를 문항 내적 일관성 이라고도 한다. 문항내적합치도는 검사에 포함된 문항들이 유사한 특성을 재고 있는 정도를 나타내므로 문항들이 동질적일수록 높고, 문항들이 이질적일수록 낮다. 즉, 동질적인 특성을 측정하기 위해 제작된 검사(예: 대수에서만 출제된 시험)가 이질적인 특성을 측정하기 위해 제작된 검사(예: 대수, 집합, 확률, 함수 등에서 두루 출제된 시험)보다 문항내적 합치도가 더 높다.

결론 | 제언

교사는 자신의 수업을 진행하는 가운데 스스로 자신의 수업을 관찰하고 반성함으로써 교사 스스로 자신의 자질을 끊임없이 개선할 수 있다. 바람직한 교사는 기존의 실천을 그저 답습하는데 그치지 않고, 보다 나은 실천을 위해 끊임없이 연구하는 사람이다. 자기가 맡은 일을 하는 반복하는데 그치지 않고 그것을 보다 잘 하기 위해 탐구하는 교사는 가르치는 일 안에서 삶의 보람을 찾고, 스스로 자신의 능력을 발전시킨다. 타인이 이미 만들어 놓은 이론을 단순히 적용하는 기능인으로 자신을 한계 짓는 것이 아니라, 수업 과정에서 직면한 문제를 해결하며 그 과정에서 적합하지 않은 이론을 폐기하거나 재구성하고, 자신의 상황을 좀 더 객관적으로 탐구하는 실천가이자 연구자로서의 교사가 되어야 하겠다.

3 더 알아보기

1 리커트 척도

리커트 척도는 가장 널리 빈번하게 사용되는 방법으로, 태도의 연속선상에서 개인의 태도가 어느 위치에 있는지를 파악하기 위한 것이다. 리커트 척도는 특정 대상(사람, 사물, 제도 등)에 관해 작성된 모든 진술문에 대해 동의하는 정도를 표시하도록 한 다음, 진술문들의 평정점수를 합산하기 때문에 종합평정법이라고도 부른다. 리커트 척도를 실시할 때는 모든 진술문에 대해 동의하는 정도를 일일이 표시하도록 하면 된다. 모든 진술문에 대해 동의하는 정도를 평정하도록 하는 점이 리커트 척도의 가장 전형적인 특징이다. 이 척도는 특정 대상에 대해 호의적이거나 긍정적인 태도를 나타내는 진술문(예: 나는 교육학 수업을 좋아한다.)과 비호의적이거나 부정적인 태도를 나타내는 진술문(예: 나는 교육학 수업을 싫어한다.)으로 구성되며, 중립적인 진술문(예: 나는 교육학 수업을 좋아하지도 싫어하지도 않는다)은 포함하지 않는다.

리커트 척도는 총점과 상관이 높은 20-25개의 진술문들로 구성한다. 측정하려는 정의적 특징을 여러 단계로 분류하여 척도를 구성하며 주로 5점 척도가 많이 사용되나, 중립적 반응을 배제하고 강제로 긍정 혹은 부정적으로 반응하도록 하기 위하여 짝수로 하기도 한다. 일반적으로 선택지의 수가 많을수록 척도의 내적 합치도가 높다. 리커트 척도를 제작할 때 선택지의 평정치를 결정하는 방법으로는 선택지별로 각각 1,2,3,4,5(또는 0,1,2,3,4)를 부여하는 방법이 간단하기 때문에 널리 이용되고 있다. 이 방식은 진술문에 대해 매우 찬성하면 5점, 찬성하면 4점, 모르겠다면 3점, 반대하면 2점, 매우 반대하면 1점을 각각 부여한다.

이 기법의 가장 큰 장점은 척도화의 절차가 간편하고 단순하기 때문에 노력을 덜 들이고 제작할 수 있다는 점이다. 리커트 척도는 서스톤 척도와 거트만 척도에 비해 제작이 용이하고 다양한 대상, 장면, 상황, 조건에 융통성 있게 적용될 수 있다. 제작과 자료처리가 쉽고 응답자도 이해하기 쉬워 우편조사, 전화조사, 인터뷰 등 다양한 분야에서 사용되고 있다. 또한 피험자로부터 방향(적극적, 소극적)과 밀도(강력한, 미약한)의 두 측면에서 정보수집이 가능하다. 그러나 사람들마다 각 단계를 인식하는 정도가 다르며 동일한 점수를 받은 사람이 항상 동일한 특성의 사람들이라 하기 어렵다. 또 응답자의 반응경향이 작용할 개연성이 높다는 단점이 있는데, 예를 들어 모든 진술문에 대해 기계적으로 '3'을 선택할 소지가 있다.

진술문은 연구자가 직접 만들 수도 있고, 혹은 기존의 다른 검사에서 알맞은 진술문을 수집할 수도 있다. 진술문의 수는 최종적으로 사용할 것보다 대략 2~3배수 정도 여유있게 만든다. 진술문 작성시 유의할 사항은 다음과 같다.

첫째, 문장은 간단명료하게 한다. 단어를 선택함에 있어 의미하는 바를 정확히 알 수 있는 단어를 선택하고, 혼돈스럽지 않도록 구체적으로 제시한다. 모호하거나 비논리적인 문장은 명료성이 떨어지므로 올바른 문장구조와 단어를 선택해야 한다.

둘째, 한 진술문에는 한 가지 아이디어만을 포함 시킨다. 한 개의 문항 속에 두 개 이상의 아이디어가 들어가면 연구자가 의도한 바를 정확히 측정하는 것이 어려워지고, 피검사자가 응답을 하는데도 어려워진다.

셋째, 사실에 관한 질문이 아니라 의견이나 행동 경향을 묻는 것이어야 한다. 우리가 직접 눈으로 관찰할 수 없는 심리적인 성향과 인간의 내면적인 속성을 측정하기 위한 것이기 때문이다. 해당 특성이 드러나는 또는 그러한 특성에 의해서 나타날 것이라고 판단되는 관찰 가능한 행동 증거를 수집하고, 그 행동적 증거의 정도에 따라서 그러한 특성의 정도를 추론하는 방법이기 때문에 사실이 아니라 심리적 특성을 측정하기 위한 진술문으로 구성되어야 한다.

넷째, 피검사자의 언어수준에 알맞은 어휘와 문장으로 표현해야 한다. 피검사자의 언어수준에 맞지 않거나 전문적인 용어를 사용하게 되면 문항 자체가 어렵게 되며, 피검사자의 그 용어에 대한 이해를 전제로 하기 때문에 측정하고자 하는 것을 정확히 질문하는데 문제가 된다. 따라서 그 문항이 특정한 어휘에 대한 이해를 판단하려고 하는 것이 아닌 한, 피검사자의 언어수준에 알맞은 어휘와 문장으로 표현해야 한다.

다섯째, 진술문의 내용은 긍정적 또는 부정적인 것으로 기술되어야 하며, 중립적인 기술문은 포함시키지 말아야 한다. 중립적인 범주를 포함시키면 불성실한 응답을 유도할 가능성이 커지고, 포함시키지 않으면 찬성 혹은 반대를 결정하기 위하여 한 번 더 생각하도록 한다.

2 문항내적합치도

신뢰도에는 검사-재검사 신뢰도, 동형검사 신뢰도, 내적 일관성 신뢰도(문항내적합치도)가 있다. 검사-재검사 신뢰도는 검사를 2회 실시하기가 어렵고, 동형검사 신뢰도는 두 가지 동형검사를 제작하기가 어렵다는 문제점이 있다. 그래서 성취도검사에서는 검사-재검사 신뢰도나 동형검사 신뢰도를 사실상 구하기 어렵다. 이러한 상황에서는 검사를 1회만 실시하고 신뢰도 계수를 구할 수 있는 방법이 바람직하다. 내적 합치도 혹은 내적 일관성은 한 가지 검사를 1회 실시한 후 반응의 일관성을 구하는 방법이다.

내적 합치도는 검사에 포함된 문항들이 일관성 있게 기능하는 정도, 즉 동질적으로 기능하는 정도를 나타낸다. 그러므로 문항들에 대한 반응이 동질적일수록(통계적으로는 문항 간 상관이 높을수록) 내적 합치도가 높다. 즉, 문항들이 같은 특성을 측정할수록 문항들에 대한 반응은 비슷하므로 내적 합치도가 높아진다. 예를 들어, 문제해결력을 측정하기 위해 출제된 문항들이 모두 문제해결력을 측정한다면 문제 해결력이 높은 학생은 대부분의 문항에 정답을 할 것이고, 문제해결력이 낮은 학생은 대부분의 문항에 오답을 할 것이므로 내적 합치도가 높아진다. 반면 문항들이 이질적일수록 내적 합치도가 낮아진다. 내적 합치도는 검사를 구성하는 두 부분검사 간의 유사성에 의해 추정되는 반분검사신뢰도와 문항 간의 측정의 일관성에 의해 추정되는 문항 내적 일관성 신뢰도가 있다.

문항내적합치도는 반분신뢰도처럼 검사를 반분하지 않고 문항 하나하나를 독립적으로 보고 문항들이 일관되게 동일한 능력을 측정하고 있는 정도를 수치화하는 방법이다. 즉, 문항내적합치도는 한 검사 내에서의 독립된 문항 하나하나를 별개의 검사로 간주하여 모든 문항에 대한 반응(정답-오답)의 일관성을 상관계수로 표시하는 방법을 말한다. 문항내적합치도를 문항 내적 일관성 이라고도 한다. 문항내적합치도는 검사에 포함된 문항들이 유사한 특성을 재고 있는 정도를 나타내므로 문항들이 동질적일수록 높고, 문항들이 이질적일수록 낮다. 즉, 동질적인 특성을 측정하기 위해 제작된 검사(예: 대수에서만 출제된 시험)가 이질적인 특성을 측정하기 위해 제작된 검사(예: 대수, 집합, 확률, 함수 등에서 두루 출제된 시험)보다 문항내적합치도가 더 높다. 그러므로 문항내적합치도는 동질적인 특성이나 학습성과를 측정하기 위한 검사에만 적용해야 한다. 검사가 매우 동질적인 문항으로 구성되어 있을 경우 문항내적합치도는 반분신뢰도와 비슷하다. 그러나 검사가 이질적인 문항으로 구성되어 있을 경우 문항내적합치도는 반분신뢰도보다 더 낮다.

이론적으로 문항내적합치도 계수는 검사를 모든 가능한 방식으로 반분했을 때 얻을 수 있는 모든 반분신뢰도 계수의 평균과 같다. 반분신뢰도 계수는 전체 문항을 반으로 구분하는 방식에 따라 달라진다는 문제점이 있다. 그런데 특정 검사를 반으로 구분할 수 있는 경우의 수는 무수히 많으므로 특정 검사를 1회만 반으로 구분하여 신뢰도를 구하는 것보다 모든 가능한 반분 검사의 신뢰도 평균을 구하는 것이 더 합리적이다. 문항내적합치도는 모든 가능한 경우에서 구한 반분신뢰도들을 평균한 값이므로 반분신뢰도와 달리, 검사를 두 부분으로 나누는 방식에 영향을 받지 않는다.

그러나 문항난이도가 거의 비슷하고 거의 비슷하고 매우 어려운 문항이나 매우 쉬운 문항이 별로 없을 때 적절하다. 그렇지 않을 때는 신뢰도를 과소추정할 위험이 있다. 이와 반대로 검사가 속도를 지나치게 강조하는 경우, 즉 많은 학생이 시간이 모자라 손대어 보지 못한 문항이 많은 경우에는 문항내적합치도를 과대추정할 위험이 있다. 그러므로 학생의 약 90~95%가 검사를 다 손대어 보았을 경우에 사용하는 것이 바람직하다. 문항 내적 일관성 신뢰도에는 KR-20, KR-21, Hoyt 신뢰도, Cronbach α 가 있다.

KR-20	문항의 점수가 0(=틀림), 1(=맞음)인 경우에 적합한 방법으로, 문항의 답이 있는 학업성취도 검사에 주로 쓰임
KR-21	리커트척도처럼 1/2/3/4/5 형태의 문항점수에 사용 가능한 방법으로, KR-20이 문항점수가 연속점수일 때 사용할 수 없다는 문제점을 해결하기 위한 것
Hoyt 신뢰도	• 문항 간의 내적 일관성을 추정하기 위하여 분산분석(ANOVA: Analysis of Variance) 방법을 사용 • 이분문항뿐만 아니라 부분점수가 부여되는 문항의 신뢰도도 추정함 • 그러나 분산분석방법을 사용하므로 추정방법이 복잡하게 여겨져 보편화되어 있지 않음
Cronbach α	• 문항의 점수가 0 또는 1인 경우와 리커트 문항의 경우에 모두 사용가능한 방법. • 신뢰도 추정을 위하여 흔히 Cronbach α가 사용되는 이유는 이분문항이 아니라 연속적으로 점수가 부여되는 문항들의 신뢰도 추정이 가능하며, 신뢰도 계산공식의 유도과정과 개념이 보다 간단하기 때문 • 신뢰도를 추정하면 검사를 양분하지 않아도 되는 장점과 문항 간의 일관성에 의하여 단일한 신뢰도 추정결과를 얻을 수 있는 장점이 있으므로, 재검사 신뢰도, 동형검사 신뢰도, 반분검사 신뢰도가 지니는 단점을 극복

06 정의적 능력에 대한 평가

2017학년도 초등 기출 다음은 2015 개정 교육과정에 대한 초등학교 교사들의 대화이다. 대화에 근거하여 정의적 능력에 대한 평가의 중요성과 방법을 각각 2가지씩 논하시오.

김 교사: 이번 2015 개정 교육과정에서는 특별히 교수·학습의 질 개선을 강조하는 것 같더군요. 교수·학습을 개선하려면 이에 어울리는 평가 방법의 개선이 함께 이루어져야 한다고 생각해요.
박 교사: 맞아요. 그동안 우리 교육은 지나치게 인지적 능력 중심으로 이루어지고, 평가 또한 인지적 능력에 치중되어 왔다고 할 수 있죠. 그러다 보니까 자아개념, 태도, 동기와 같은 정의적 능력의 발달과 이에 대한 평가가 상대적으로 소홀히 여겨진 측면이 있어요.
김 교사: 그렇죠. 정의적 능력이 학업 성취를 비롯한 인지적 능력의 발달과도 뗄 수 없는 관계에 있고, 초등학교의 교육 목표에 비추어 보면 정의적 측면이 특히 중요한데도 말이에요. 앞으로 인지적 능력과 정의적 능력에 대한 평가를 균형 있게 실시해야겠어요.
박 교사: 그렇게 하려면 정의적 능력을 평가하는 다양한 방법을 상황에 맞게 적절히 활용하는 법을 익혀야 할 것 같아요.
김 교사: 우리 다음 공부 모임에서는 그 주제로 같이 토의해 봐요.

1 논술문 작성 방향

문제는 정의적 능력을 평가하는 것의 중요성과 그 방법에 대해 묻고 있다. 정의적 영역에 대한 평가는 다음과 같은 이유로 중요하다. 첫째, 우리의 교육이 인성교육, 전인교육, 인격교육을 지향한다면 그러한 성숙 인격체를 구성하는 가장 핵심적 요소의 하나가 정의적 특성이라고 할 수 있다. 둘째, 학교학습 장면에서 정의적 특성은 중요한 추진력의 역할을 한다. 셋째, 교육과정, 교과서 등 프로그램의 개선을 위한 의사결정에 도움이 되는 정보를 얻기 위해서도 정의적 특성의 교육, 측정 및 평가는 필요하다. 넷째, 한 국가나 사회의 건전한 발전은 인간의 지적 발달에만 의존하는 것이 아니라 인간의 정의적 특성에 크게 좌우된다. 다섯째, 학생들에게 정의적 특성의 객관적인 정보를 제공함으로써 문제 행동을 치료, 교정하게 할 수 있다. 정의적 특성을 측정할 수 있는 방법으로는 질문지법, 평정법, 관찰법, 의미분석법, 투사적 방법 등이 있다.

2 예시답안

서론 문제제기

미래 사회는 지식과 정보의 양이 폭발적으로 증가하고 정보통신 기술의 발달로 인해 변화의 속도가 매우 빠를 것으로 전망된다. 급속한 사회변화가 이루어지는 시대를 살아갈 학생들에게는 전통적 학교 교육에서 강조하였던 단편적인 지식의 습득이 아니라 지식을 발견하고 적용하며 새롭게 창조할 수 있는 능력이 중요한 영향을 미칠 것이다. 시대적 변화에 따라 요구되는 능력과 인재상이 개인의 창조성, 상상력, 사회성을 강조하는 것으로 변화하고 있고, 학교 교육도 이러한 변화에 발맞춰 많은 전환이 일어나고 있다.

본론 정의적 능력에 대한 평가의 중요성 2가지, 방법 2가지

정의적 능력에 대한 평가는 다음과 같은 이유로 중요하다. 첫째, 우리의 학교교육이 개인의 전인적 발달을 도모하는 전인교육을 지향하고 있다면 개인의 정의적 특성이 원만한 전인적 발달을 꾀하는 구성요소의 하나로서 중요한 역할을 하고 있다고 볼 수 있다. 원만한 전인적 발달이란 학문적 기술이나 지식만으로 이루어질 수 없다. 태도, 흥미, 가치관 등과 같은 정의적 특성이 균형 있게 발달되어야 할 것이다. 따라서 학교는 이러한 정의적 특성이 성장, 발달, 형성되고 있는가를 평가할 책임을 지니고 있다. 둘째, 수업의 과정에서 정의적 특성은 학습의 촉진제 역할을 수행하고 있다. 개인의 정의적 특성이 긍정적이냐 부정적이냐는 그의 지적 학업성취의 성공과 실패를 결정짓는 중요한 추진제의 역할을 한다. 만약 한 학생이 새로운 학습과제를 해결해야 할 경우 긍정적인 정의적 특성을 가지고 있다면 지적 학업성취에서 성공할 확률이 높아지며, 부정적인 정의적 특성을 소유하고 있다면 지적 학업 성취에서 실패할 확률이 높아지게 된다. 정의적 특성을 측정할 수 있는 방법으로는 다음의 두 가지가 있다. 첫째, 평정법이다. 평정법은 표준화된 검사에서 주로 사용되는 방법으로서 정의적인 행동특성을 측정할 때 가장 많이 쓰인다. 평정법은 측정대상에 판단의 연속적 개념을 부여하는 측정방법으로 측정하려는 정의적 특성을 여러 단계로 분류하여 해당되는 단계에 응답하게 하는 질문형태이다. 평정법을 위하여 사용된 척도를 리커트 척도라 한다. 반응자는 자신의 정의적 특성과 관련하여 가장 소극적 혹은 부정적인 반응에서 적극적 혹은 긍정적인 반응까지 단계별로 나뉜 문항에서 자신의 위치를 표시하게 된다. 둘째, 투사적 방법이다. 투사적 방법이란 개인의 욕구, 특수한 지각, 해석 등이 방어기제의 작용 없이 밖으로 표현될 수 있는 자극을 피험자에게 제시함으로써 인간의 내면에 숨어있는 특성을 표출하게 하여 그 표출된 행동을 분석하여 측정하는 방법이다. 대표적인 투사적 방법에는 로르샤하 잉크반점검사와 주제통각검사(TAT)가 있다. 모호한 주제를 주고 반응자가 자유롭게 반응하게 한 후, 이에 대해 평가자들은 내재적 특성에 대해 역동적인 해석을 하게 된다.

결론 제언

세계화, 정보화 및 다문화 사회로 일컬어지는 미래 사회는 다양한 사고, 문화적 가치가 서로 공존하는 시대이다. 이러한 다양성이 공존하는 사회를 수용하고 발전시켜 나가기 위해서는 더불어 공동체 안에서 함께 목표를 추구해 나가고 자신의 삶을 조절하며 타인과 원만한 사회적 관계를 유지하면서 창조적이고 유능한 삶을 영위할 수 있는 인간상이 그 어느 때보다 중요하다. 함께 어울리며 즐거운 마음으로 전인적 성장을 이루어가는 행복한 교육현장을 만들기 위한 교사의 고민과 연구가 요청된다.

3 더 알아보기

1 정의적 능력에 대한 평가

앤더슨은 정의적 특성을 인간이 지니고 있는 전형적인 감정과 정서의 표현방식을 나타내는 특성 또는 특질로 정의하였다. 여기서 전형적인 감정이란 변화하는 감정 속에서도 일정하게 지속되는 어떤 경향성을 뜻하는 것으로서 한 개인의 정의적 특성이라고 불릴 때는 무엇보다 개인이 가진 감정이 전형적이어야 한다는 것을 뜻한다.

정의적 영역에 대한 교육의 중요성은 전인교육이라는 취지로 여러 연구를 통하여 강조되어 왔다. 즉 인간교육이 의도하는 궁극적 교육목표는 학생의 인지적 발달과 형성도 강조하지만, 그보다는 개인의 정의적 특성의 발달과 형성을 더 강조한다. 흔히 인간교육이 강조하는 인격적 성숙이나 자아실현, 책임감의 인식, 타인과의 상호작용 등의 특성은 인지적 영역보다 정의적 특성의 발달을 더 강조하는 목표들이다. 정의적 영역에 대한 평가는 다음과 같은 이유로 매우 중요하다.

첫째, 우리의 교육이 인성교육, 전인교육, 인격교육을 지향한다면 그러한 성숙 인격체를 구성하는 가장 핵심적 요소의 하나가 정의적 특성이라고 할 수 있다. 탐구의 정신, 법과 질서의 존중, 예술작품의 심미감, 도덕적 자율성, 신뢰성 등은 흔히 우리가 강조하는 정의적 목표들이다. 그렇다면 이러한 정의적 목표는 교육과정 속에 마땅히 수렴되어 나타나야 할 것이며, 동시에 이러한 정의적 목표가 달성, 성장, 형성되고 있는지를 평가하는 일은 당연히 학교교육이 수행해야 할 책무라고 할 수 있다. 만약 이 같은 정의적 평가를 하지 않거나 평가를 기피한다면 교육과정 자체가 문서상 형식에 불과하며, 장차 교육과정, 교과서, 교육프로그램, 교재용 자료를 어떤 방향, 어떤 형태로 개선, 개편해야 할지에 대해 아무런 시사를 받을 수 없게 된다. 오히려 교육과정 속에서 정의적 교육목표는 서서히 그 의미가 희석되어 갈 것이다. 그렇게 된다면 학교교육은 주지주의 교육만을 교육으로 보는 현상이 생기고 표방하는 인성교육, 전인교육의 이상은 한낱 구호에 머물고 말 것이다.

둘째, 학교학습 장면에서 정의적 특성은 중요한 추진력의 역할을 한다. 정의적 특성은 한 개인이 어떤 과제를 학습하거나 성취하려고 할 때 추진력의 역할을 해주는 심리적 변인인 동기이다. 따라서 특정 교과의 학습에서 긍정적 태도 및 흥미는 교과의 성공을 이끌게 된다. 학생은 이미 학교학습이 시작되는 순간에 교육 전반에 대해서나 특정 교과에 대한 과거의 정의적 특성의 역사와 배경을 등에 업고 학습장면에 임한다. 과거 정의적 특성의 역사가 긍정적인 방향으로 형성되어 있는 경우 그는 인지적 학업성취에서 성공할 확률이 높아지며, 부정적으로 형성되어 있는 경우 인지적 학업성취에서 실패할 확률이 높아지게 마련이다. 또한 성공하면 다시 더 심층적인 긍정적 정의를 형성할 것이며 실패하면 더욱 부정적 정의를 형성할 것을 짐작할 수 있다.

셋째, 교육과정, 교과서 등 프로그램의 개선을 위한 의사결정에 도움이 되는 정보를 얻기 위해서도 정의적 특성의 교육, 측정 및 평가는 필요하다. 설정한 정의적 목표가 타당한가, 적절한가, 그것은 이 표적집단에게 달성할 수 있는 목표인가, 어떤 교수방법이 보다 이 같은 정의적 목표의 형성에 도움을 주는가, 이 같은 평가방법이 적절한가, 만약 적절치 않다면 새로운 대안이 가능한가 등이 제기할 수 있는 질문이다. 교육과정 평가를 위해 정의적 목표의 평가 결과를 활용하는 일은 지금까지 별로 이루어지지 않고 있었던 편이다. 그러나 국사과 내용을 배운 뒤 국사교육을 통해 형성하려고 했던 정의적 교수목표가 무엇이었으며 그것이 달성되었는지, 또 정의평가의 방법에는 어떤 대안이 가능하며, 어떤 형태로 그것을 측정할 수 있는지, 만약 이에 대한 판단이 부정적이었다면 어떤 개선이 필요한지에 대한 의사결정 판단을 위한 정보를 제공하는데 정의적 특성의 측정, 평가가 이바지해야 할 공간은 넓고 깊다.

넷째, 한 국가나 사회의 건전한 발전은 인간의 지적 발달에만 의존하는 것이 아니라 오히려 지적 성취를 통제할 수 있는 인간의 정의적 특성에 크게 좌우된다고 할 때, 국가 사회적 차원에서 지적 교육의 평가에 못지않게 정의적 교육의 평가가 중시되어야 할 것이다.

다섯째, 학생들에게 정의적 특성의 객관적인 정보를 제공함으로써 문제 행동을 치료, 교정하게 할 수 있다. 정의적 특성의 정도를 점수화하는 것이 사적인 기밀을 침해할 가능성이 없지 않으나 개인의 행동발달을 객관화시켜서 평가한 자료를 학생들에게 제시하면 바람직한 행동발달을 위해 자기의 현재 위치를 파악하게 할 수 있고 개선을 위한 노력을 하도록 유도할 수 있을 것이다.

정의적 특성의 측정방법은 다음과 같다.

질문지법: 질문지법은 응답자가 구체적인 질문에 직접 기술하도록 하는 자기보고식 방법이다. 타인이 쉽게 관찰하기 어려운 개인의 지각, 신념, 감정, 동기와 같은 정의적 특성을 측정하는 방법이다. 이는 응답수를 제한하여 선택지 중에서 응답자가 하나를 선택하도록 하는 구조화된 질문지와 응답자의 다양한 반응을 진술하게 하는 비구조화된 질문지로 나눌 수 있다. 이러한 질문지법은 작성과정 및 분석과정이 간단하여 짧은 시간에도 비교적 많은 사람을 대상으로 특성을 알아볼 수 있는 장점이 있으나, 언어 능력이나 표현 능력이 부족한 아동의 경우 적용하는 데 유의해야 할 것이다.

평정법: 평정법은 표준화된 검사에서 주로 사용되는 방법으로서 정의적인 행동특성을 측정할 때 가장 많이 쓰인다. 평정법은 측정대상에 판단의 연속적 개념을 부여하는 측정방법으로 측정하려는 정의적 특성을 여러 단계로 분류하여 해당되는 단계에 응답하게 하는 질문형태이다. 평정법을 위하여 사용된 척도를 리커트 척도라 한다. 반응자는 자신의 정의적 특성과 관련하여 가장 소극적 혹은 부정적인 반응에서 적극적 혹은 긍정적인 반응까지 단계별로 나뉜 문항에서 자신의 위치를 표시하게 된다. 이러한 평정법은 측정도구 작성이 용이하고, 절차가 간편하고 단순하지만, 응답자들이 응답의 중립화 경향이 있으며 개인마다 각자 다른 기준에 의하여 상대적으로 판단하므로 해석에 주의를 기울여야 한다는 단점이 있다.

관찰법: 관찰법은 인간의 감각기관을 매개로 일어나는 사건들에 대한 지식이나 정보 등을 얻는 가장 기초적이면서도 가장 오래된 인간행동 측정방법이다. 관찰법은 분류하는 기초에 따라 다양하게 분류된다. 관찰하려는 행동 장면을 인위적으로 조작하느냐 않느냐에 따라 통제적 관찰과 비통제적 관찰로 나누기도 하고, 관찰의 조직 정도에 따라 자연적 관찰과 조직적 관찰로 나누기도 한다. 비통제적 관찰은 자연히 발생하는 사상이나 행동을 있는 그대로 관찰하는 것이다. 이에 비해 통제적 관찰은 관찰의 시간, 장면 행동 등을 의도적으로 설정해 놓고 그러한 조건하에서 나타나는 행동을 관찰하는 방법이다. 참여관찰은 관찰자가 피관찰자와 함께 생활하면서 피관찰자의 자연스런 행동을 관찰하는 방법이며, 비참여관찰은 관찰자가 관찰 장면에는 참여하나 그들과의 공동생활에는 참여하지 않고 외부인으로서 객관적으로 관찰하는 방법을 말한다. 관찰기록의 종류에는 일화기록법, 시간표집법, 사건표집법 등이 있다. 관찰법을 사용하여 정의적 행동특성을 기록할 때 유의점은 계획적으로 관찰하여야 하며, 평가자의 주관이 개입되지 않은 객관적인 관찰을 하여야 하고, 상황을 고려한 변화 추이를 관찰하여야 한다는 것이다. 또한 관찰대상을 선정할 때 편견이 없는 대상을 선별해야 하고, 관찰하여 나온 자료를 기록할 때 사전에 구체화하여야 한다. 관찰법의 장점은 질문지법이나 평정법에 의해 측정할 수 없는 행동 변화에 관한 자료를 얻을 수 있으며, 허위 반응과 중립와 경향을 어느 정도 방지할 수 있다는 것이다. 반면 점수화하는 데 제한이 따르며 주관적인 판단을 내릴 수 있다는 단점이 있다.

의미분석법: 의미분석법은 특정한 조건하에서 개념에 대한 양극적인 의미를 가진 한 쌍의 형용사를 이용하여 이루어지며, 반응자는 양극적인 형용사 사이의 공간에 자신의 느낌을 표시하여 이를 수치화하게 된다. 일반적으로 태도, 지각, 가치관을 측정할 때 쓰인다. 이 의미분석법은 계획하고 실시하는 것이 매우 쉽다는 장점이 있다. 그러나 각 형용사에 대한 개인의 느낌이 일정하지 않고, 반복되는 형용사에 대해 반응자가 흥미를 잃게 되어 검사에 무성의하게 될 수도 있다.

투사적 방법: 투사적 방법이란 개인의 욕구, 특수한 지각, 해석 등이 방어기제의 작용 없이 밖으로 표현될 수 있는 자극을 피험자에게 제시함으로써 인간의 내면에 숨어있는 특성을 표출하게 하여 그 표출된 행

동을 분석하여 측정하는 방법이다. 대표적인 투사적 방법에는 로르샤하 잉크반점검사와 주제통각검사(TAT)가 있다. 모호한 주제를 주고 반응자가 자유롭게 반응하게 한 후, 이에 대해 평가자들은 내재적 특성에 대해 역동적인 해석을 하게 된다. 투사적 방법은 측정 혹은 평가 기준이 모호하긴 하지만 인간의 내재적 특성을 모두 표출하기 때문에 다른 방법으로 측정할 수 없는 부분까지 측정할 수 있다는 장점이 있다. 그러나 일반적으로 검사도구 제작이 어렵고 타당한 해석과 평가를 위하여 많은 임상경험을 통한 전문적 지식이 요구되며 평가자는 훈련을 받아야 한다는 어려운 점이 있다.

▮ 이경범

고려대학교 대학원 졸업(교육심리 전공)
한국교원대, 부산대, 공주대, 성균관대 외 다수 대학교 초빙교수
2011 EBS 교육학 대표 교수
전) 이그잼, 아이티칭 교육학 교수
전) 박문각 임용고시학원, 티치스파 교육학 교수
현) 임용단기 교육학 논술 대표 교수

Why to How 교육학 논술 기출문제 분석집   ISBN 979-11-91391-50-3

발행일 · 2016년 5월 2일 초판 1쇄
　　　　2017년 3월 24일 2판 1쇄
　　　　2018년 4월 6일 3판 1쇄
　　　　2019년 4월 23일 4판 1쇄
　　　　2020년 4월 29일 5판 1쇄
　　　　2021년 4월 23일 6판 1쇄

저　자 · 이경범 | 발행인 · 이용중
발행처 · 도서출판 배움 | 주소 · 서울시 영등포구 영등포로 400 신성빌딩 2층 (신길동)
주문 및 배본처 | Tel · 02) 813-5334 | Fax · 02) 814-5334

본서의 無斷轉載·複製를 禁함 | 본서의 무단 전재·복제행위는 저작권법 제136조에 의거 5년 이하의 징역 또는 5,000만 원 이하의 벌금에 처하거나 이를 병과할 수 있습니다. | 파본은 구입처에서 교환하시기 바랍니다.

정가 15,000원